素养导向的信息技术大单元教学设计
理论与实践

宁可为 **主编**　　徐淑姣 **副主编**

清华大学出版社

北京

内 容 简 介

本书以高中信息技术必修 1 模块为蓝本，深入挖掘大单元教学设计的精髓。本书不仅系统整合了教学内容，更从单元目标的精准设定、教学活动的科学规划，到评价体系的全面构建，为教师提供了一套完整且实用的教学方案。本书的显著特色在于其与教学实际的紧密结合，通过一系列丰富而生动的案例，展示了大单元教学在各环节的灵活运用，有效突破了传统教学的局限，致力于培养学生的数据思维与综合运用能力。其创新性与实操性并重，为教师开辟了全新的教学思路。

本书主要面向中小学信息技术教师，旨在教学改革的浪潮中，助力教师提升教学设计水平，优化教学效果，为培养学生的信息素养与综合能力提供有力指导。

图书在版编目（CIP）数据

素养导向的信息技术大单元教学设计：理论与实践/宁可为主编.

北京：清华大学出版社，2025.8. -- ISBN 978-7-302-69905-7

Ⅰ. G633.672

中国国家版本馆 CIP 数据核字第 2025VF0943 号

责任编辑：赵轶华
封面设计：徐淑姣
责任校对：赵琳爽
责任印制：刘海龙

出版发行：清华大学出版社
   网   址：https://www.tup.com.cn, https://www.wqxuetang.com
   地   址：北京清华大学学研大厦 A 座   邮 编：100084
   社 总 机：010-83470000   邮 购：010-62786544
   投稿与读者服务：010-62776969, c-service@tup.tsinghua.edu.cn
   质量反馈：010-62772015, zhiliang@tup.tsinghua.edu.cn
印 装 者：三河市人民印务有限公司
经 销：全国新华书店
开 本：185mm×260mm   印 张：16.5   字 数：326 千字
版 次：2025 年 9 月第 1 版   印 次：2025 年 9 月第 1 次印刷
定 价：68.00 元

产品编号：112941-01

编 委 会

主　　编：宁可为

副 主 编：徐淑姣

编写人员：赵　源　胡燕凤　梁伊君　杨　琪　王　豪

2023 年，我有幸入选教育部新时代中小学学科领军教师培养计划，在北京大学开启了为期两年的学习之旅。这段珍贵的学术经历，让我得以与全国各地的信息技术同仁齐聚燕园，共同探索大单元教学设计的理论与实践。随着课堂教学向落实学科核心素养转型，大单元教学逐渐成为备受推崇的创新教学模式。其间，同学们通过系列专题讲座、案例研讨和参观学习等形式，深入探讨了大概念统领、大任务驱动、逆向教学设计等关键议题，并分享了全国各地大单元教学的创新实践。这些思想碰撞不仅拓宽了我的专业视野，也激发了我对教学改革的深度思考。

返岗后，我怀着教育创新的热忱去探索这种新型的教学模式，并在乌鲁木齐市尝试性地开展了大单元教学交流活动。老师们对大单元教学展现出的探究精神和实践智慧，无不令人振奋，这也坚定了我对大单元教学的信心。然而，在信息技术学科实际教学中，很多教师仍对大单元教学设计存在困惑，其中四大关键问题尤为突出。

（1）概念界定之惑：大单元与大概念中的"大"究竟如何界定？其边界与尺度应如何把握？

（2）逻辑关系之困：大单元教学与大概念之间存在着怎样的内在机理与互动关系？

（3）实践路径之难：为什么要采用大单元教学？如何进行大单元教学设计？其具体的设计流程是什么？

（4）范式参考之需：是否存在既符合新课标要求，又具备可操作性的设计范式或成熟案例可供参考？

信息技术学科的大单元教学不是一般的教学实践，要设计出符合要求的大单元教学方案并不是一件容易的事，教师不仅需要具备深厚的专业素养与丰富的教学经验，还需要对教育事业饱怀热忱，投入大量精力钻研。为回应一线教师的现实需求，我用了两年时间对大单元教学进行了深入的基础性理论研究，并构建了大单元教学设计理论框架，试图为教师提供兼具理论高度与实践温度的专业支持。

本书共分为四章：前三章由我执笔，系统地阐释了大单元与大概念的理论内涵、逻辑关系，并以清晰的步骤解析了大单元教学设计流程，致力于解决"为什么教"和

"怎样设计"的问题；第四章为具体的案例部分，分别收录了徐淑姣（第一节）、赵源（第二节）、胡燕凤（第三节）、梁伊君（第四节）、杨琪（第五节）等五位老师的原创教学案例。这些案例完整呈现了从课程规划、教学设计到课堂实施、教学评价的全过程，生动展现了如何依据信息技术新课程标准，将教学理念转化为课堂实践，实现核心素养的深度培育。这些经过课堂检验的案例兼具实践价值与理论深度，凝结着老师们多年的教学智慧与对未来教育的前瞻性思考。

当然，教育探索永无止境。本书的出版不是研究的终点，而是专业对话的新起点。我们希望能通过本书解答一线信息技术教师们对大单元教学设计中的困惑，也希望这些原创性的思考与实践，能对广大读者有所启发和帮助。受个人学识所限，书中难免存在疏漏与不足，恳请各位读者提出宝贵意见。

最后，衷心感谢四位案例作者的真知灼见，以及学生王豪在文献研究中的扎实工作。同时，谨向北京大学学习期间给予我启发的班主任及全体学科领军教师同仁致以诚挚谢意！

宁可为

2025 年 5 月

教学资源

CONTENTS ● ● ● 目录

善歌者使人继其声，善教者使人继其志。

——《礼记·学记》

教育不是生活的准备，教育本身就是生活。

——约翰·杜威（John Dewey）

## 第一章

为何需要大单元教学

　　长期以来，学校教育一直囿于以考试为导向的教学范式，使得学生在缺乏实际应用背景的条件下所获得的知识，往往呈现出惰性且远离实践的倾向。随着教育改革的不断深化，我们逐渐认识到教育的本质并非单纯的知识堆积，而是对学生核心素养的全面塑造。在此背景下，新课程改革的教育诉求愈发明确，它要求我们关注学生的核心素养发展，让他们能够运用所学，有效应对现实世界的挑战。这一改革诉求促使我们重新审视教学方法与策略，探索如何在贴近实际或创设真实的情境中传授知识，推动教学走向全景化，实现知识观的更新。在核心素养导向的教育框架下，大单元教学作为一种促进学生知识迁移与理解能力的有效途径，受到了广泛关注。它强调知识之间的内在联系和实际应用，追求知识的价值和意义，让学生在情境中感受知识的力量，享受学习的乐趣。

　　鉴于此，我们将从新课程改革的教育诉求和核心素养培育的知识观两个维度出发，深入探讨大单元教学的必要性。具体而言，我们将主要以信息技术学科为例，详细阐述素养导向的大单元教学如何在实施全景式教学的过程中，凸显知识的迁移与理解的重要性，并追求知识的内在价值与意义。我们期望通过此番探索，能够为一线教育工作者提供有益的启示和实践指导，共同为培养具备核心素养的新时代人才贡献我们的智慧与力量。

第一节　新课程改革的教育诉求

　　在当前新课程改革的浪潮中，基础教育领域正经历着一场深刻的范式转换——从传统知识传授模式向核心素养培育模式的系统性转型。这一转型不仅体现在教学内容的全面革新，更在深层次上反映了教育理念的实质性变革。新课程改革的核心教育诉求，正是对这一转型的生动注解。本节将深入剖析并探讨新课程改革的两大核心教育诉求，为教育的未来发展提供更为清晰的方向与路径。

一、考试导向教学与创新型人才需求间的矛盾

在教育发展的历史长河中，泰勒于20世纪中叶提出的"目标模式"，凭借其对教学目标的精准界定，以及运用考试作为量化评估手段，极大地推动了教学的标准化与规范化进程，一度显著提升了教育效率，并迅速在全球教育领域广泛应用。然而，随着时代的快速发展，这种模式在实践过程中逐渐暴露出不可忽视的弊端，其与社会对创新型人才的需求之间的矛盾愈发凸显。传统考试导向教学模式难以培养创新型人才，主要体现在以下几个方面。

一是它抑制了学生思维发展。在该模式下，教师往往围绕考试大纲展开教学，学生为取得优异成绩，将大量时间和精力投入到机械记忆与重复性练习中，导致学生思维僵化。这种教学模式使学生习惯于接受现成的知识和答案，缺乏主动思考和质疑的精神。创新型人才需要具备发散性思维和批判性思维，能够对现有的知识和观点进行分析、评价和创新，而传统模式显然无法满足这一要求。二是它脱离了真实情境。现实生活中的问题往往复杂多样，需要学生能够在真实情境中灵活运用知识解决问题。但传统考试导向教学过度依赖标准化试卷测试，考试内容和形式也相对单一，脱离真实生活场景。这导致学生所掌握的知识成为"惰性知识"，无法在实际情境中发挥作用，难以应对社会发展带来的各种挑战。三是它忽视了综合素养的培育。创新型人才不仅要有扎实的专业知识，还需具备团队合作、沟通交流等综合素养。传统考试导向教学以知识考核为主，对学生综合素养的培养和评价重视不足，学生在课堂上缺乏团队合作和实践机会，难以提升这些关键能力。

为了满足社会对创新型人才的需求，转变传统教学模式势在必行。大单元教学模式作为一种有效的教学改革途径，正逐渐受到关注。其强调教学的整体性与系统性，整合教学内容，构建知识体系，帮助学生梳理知识间的内在逻辑，实现知识的有效迁移。同时，大单元教学注重创设真实情境，让学生在情境中感受知识的价值和力量，激发学生学习兴趣，引导学生主动参与学习，通过自主探究和合作学习，培养创新思维和问题解决能力。

二、素养导向的教学是解决现实问题的钥匙

联合国教科文组织在《教育：财富蕴藏其中》的报告中，提出"教育的四大支柱"，即学会认知、学会做事、学会共同生活和学会生存。该理念与我国新课程改革高度契合，后者明确要求培养学生的核心素养，使学生能够运用所学知识解决复杂的现实问题。正如戴维·乔纳森等学者所指出的，"教育唯一合法的目的就是解决问题[①]"，在新

---

① 戴维·乔纳森，简·豪兰，乔伊·摩尔，等.学会用技术解决问题：一个建构主义者的视角[M].2版.任友群，李妍，施彬飞，译.北京：教育科学出版社，2007.

课程改革的语境下，学生所面临的"惰性知识"问题日益凸显[①]。在新课程改革的背景下，学生面临的"惰性知识"问题愈发突出，这些惰性知识充斥于单元教学乃至整个学校的教育中，成为学校教育与社会生活严重脱节的重要根源。在信息科技和知识大爆炸时代背景下，教育若过度侧重知识灌输，可能会抑制学生的理性思考、批判精神和创新能力，从而引发了一系列新的问题。这些问题迫使我们重新审视以课时为单位的传统单元教学。

为了激活素养导向的单元教学，使其能够帮助学生运用学校知识解决现实世界中的问题。教育者需要采用大单元、大概念、项目式等教学方式与组织策略，建立起知识与现实世界之间的联系。这些方法以解决实际问题为核心，引导学生运用所学知识去分析、解决问题，从而提高他们的思维和创新能力。例如，为落实信息科技新课标中九年级"人工智能与智慧社会"内容模块要求，可设计一个基于数据分析的以"人工智能预测出行"为主题的教学案例。学生通过收集、整理和分析出行数据，探索解决出行问题的新方法，不仅掌握数据分析技能，还学会将信息科技知识应用于实际问题解决中。教育的最终目标是培养学生适应并解决现实生活中的问题的能力。这种教学方式注重对学生核心素养的培育，通过真实情境的创设，引导学生主动探究、实践和创新，从而培养他们解决现实问题的能力。

三、核心素养的培育是信息技术学科育人的根本指向

新课程改革以核心素养为纲领，强调学科教学需超越知识本位，转向育人本位的深层变革。信息技术学科要深度融入数字时代，其育人目标必须以核心素养为根本导向，这既是学科发展内在要求，也是应对数字化社会人才培养挑战的必然。

从学科特性来看，信息技术学科核心素养构成了数字时代公民的基本素养框架。信息意识帮助学生敏锐捕捉信息价值并辨别真伪；计算思维培养学生用程序化、模型化的方式分析和解决问题的能力；数字化学习与创新强调学生运用数字工具开展自主学习与创造性实践；信息社会责任则引导学生坚守技术伦理，维护数据安全与隐私。然而，当前信息技术教学仍存在"技术工具化"的倾向，如孤立地教授 Excel 公式使用、将算法教学异化为编程语法讲解与代码堆砌，忽视了技术背后的思维逻辑与价值内涵，割裂了知识与素养的关联。而核心素养导向的学习，则要求突破这种"工具化"局限。大单元教学通过主题式、任务驱动的整合设计，为破解这一困境提供了路径。例如"校园数据管理"大单元中，教师以"如何用数据优化校园管理"为真实任务，引导学生在筛选有效数据（信息意识），用算法整理数据（计算思维），协作完成可视化报告（数字化学习与创新），并讨论数据隐私保护（信息社会责任）的完整历程中，

---

① 刘徽，蔡潇，李燕，等. 素养导向：大概念与大概念教学 [J]. 上海教育科研，2022(1):5-11.

实现知识技能、思维方法、价值观念的一体化培育。

从时代需求来看，数字化转型倒逼信息技术学科必须以核心素养为育人锚点。人工智能、大数据等技术的普及，要求人才不仅掌握技术，更要具备驾驭技术的能力：既会用算法思维拆解问题，又能警惕算法偏见；既善用数字工具创新，又能理性把握技术应用边界。大单元教学通过创设如"校园气象站的建设""校园碳排放监测"等真实情境项目，为学生提供了"做中学"的素养生长场域，让其在项目实践中调用信息获取、数据分析、系统设计等综合能力，逐步形成适应数字社会的核心素养。

将核心素养培育作为信息技术学科的根本指向，既是新课程改革对学科育人价值的精准定位，也是学科应对时代挑战的必然选择。它要求信息技术教师跳出"技术本位"的教学惯性，以大单元为载体，让学生在完整的学习体验中实现素养的渐进发展，最终成长为兼具技术理性与人文关怀的数字时代公民。

第二节　指向核心素养培育的知识观

在教育改革致力于培育学生核心素养的大背景下，知识观的重塑显得尤为关键，成为教育领域关注的焦点。这意味着教育模式从传统的、单一的知识传授，过渡到了一个更加注重学生全面发展与核心素养提升的新阶段。这种新型知识观不仅关注知识的迁移和深度理解，鼓励学生将所学知识融会贯通，灵活应用于元情境；更强调知识的价值和意义，引导学生挖掘知识背后的深层逻辑，认识其对社会的贡献以及对个人成长的重要作用。本节我们将从三个核心维度出发，深入剖析指向核心素养培育的知识观，揭示其内在逻辑与实践价值。

一、素养导向的大单元教学强调知识的迁移与理解

布鲁纳曾指出："掌握事物的结构，就是以允许许多别的东西与它有意义地联系起来的方式去理解它。简而言之，学习结构就是理解事物是怎样相互关联的。"[1]这一理念在素养导向的大单元教学中得到了充分的体现。素养导向的大单元教学超越了对事实和技巧的简单传授，更加注重知识结构的构建与学习。在大单元教学的设计过程中，教师通常会依据课程标准，围绕核心大概念规划教学内容，构建起一套从简单到复杂、呈螺旋式上升的知识体系。如此一来，学生在学习过程中，便能清晰地认识到各知识点间的内在联系，对核心概念形成更为深入的理解，为知识迁移奠定坚实的基础。相比传统以课时为基本单位的单元教学，素养导向的大单元教学设计有着显著的优势。通过整体性的教学设计及系列化的教学活动，它帮助学生突破知识点的局限，站在更

---

① 布鲁纳.教育过程[M].邵瑞珍，译.北京：文化教育出版社，1982.

高的视角理解知识体系，促使其在面对新问题、新情境时，能够迅速提取和运用已学知识经验，实现知识的迁移。这种教学设计结构不仅符合学科逻辑，而且顺应学生的心理发展规律，有助于学生深化对核心概念的理解，并促进其在复杂情境中实现高通路迁移。

素养导向的大单元教学是一种强调学生能力培养和迁移应用的教学模式。在信息技术学科领域，这种教学模式尤为关键，因为该学科领域的知识更新迅速，学生需要具备良好的迁移能力和深入理解能力，以适应不断变化的技术环境。以义务段信息科技新课标中"信息隐私与安全"模块为例，教师可以围绕该模块的核心大概念，设计了一套环环相扣的教学活动，从认识个人信息的重要性，到模拟网络环境中保护个人信息的实践，再到分析现实生活中的网络安全案例。例如，教师在组织单元教学活动时，可以设计一个模拟游戏，让学生在虚拟环境中扮演不同角色，如消费者、商家、网络安全专家等，通过角色扮演和实际操作，学生能够更直观地理解个人信息保护的重要性，并学会在实际生活中如何保护自己的隐私。通过这个真实性情境创设，学生在解决具体问题的互动过程中，对知识的理解不再停留在表面，而是深入到知识的本质，实现知识的内化并完成高通路迁移。换句话说，就是将符号化的知识在应用解决问题的过程中内化，形成认知结构中的一部分，然后将内化的知识提取并迁移到其他复杂情境中解决实际问题[①]。

二、素养导向的大单元教学强调知识的获取过程

在传统教学模式中，教师往往过度侧重于知识传授，而忽视了学生对知识形成过程的体验，容易导致学生对知识的机械记忆，难以形成深入的理解和实际应用能力。与之相对，素养导向的大单元教学则实现了对学习情境的完整设计，将知识镶嵌于情境之中，让学生经历和感受知识形成的过程，从而丰富他们的认知结构，获得真正的实践经验。

具体来讲，大单元教学极为注重创设真实的学习情境。这些情境不仅是知识传递的媒介，更是促进学生认知发展的催化剂。在大单元教学中，教师需要精心设计学习情境，引导学生融入其中，使其亲身感受和理解知识。这意味着教师的角色从单纯的知识传授者，转变为学生学习的引导者，引导学生参与知识的形成过程，使其深刻地领悟到知识的内涵和价值。如此体验，不仅能够加深学生对知识的理解，还能帮助他们学会如何运用知识去分析和解决实际问题，增强在现实生活中的适应能力。大单元教学突出教学活动的实践性。教学过程中，学习者通过参与各种实践活动，将理论知识与实际情境相结合。教师鼓励学生主动探索、发现问题并寻找解决方案。学生不再

---

① 侯开欣，郑国萍.基于核心素养的大单元逆向教学设计研究[J].教学与管理，2024(6):73–77.

是坐在教室里被动听讲的听众，而是变成了积极参与学习过程的主体。这种转变有助于培养学生的自主学习能力，提升他们应对现实生活挑战的能力，使他们在面对复杂问题时，能够灵活运用所学知识找到解决问题的方法。以语文学科为例，大单元教学可以通过设计阅读、写作、口语表达等实践活动，让学生感受和理解语言的魅力，提高语言运用能力。教师还可以设计各种富有挑战性的任务，如辩论、演讲、角色扮演等，激发学生的学习兴趣，促使他们在实践中不断提升语文素养。具体到部编版高一语文必修下册第五单元"抱负与使命"，该单元涵盖了《在马克思墓前的讲话》《谏逐客书》《与妻书》等经典文本[①]。教师可以设计一个以"跨越时空的对话——青年人的责任之声"为主题的大单元教学方案：创设"学校举办'新时代青年使命'主题论坛"的真实情境，赋予学生"青年发言人"身份，要求其精读单元文本，提炼古今中外经典文本中的抱负观精髓，结合当代社会现实，撰写一篇面向同龄人的演讲词，并参与班级模拟论坛的演讲展示。在此过程中，学生需深度解读文本、提炼观点、组织语言，完成从文本理解到思想表达的转化，不仅实现语言建构与运用能力的提升，还能在批判性思考与创造性表达中促进思维发展，通过对经典文本的文化解码与传承，增强文化自信，真正实现语文核心素养的全面培育。

大单元教学强调跨学科整合。它鼓励教师和学生打破传统的学科界限，将不同学科的知识进行融合，通过协作学习和探究，共同探讨和解决现实生活中的复杂问题。在此过程中，学生不仅能够学到不同学科的理论知识，更重要的是学会如何将理论知识应用于实际，更好地理解和掌握知识。这种跨学科学习方式有助于学生构建更为全面的知识体系，提升其综合素养。例如，在一个关于环境保护的大单元整体项目中，学生可能需要结合生物学、化学、物理学、社会学等多个学科的知识来分析环境问题的成因、影响以及可能的解决方案。通过跨学科学习，学生不仅能够获得更加全面的知识结构，还能够在具体项目中培养他们解决问题的能力，并提升创新思维和批判性思维。

总而言之，素养导向的大单元教学将知识融入真实性情境，不仅让学生体验知识的形成过程，还培养了他们的问题解决能力、批判性思维和创造性思维。这种教学模式有助于学生在面对现实世界的挑战时，能够运用所学知识进行有效应对，从而实现知识的真正内化和应用。

三、素养导向的大单元教学追求知识的价值和意义

在教育领域，素养导向的大单元教学逐渐成为一种重要的教学模式。该模式着眼于学生的全面发展，涵盖知识、能力、情感态度和价值观。其核心目标在于，引导学生在学习过程中，深刻体验到知识的价值和意义，不仅局限于知识的表层学习，更要

---

① 过常宝，郑桂华.普通高中教科书　语文　必修下册[M].北京：人民教育出版社，2020.

通过解决真实问题的过程，让学生切实感受到知识在实际生活中的应用，形成具有普适性的学习方法和思维路径，为未来的学习和生活奠定坚实的基础。教育不应以"书本的高墙"隔绝儿童与生活的联系。学生有权利知道为何要学习特定的知识，这种探求不应仅仅停留在理论层面，而应在解决真实世界问题的过程中得以体现。在知识更新迅速、学习需求多样化的今天，教师需要关注学生的素养培养，将大单元教学与核心素养相结合，以追求知识的价值和意义，使其在掌握知识的过程中培养良好的思维品质，塑造积极的情感态度和正确的价值观。

素养导向的大单元教学强调知识与能力的融合，这是追求知识价值和意义的关键路径。大单元教学过程中，教师需将分散的知识点整合，形成完整的知识体系，并通过整体性和系统化的设计，构建起一个连贯的学习故事①。这种教学组织方式不仅有助于学生把握知识之间的内在联系，而且能够加强他们对知识结构的理解，从而提升他们在学习中的理解力和知识迁移能力。在此基础上，教师要关注学生的能力培养，需要引导学生将所学知识应用于实际情境中，以此来提高他们解决问题的能力。正如爱因斯坦所指出的："教育就是忘记了学校内容之后剩下的东西。"这句话深刻地揭示了教育的本质——那些在学生离开学校后仍然留存的，是他们在学习过程中培养出的素养和能力。学生只有通过参与各种实践活动，将知识与现实生活紧密相连，才能使他们更加深刻地体会到知识的实际价值和意义，从而激发他们将知识转化为实践的动力，在真实的世界中充分展现自身潜力。

素养导向的大单元教学同样注重情感、态度和价值观的培养，这是实现知识价值和意义的重要保障。知识本身具有价值，但教育更重要的任务在于，引导学生在学习过程中形成正确的情感态度和价值观。教师在大单元教学中，应立足学生的实际情况，关注他们的情感需求，以富有感染力的教学方法激发学生的学习兴趣。同时，教师要引导学生关注知识背后的价值，让他们在学习过程中体会真善美的追求。以《义务教育信息科技课程标准（2022年版）》中"人工智能与智慧社会"模块为例，教师可通过展示人工智能在医疗、交通、教育等领域的创新应用案例，引发学生的好奇心和探究欲望。随后，向学生系统介绍人工智能的基本概念、核心技术及其发展历程，帮助他们建立起对人工智能的全面认识。接着，组织学生探讨人工智能引发的伦理和社会问题，如隐私保护、数据安全、算法偏见等，使其认识到技术的双刃剑特性。然后，设计一系列实践活动和讨论话题，例如开展"AI伦理辩论赛"，学生分组就某一具体的AI伦理问题展开辩论，通过辩论过程加深对AI伦理问题的理解，并学会从不同角度思考问题。在单元教学的最后阶段，组织学生进行总结反思和分享自己在实践活动以及讨论中的收获感悟，思考人工智能给我们的生活和社会带来的深远影响。这一系列

① 李刚，宁妍．"1+N"全景教学模式：以大概念为主线的大单元教学设计框架[J]．天津师范大学学报（基础教育版），2023，24(5)：51–56.

教学活动，帮助学生在知识学习的过程中，形成正确的情感态度和价值观，进一步理解知识的价值和意义。

总之，素养导向的大单元教学追求知识的价值和意义，教师要关注学生的知识、能力、情感态度和价值观的培养，让他们在学习过程中体会教育的真谛，使他们成为具有独立思考、创新精神和责任感的现代人。

第三节　大单元教学成为学科核心素养培育的新路径

作为培养学生信息素养、创新思维和实践能力的重要途径，信息技术学科的教学方法和模式需要不断创新与优化。大单元教学作为一种新兴的教学模式，凭借其整合性、情境性和发展性等核心特征，为信息技术学科核心素养的培育开辟了新的路径。

一、整合性：构建信息技术知识体系

信息技术学科的知识具有较强的系统性和逻辑性，但在传统信息技术教学中，往往因课程内容的碎片化呈现，导致学生难以把握知识之间的内在联系，这极大阻碍了学科核心素养的培养。大单元教学的出现，如同一盏明灯，照亮了构建信息技术知识体系的新路径。其整合性特征，通过多维度的整合，重塑信息技术学科知识图谱，为学生筑牢学科素养根基。

大单元教学能够对信息技术学科的课程内容进行深度整合。《义务教育信息科技课程标准（2022年版）》涵盖了数据、算法、网络、信息处理、信息安全、人工智能等多个内容模块。在大单元教学中，教师可以打破教材章节的藩篱，将这些分散的"珍珠"串成精美的项链。例如，设计以"智慧校园建设"为主题的大单元时，巧妙融合校园网络架构、物联网系统、大数据、人工智能、信息安全等内容，通过开展项目式学习，引导学生将所学理论知识与实际运用紧密衔接，从智慧校园的初步设计到具体实施，循序渐进、脚踏实地地推进项目。在此过程中，学生能够清晰洞察在校园信息化建设的进程中，各个知识板块如何相互关联、协同作用，共同构建起一个完整的智慧校园生态系统。如此一来，学生不再孤立地看待知识点，而是能够站在系统的高度，理解信息技术在复杂实际场景中的综合应用，从而为构建完整的知识体系奠定基础。

大单元教学对信息技术学科的核心素养与学科大概念进行有机整合，是其整合性的另一重要体现。核心素养是学科育人价值的集中体现，而大概念是支撑核心素养的关键性、统领性思想。对于信息技术学科而言，如信息意识、计算思维、数字化学习与创新、信息社会责任等核心素养，以及如"模式与抽象""数据驱动""系统结构与功能"等学科大概念对学生构建学科知识体系至关重要。通过大单元教学，教师可以

围绕这些核心概念和学科大概念组织教学内容，使学生在不同的学习任务和活动中反复接触和深化理解。以"智能信息系统开发"大单元教学为例，学生在深入探究信息系统架构设计（蕴含"系统结构与功能""模式与抽象"等大概念）、数据处理流程（蕴含"数据驱动"大概念）、用户交互体验优化等实践的过程中，持续强化计算思维这一核心概念，深刻领会如何运用计算思维剖析并解决复杂的信息系统开发难题。同时，在项目实践中，时刻关注信息社会责任，确保系统的数据安全、用户隐私保护等，使学生在核心概念与学科大概念的统领下，逐步构建起完整且深入的知识体系。

大单元在整合信息技术学科的学习方法方面也发挥着重要作用。信息技术学科注重实践操作和问题解决，不同的学习内容可能需要不同的学习方法。大单元教学鼓励学生综合运用多种学习方法，如自主学习、合作学习及探究式学习等。在"探秘人工智能"大单元教学中，学生在了解人工智能技术的相关概念与应用领域时，需要自主学习人工智能发展历程中的关键事件、技术突破等知识，通过查阅资料、观看纪录片等方式，深入理解人工智能的内涵。随后，在探讨人工智能在不同领域的应用现状及面临的挑战时，学生们以小组合作的形式展开讨论、分析案例，共同完成调研报告，如研究人工智能在医疗领域辅助疾病诊断、在交通领域实现自动驾驶等方面的应用及问题。在探究人工智能核心算法，如深度学习、机器学习算法等内容时，学生们通过编程实践、模拟实验等方式深入探究算法原理，不断优化算法模型，提升对人工智能技术的理解与应用能力。这种多元化学习方法的融合，使学生在面对不同学习情境时，能够精准选择并灵活运用合适的学习方法，极大提高学习效率，进一步夯实信息技术知识体系。

二、情境性：提升真实情境问题解决能力

信息技术学科的核心素养强调学生在真实情境中运用知识解决问题的能力。依据情境认知理论，知识是情境化的产物，学习只有在真实情境中展开，才能使知识获得完整的意义。大单元教学通过创设多元真实性情境，构建起一个充满活力且富有挑战的情境场域，有效激活学生的知识储备，提升其在真实性情境中解决问题的能力，促进学科知识与技能的深度内化与迁移运用。

培养学生解决真实问题的能力，是大单元教学情境性的核心要义。当学生置身于精心构建的真实情境之中时，他们面临着一系列复杂且实际的问题，这些问题犹如一座座山峰等待学生去攀登。如在以"网络安全防护"为主题的大单元教学中，教师可以模拟企业网络遭受黑客攻击的情境，学生需要扮演网络安全工程师的角色，通过检测网络漏洞、制定安全策略、实施防护措施等一系列操作，解决网络安全问题。在这个充满挑战的过程中，学生在"做中学"，需要灵活运用所学的网络安全知识和技能，从复杂多变的网络环境中抽丝剥茧，分析问题的本质，并寻找有效的解决方案。通过不断地在真实情境中锤炼，学生逐渐掌握解决问题的技巧和方法，其解决问题能力得

到显著提升，同时信息安全意识和应对网络危机的能力也得以强化。

大单元教学创设的真实性情境，能极大地激发学生学习兴趣，点燃其求知热情。在信息技术教学中，专业且抽象的学科知识往往如同隐匿于迷雾之中的宝藏，难以被学生直接感知和理解。而真实性情境恰似一阵清风，吹散迷雾，使抽象的知识变得鲜活而具体，激发学生的探究欲望。例如，在以"移动应用系统开发"为主题的大单元教学中，教师创设"校园生活助手"移动应用开发的情境，让学生设想如何为同学们打造一个方便校园生活的应用程序，如查询课程表、借阅图书、校园活动通知等功能。这种贴近学生生活实际的情境创设，使学生能够直观地感受到信息技术在解决实际问题中的作用，从而激发他们深入探索移动应用开发技术的热情。

大单元教学借助真实性情境促进学生知识迁移能力的发展。依据建构主义学习理论的观点，学习是学生主动构建知识的过程，而真实性情境为这一过程提供了丰富的素材和实践场景。当学生置身于不同的真实性情境中运用信息技术知识解决问题时，他们能够在具体的实践中不断探索知识的边界，进而深刻理解知识的适用范围和迁移条件，实现知识的有效迁移与灵活运用。以"数据分析与可视化"为主题的大单元教学为例，如在学校运动会成绩数据的分析与可视化展示情境中，学生通过对运动会各项数据（如运动员成绩、比赛项目得分）的收集、整理、分析，并运用合适的可视化工具（如柱状图展示不同项目的成绩对比、折线图呈现运动员成绩的变化趋势等）将数据以直观的形式呈现出来，从而掌握了数据分析和可视化的方法与工具。这一过程中，学生不仅仅是学会了操作技能，更重要的是理解了在特定情境下如何根据数据特点和分析目的选择合适的分析方法与可视化方式，构建起关于数据分析与可视化的知识体系。将来当他们走向工作岗位时，如面对社会调查数据、企业销售数据、医疗健康数据等不同类型及领域的数据时，便能够将在学校运动会情境中所积累的经验与方法迁移过来，进行有效的数据分析和可视化呈现。不难理解，通过在不同真实性情境中的实践与迁移，学生很容易地实现了知识的跨情境应用，极大地提升了他们在不同领域运用信息技术解决问题的综合能力，逐步形成了举一反三、灵活应变的学习能力和思维模式，为应对未来复杂多变的社会需求奠定了坚实的基础。

三、发展性：促进信息技术学科核心素养发展

大单元教学凭借其创新教学内容组织形式和教育价值，对学生核心素养的发展发挥着至关重要的推动作用。它借助系统化设计的教学环节和丰富多样的教学活动，在多个维度上助力学生成长为适应信息时代需求的复合型人才。

大单元教学有助于学生信息意识的发展。信息意识作为个体对信息敏锐感知、精准判断和主动获取的能力，在当今信息爆炸的时代显得尤为关键。依据信息加工理论的观点，个体对信息的认知和处理是一个复杂的心理过程，包括对信息的感知、注意、

理解、记忆和应用等环节。可以看出，个体信息意识的形成依托个体对信息从感知到应用的一整套复杂认知过程。大单元教学通过创设丰富的技术应用场景和问题解决任务，让学生沉浸式参与信息加工的全过程，促使其在实际操作中不断锻炼和提升对这些信息的加工能力，进而逐渐形成敏锐的信息意识。例如，教学以"校园运动健康监测"为情境的教学中，教师引导学生利用智能手环、问卷等工具采集运动步数、心率等数据，并促使他们深入思考数据价值与准确性。在筛选关键数据的过程中，学生掌握了数据采集与清洗方法，有效提高了自身的信息敏感度。又如在"校园垃圾分类优化方案"项目中，学生自主收集数据，运用分析工具挖掘问题，并以可视化图表的形式提出改进建议，成功将信息加工能力转化为实际问题的解决方案，深刻认识到大数据在社会治理中的巨大价值。最后，通过组织学生互评与反思，引导他们探讨数据偏差可能产生的影响及隐私保护等重要问题，促使学生辩证看待数据价值与风险，强化信息安全意识与社会责任，推动信息意识向高阶思维发展。这种对信息的感知和价值判断能力的培养，是信息意识发展的关键。随着大单元教学的持续推进，学生在不断的实践和反思中，逐渐形成了主动关注信息来源、准确性和时效性的习惯。他们开始学会运用批判性思维来评估信息的可靠性，例如通过对比多个来源的信息、核实信息发布者的资质等方式，确保所获取信息的准确性。同时，他们可能还会根据任务紧迫性与实际需求，及时调整信息获取策略，以适应信息的时效性变化。这种基于情境体验的信息加工实践，使学生对信息的敏感度和判断力显著提升，进而形成稳固的信息意识。

　　大单元教学推动学生计算思维的发展。计算思维是信息技术学科核心素养的重要组成部分，计算思维涉及运用抽象、分解、建模、算法设计等思维方法来解决复杂问题，其本质是将实际问题转化为计算机可处理的形式，并通过算法和程序设计来实现问题的求解。大单元教学通常以项目式学习为主要学习组织形式，其为学生计算思维发展提供了丰富的实验场景。在大单元教学的项目实践和问题解决活动中，学生犹如置身于思维的训练场，不断挑战复杂任务，锻炼和提升计算思维能力。以"编程与算法设计"大单元中的实际游戏开发项目为例，学生面对一个实际的游戏开发项目，他们要将游戏中的各种角色、场景、规则等具象元素进行抽象和分解，构建数学模型，设计相应的算法来实现游戏功能。例如，将游戏角色的属性（如生命值、攻击力、速度等）和行为（如移动、攻击、防御等）转化为变量、数据结构和算法流程等；通过分解思维将整体游戏系统拆解为若干个可管理的子模块（角色控制、场景渲染等）等。当学生成功完成游戏开发项目后，他们所获得的计算思维能力不仅仅局限于游戏开发领域，更重要的是学生通过不断地实践和优化，他们逐渐学会用计算机能够理解的方式来描述问题、解决问题，计算思维能力得到逐步提升。依据迁移学习理论，这种在特定领域中培养起来的思维能力能够迁移到其他领域的问题解决中。当学生在未来生活工作中，遇到类似问题时，如物理中的模拟计算问题、经济领域的数据分析问题等，他们则很从容地运用当年在学校进行游戏开发项目中所学到的抽象、分解、建模等计算思维方法，将复杂问题转化为可计算的形式，设计出有效的解决方案，实现计算思维的领域应用与进阶。

大单元教学促进学生数字化学习与创新能力的提升。数字化学习与创新能力作为信息技术学科核心素养的关键组成部分，体现了个体在数字化时代适应、利用和创造知识的综合素质。依据建构主义学习理论，个体通过与数字化环境的交互作用，积极构建自身的知识体系，而数字化学习与创新能力正是这一过程的重要体现。在大单元教学框架下，学生不再是被动的知识接受者，而是主动的探索者和创造者，他们有更多机会利用数字化工具和资源进行自主学习和合作探究。学生在数字化资源与工具的支持下，积极参与到各种富有挑战性的学习任务中，不断拓展自己的认知边界，培养创新思维和实践能力。例如，在"数字化创意设计"大单元教学中，学生借助图形设计软件、3D 建模工具、虚拟现实技术等数字化手段，开展创意作品的设计与制作。他们需要不断探索和尝试新的数字化工具和技术，学会运用数字化资源来支持自己的学习和创作过程，培养创新思维和实践能力。同时，在小组合作完成项目的过程中，学生们相互交流、分享创意，共同攻克技术难题，实现创意的落地，进一步提升了数字化学习与创新能力，为适应数字化社会日新月异的发展需求做好准备，为未来在数字化领域的深入学习和职业发展储备了充足的能力资本。

大单元教学强化了学生信息社会责任的培养。在当今数字化时代，信息技术的迅猛发展如同一把双刃剑，在为社会带来前所未有的便利与机遇的同时，也滋生了诸多复杂的社会问题，如信息泄露事件频发威胁个人隐私安全、网络诈骗手段层出不穷损害公众利益、数字鸿沟的存在加剧社会不平等现象等。这些问题的涌现，凸显了在教育领域强化学生信息社会责任培养的紧迫性与重要性。大单元教学作为一种创新的教学模式，通过系统整合教学内容，巧妙融入相关社会议题和典型案例，为培养学生的信息社会责任提供了一条行之有效的路径。在"共建清朗网络家园"这一具有代表性主题的大单元教学情境中，教师可以组织学生深入探讨一系列与信息技术在社会中应用密切相关的话题，如网络谣言的肆意传播、人脸识别技术的无序滥用及其对社会秩序和公众认知造成的严重危害，以及个人信息保护对维护公民基本权利的意义等，该过程不仅使学生深刻认识到信息技术在社会中的两面性，更激发了他们对信息社会责任的深入思考。同时，通过单元活动实践，教师鼓励学生在自身的信息技术实践活动中，严格遵守法律法规和道德规范，积极传播正能量信息。例如，在项目式形式单元学习活动中，学生以小组为单位设计数字作品时，教师要求学生确保项目的合法性和道德性，不侵犯他人知识产权，不传播有害信息。学生在这一过程中逐渐形成对信息社会行为规范的深刻理解，并将其内化为自身的行为准则。通过这样系统的教学方式，学生的信息社会责任意识得以逐步形成并不断强化。他们不仅在理论层面理解了信息社会责任的内涵与重要性，更在实践行动中积极践行，成为推动构建健康、和谐数字社会的有担当的参与者。

　　大单元教学在信息技术学科中通过整合性、情境性和发展性三个维度，为学生核心素养的培育提供了全面而有效的途径。它不仅帮助学生构建了系统的信息技术知识体系，提升其在真实情境中解决问题的能力，还促进了学生信息技术核心素养的全面发展，使学生能够更好地适应信息时代的发展需求，为未来的学习、生活和工作奠定坚实的基础。在未来的信息技术教学中，应进一步深入探索和优化大单元教学模式，充分发挥其在核心素养培育方面的巨大潜力。

读书无疑者，须教有疑，有疑者，却要无疑，到这里方是长进。

——朱熹

完善的新人应该是在劳动之中和为了劳动而培养起来的。

——罗伯特·欧文（Robert Owen）

## 第二章

大单元教学的理解

"只有在理解学科大概念的基础上才能形成学科核心素养"。[①]这一观点揭示了大概念与学科核心素养之间的关系。传统单元教学中，往往以课时为基本单位，每节课被视作一个独立个体，就像项链上的珍珠，每一颗都是完整而独立的，它们与代表整个单元的绳子之间缺乏内在联系，仅仅作为分界而存在。这种模式下，每节课虽然结构完整，但在整个单元中处于孤立状态，学生难以把握知识之间的系统性与连贯性。相比之下，大单元教学以单元为基本单位，依据学科课程标准，聚焦于学科核心素养，围绕某一主题或活动，对教学内容进行整体思考、设计和组织实施。这种教学模式强调单元内容的整合和核心概念的提炼，使得单元中的每节课不再是孤立的珍珠，而是被串联成一条完整的项链，每一颗珍珠都与整体紧密相连，共同构成一个有意义的整体。从课时单元教学到基于大概念的大单元教学的转变，不仅仅是教学方法的改变，更是教育理念的一次革新。这种转变要求我们重新审视教学内容和方法，以大概念为核心，构建一个连贯、有机的教学体系。在学习如何设计素养导向的大单元教学活动之前，我们先需要了解一下何为大概念、大单元教学以及它们之间又有什么内在联系。

第一节　大单元教学

在当今教育改革的浪潮中，以素养为导向的大单元教学正逐步成为推动教学质量提升、促进学生全面发展的重要途径。大单元教学（也称单元整体教学），作为一种创新的教学模式，其核心在于超越传统课时划分的局限，将学科内容中相互关联、逻辑紧密的知识点整合为一个有机整体，即"大单元"，其特征可以概括为全面化、整合化和多样化。它要求教师在深刻理解课程标准和学情的基础上，高屋建瓴地规划教学内容，确保教学活动既符合学生的认知规律，又能有效促进学生素养的全面发展。因此，

① 伊娟，韦婷婷.基于学科大概念的单元作业设计研究 [J]. 教学与管理，2023(30): 75-80.

探索和实践以素养为导向的大单元教学，对于深化教育改革、提升教育质量具有深远的意义。

一、什么是大单元教学

"大单元"或"单元整体"通常指的是一种相对宽泛的教学单元划分方式，涵盖了多个知识点、技能点和跨学科的内容。此类教学单元构建的基础是课程标准以及学科核心素养，旨在将相互关联的教学内容整合为一个有机整体，即相对完整的教学单元，通过全面的规划和设计，围绕特定主题、大概念或大任务展开教学活动，进而推动学生系统地掌握知识、发展能力和提升素养。回顾传统课时制单元教学，我们不难发现其存在诸多局限性。教师往往将教学重点过度聚焦于单节课知识传授，致使教学内容碎片化，学生难以在脑海中构建起连贯、完整的知识体系。同时，各课时目标相互孤立，缺乏对单元整体目标的系统性思考及深度有效的教学策略。与之相对，"大单元教学"是对传统的单元教学概念的进一步深化与细化。大单元教学秉持以学生为中心的理念，以深度学习为教学目标，着力整合学科知识、技能和情感态度价值观，构建起一个系统完备、逻辑严谨的教学单元。该教学模式高度重视学生的主动参与和合作学习，通过自主探究、项目式学习等途径，培养学生的批判性思维、实践能力和创新能力。

崔允漷教授对大单元教学内涵的阐释涵盖三个层面：其一，以学科核心素养为导向的教学倡导通过设计大概念、大任务、大观念与大问题，重塑教师的教学格局；其二，针对部分教师过于侧重知识、技能与分数，而忽视学生能力、品格与观念培养的现象，强调着眼于全面育人的"大道理"；其三，从时间维度考量，大单元教学有助于教师正确理解时间与学习的关系，牢固树立"以学习者为中心"的观念[①]。也有学者从不同的视角理解大单元教学的内涵。余纯璐从教材结构视角出发，认为大单元教学是运用系统整体原理编排教材，沟通教材之间的联系，使各单元由零散知识点转变为相互关联的知识链与知识块[②]。孟亦萍从教学内容维度进行解读，认为大单元教学是根据课程实施的水平目标，将一个学期的学习内容确立为若干个教学主题，教师遵循学生学习的一般规律，以主题为线索开发和重组教学内容，并开展连续课时的大单元教学[③]。刘徽则从素养目标视角出发，认为大单元教学是"大视野"的教学，立足素养目标，以大概念为线索进行组织，构建多维关联的单元架构，并依据迭代的实施逻辑，推动学生实现学习进阶[④]。

---

① 崔允漷.学科核心素养呼唤大单元教学设计 [J].上海教育科研，2019(4): 1.

② 余纯璐."新课程"背景下的小学体育课大单元教学 [J].体育科研，2009, 30(2): 95–97.

③ 孟亦萍.让大单元教学设计成为语文课改新路径 [J].语文建设，2019(14): 67–70.

④ 刘徽.大单元教学：学习科学视域下的教学变革 [J].教育研究，2024, 45(5): 110–122.

通过对不同学者观点的综合对比可以清晰发现，素养导向的大单元教学更像是一种具有前瞻性和创新性的教学模式。它以学生为主体，引领学生从更宏观、更系统的视角理解和学习知识，围绕一条核心线索，将不同知识串联起来，帮助学生形成以"创新"为核心的大单元思维，培养高通路学习迁移能力。在发展学生核心素养的语境下，大单元教学立足课程整体理念与思维，以现有教材为切入点，系统规划单元内容、目标、主题、评价标准以及学习活动等要素。通过创设真实问题情境，以学习活动为脉络，以目标任务为驱动，将教材单元转化为活动单元，围绕单元主题实施教学活动，推动学生学科核心素养的发展。

大单元教学模式的核心目标在于培养学生的系统思维，它并非教材内容的简单堆砌，而是一个从"单元"到"大单元"再到"大单元教学"逐步深化的过程[①]。这一过程推动学生思维模式的转型升级，促使其从较为简单的、孤立的思维结构逐步向关联结构发展，进而迈向更高层次的抽象扩展结构。在此过程中，学生能够建立起知识之间的广泛联系，形成更为系统、全面的认知体系，实现对知识的深度理解与灵活运用。大单元教学作为一种创新型的教学模式，它深受中国传统教育思想的浸润，并融合了现代大概念教学理念。在中国传统教育的思想宝库中，"触类旁通""举一反三"等理念源远流长，它们深刻地蕴含着大单元教学的归纳与演绎思想精髓[②]。从本质上讲，这意味着从同类事物的深入探究中精准概括出通用的方法原理，进而巧妙地将这些所获方法灵活运用于同类乃至异类事物，从而有效实现知识的迁移拓展。这种传统教育思想与大单元教学理念高度契合，为大单元教学模式提供了深厚的文化根基与理论支撑。

项目式学习、探究式学习和跨学科学习是常见的大单元教学活动组织方式。项目式学习以学生为中心，基于学习者的兴趣和需求，从现实世界的基本问题出发，围绕复杂且源于真实情境的主题，以小组协作形式开展周期性探究活动，完成问题解决、作品制作与展示交流等学习任务，最终实现知识建构与能力提升；探究式学习围绕真实性学习任务，依照学科研究过程的逻辑展开，由各环节性质各异的学习活动小单元构成大单元，逐步引导学生深度学习；跨学科学习将学生学习视为一个整体，依据学习规律和学科知识体系设计一系列单元或学习任务，着重强调学生的自主学习与合作学习，以探究、实践、展示等方式为主要手段，培养学生的创新精神和实践能力。不同的大单元教学组织方式各具特点和适用场景，教师可依据教学目标、学生需求和学科特点进行科学合理的选择。

综上所述，大单元教学模式在中国传统教育思想的智慧滋养和大概念教学理念的科学引领下，已然成为一种促进学生思维深度发展、实现核心素养全面培育的结构化教学模式。它不仅传承中华优秀传统文化中的教育智慧，更在现代教育语境下不断创

---

① 刘石成，黄盈. 大单元教学的内涵、理论基础及其价值 [J]. 中学政治教学参考，2024(13): 37-40.

② 王鉴，张文熙. 大单元教学：内涵、特点与实施策略 [J]. 中国教育学刊，2023,(10): 5-9.

新与发展，为教育教学改革注入了新的活力与动力，有力地推动着教育事业不断向前迈进，以适应时代发展对人才培养的多元化需求。

二、大单元教学的特征

大单元教学作为一种具有创新性与前瞻性的教学模式，在教学实践中展现出多方面独有的特征，这些特征相互交织、协同作用，共同构建起区别于传统教学的全新教学范式。

（一）教学目标全面化

大单元教学始终以核心素养目标为指引，深度融入新课程改革的时代浪潮。教学目标经历了深刻的演变轨迹，从传统的"双基"，即侧重于基础知识和基本技能的传授，逐步发展至"三维"，涵盖知识与技能、过程与方法、情感态度与价值观，再到聚焦于"核心素养"。在信息技术学科领域，核心素养表现为信息意识、计算思维、数字化学习与创新、信息社会责任等关键维度。核心素养时代的大单元教学，实现从单纯知识传授向素养培育的深刻转型，高度重视整合学习者的经验，主要体现在以下两个方面。

一方面，核心素养导向的大单元教学着力实现知识传授与人的全面发展的深度整合。相较于"双基"，"三维目标"的进步在于融入了过程与方法、情感态度与价值观，彰显了人本主义教育理念，实现了对传统教学目标的有效超越。而核心素养则更进一步，将学生视为一个有机整体，着眼于学生全面发展，引导教学理念从分数导向转向育人导向，使学生的发展得到了前所未有的重视[1]，真正将教育回归到了人的本质培养上。

另一方面，以核心素养为导向的大单元教学强调对人的整体发展的全方位整合。传统的双基和三维目标往往基于原子式学习假设，这种假设认为整体简单等同于各部分之和，然而现实世界具有高度的复杂性，这种学习方式难以准确反映真实世界的全貌[2]。与之形成对比的是，核心素养则被视为一个有机的育人统一体，涵盖了学生在课程学习进程中逐步形成的正确价值观、必备品格和关键能力。作为综合性目标，在教学设计过程中，核心素养更加注重学生综合素质的全面培养，致力于实现学生知识、能力和价值观的协调发展，使学生在面对多元复杂的现实情境时，能够综合运用所学知识和技能，展现出全面发展的综合素养，更好地适应社会发展的多元需求。

（二）教学内容整合化

大单元教学的内容本质上体现为一种整合取向的结构化教学理念。大单元教学的内容知识体系并不完全等同于传统意义上的学科教材单元或综合课程大单元，它并非

---

① 王鉴，张文熙.大单元教学：内涵、特点与实施策略 [J].中国教育学刊，2023(10): 5-9.

② 王鉴，刘静芳.综合学习：内涵、特点与实施 [J].中国教育学刊，2023(2): 30-35.

简单地对教学内容进行罗列或随意拼凑，而是对多个相互关联的教学要素进行深度融合与重构。从教学范畴来看，其涵盖学科本位的教学内容，聚焦于单一学科知识体系的深度挖掘与拓展，同时也包容了综合课程的教学形态，打破学科界限的束缚，促进多学科知识的交融与贯通运用。

实施大单元教学的关键，在于依据学情和知识之间的内在关联性逻辑，对各类教学资源进行有机整合。一方面，充分利用教材中已有的自然单元，以此为基础展开教学活动，同时深入挖掘单元内篇章之间潜在的有机联系与逻辑关联，使教学内容在单元内部形成一个逻辑连贯、层次分明的知识网络体系。另一方面，大胆地对当前所使用的教材进行二次开发，根据教学目标和学生的实际需求状况，精心构建跨单元的教学体系，打破单元之间的壁垒，实现知识的跨界整合与迁移应用[①]。为深入阐释并达成教学内容的整合化目标，以下我们引入一个案例进行详细解析。

以"智慧校园环境监测与优化"为主题的跨学科项目。在这个项目中，涉及信息技术、地理以及数学等多个学科领域的知识与技能。学生需要运用传感器技术，如温湿度传感器、空气质量传感器等来采集校园环境数据，这就涉及信息技术学科中硬件设备的使用以及数据采集相关的学科知识。借助数学学科中的数据分析方法，如均值、方差、回归分析、图表绘制等，对采集到的数据进行处理和分析，以了解校园环境的现状和变化趋势。再结合地理学科的专业知识，依据分析结果制定出优化校园环境的方案，如合理调整校园绿化布局、优化通风系统等。

在整个项目实施过程中，充分发挥数字化工具，如在线数据分析平台、数据可视化软件等的优势，将原本分散于不同学科的知识点和技能要求巧妙地整合到真实的校园环境监测与优化情境，通过这种方式，构建起一个具有紧密内在联系和严谨逻辑关系的教学整体。在此过程中，教学活动围绕学生对校园环境改善的实际需求以及他们好奇、探索的学习特点展开，引导学生解决数据采集、分析与优化方案制定等复杂问题。学生在这样的学习环境中，不仅能够逐步深化对信息技术核心概念的理解，还能够实现多学科知识与技能的综合应用，为应对未来数字化社会的挑战做准备。

（三）教学评价多元化

教学评价的多元化是大单元教学的显著特征，它提倡在教学中运用多种评价方法，以实现对学生学习成果的全面、客观和公正评估。这种特点与现代教育评价的发展方向一致，对于提高教学质量和促进学生全面发展具有重要作用。具体来说，多元化评价体现在以下四个方面。

---

① 王鉴，张文熙. 大单元教学：内涵、特点与实施策略 [J]. 中国教育学刊，2023(10): 5–9.

1. 评价主体的多样性

现代教育评价理论倡导评价主体的多元化，在评价过程中纳入多方参与者，以确保评价的全面性和公正性。在大单元教学的实施框架内，教学评价已经超越了仅由教师主导的传统模式，而是建立了一个综合评价体系，该体系涵盖了教师评价、学生自评、同伴互评以及家长评价等多种评价主体。这种评价主体的多样化特征深受建构主义学习理论和多元智能理论的影响。建构主义学习理论强调学习者的主动性和反思性，鼓励学生自评，促使学生反思学习过程与成果，加深知识理解，培养自主学习与自我管理能力。多元智能理论则认为人的智能是多样化的，每个人在不同的智能领域都有自己的优势和潜力。因此，在大单元教学中引入同伴互评，不仅促进了学生间的交流与合作，还为他们提供了相互学习和激励的平台，有助于发现和展示每个学生的独特智能和潜能，进而营造一种积极的学习氛围。教师作为专业的评价者，在评价体系中继续扮演着核心角色。他们根据明确的教学目标和学生的具体学习表现，提供精确、及时的反馈，这是确保单元教学质量和效果的关键。同时，教师还可以通过指导学生自评和同伴互评，帮助学生提高评价能力和批判性思维。家长评价的引入进一步扩大了评价的视野。作为学生家庭学习环境的重要参与者，家长的评价能够真实反映学生在家庭中的学习状态和行为习惯，为学校和家庭之间的有效沟通与合作提供了重要依据，从而推动了家校共育目标的实现。大单元教学中的评价主体多样性，不仅符合现代教育评价理论的发展趋势，也充分体现了对学生个体差异和全面发展的高度重视。

2. 评价内容的全面性

大单元教学打破了传统课时教学的局限，围绕学科大概念或跨学科大概念整合教学内容，形成具有内在联系的知识体系。因此，教学评价也需要从单一的知识点评价转向对知识结构、思维能力、学习态度等多维度的综合评价。例如，在思政课教学中，除了评价学生对政治、经济、文化等理论知识的掌握情况外，还应关注学生在课堂讨论、社会实践等活动中的表现，如团队合作能力、批判性思维能力、社会责任感等。在大单元教学实践中，可以通过实施项目式学习、主题探究式学习等方式，不仅评价学生对知识的掌握情况，更侧重于评估其在团队协作、问题解决、创新思考等复杂能力上的表现。

例如，在项目式学习评价中，教师通常采用以下方式。

①项目报告评价：通过审阅学生提交的项目报告，深入评估他们对项目主题的理解深度、研究过程的系统性与完整性，以及所得结论的逻辑性和合理性，全面了解学生的学术探究能力和知识整合能力。

②展示汇报评价：组织学生以多种形式（口头报告、PPT演示、视频展示等）进行项目成果的公开汇报，重点评价学生的表达能力、自信心、演讲技巧以及与听众有效互动能力，以此考查学生的沟通交流能力和公共演讲技能。

③作品评价：审视学生的最终作品，不仅关注其完成度，更重视作品的创新性，如是否包含新颖想法、是否采用独特方法解决问题等，以此评估学生的创造力、实践能力和问题解决能力。

④小组互评：鼓励学生之间以小组为单位，相互评价各自在团队合作中的贡献、协作效果及成果质量，培养学生的批判性思维和团队协作能力。

通过全面评价学生的学习表现，教师能够精准把握学生的学习需求和发展状况，从而提供更有针对性的指导。

3. 评价方法的灵活性

在探讨大单元教学的评价体系时，强调评价方法的灵活性显得尤为重要。鉴于学科性质的多样性，教学内容的丰富性及学生个体差异性，大单元教学需要采用灵活多样的评价方法，以适应不同学科、不同教学内容以及不同学生的需求。具体来说，形成性评价、表现性评价和总结性评价是三种主要的评价方法，它们在教学实践中广泛应用。教师需根据教学内容、学生特点以及学习目标，灵活选择评价方法，以确保评价既能够准确反映学生的学习状况，又能有效指导教学过程的调整与优化。在这个过程中，形成性评价起着核心作用，它贯穿于整个教学活动，通过及时的反馈帮助教师快速识别学习中的难点和亮点，及时调整教学策略。表现性评价关注学生在模拟或真实情境中如何应用知识和技能，例如通过项目作业、口头报告、实践操作等形式，评价学生在真实性情境中的动手实践能力、创新思维能力和问题解决能力。这种评价方式不仅增强了学习的实用性和情境性，还极大地提高了学生的学习兴趣和参与度。总结性评价通常在教学单元或学期结束时进行，目的是对学生一段时间内的学习成果进行系统的回顾和综合评价。它不仅帮助学生清楚地认识到自己的学习成就和不足，也为教师提供了全面评估教学效果、反思教学方法的重要依据。

4. 评价时机的适时性

在讨论教学评价体系的多样化特征时，评价时机的选择是一个不可忽视的关键因素。这个概念与教育心理学中的"及时反馈"原则不谋而合，该原则认为在教学过程中应及时向学习者提供关于他们学习表现的反馈，以促进其自我调节与持续进步。大单元教学正是基于该原则，鼓励在教学过程中适时进行评价，以便及时发现学习障碍、解决问题，并为学生提供及时和具体的反馈及个性化指导。为达成评价时机的适时性，可将评价划分为即时评价、阶段性评价和终结性评价。通过综合运用这三种评价策略，教师可以建立一个全面、动态且层次分明的学生学习评估体系。即时评价就像教学过程中的"显微镜"，使教师能够敏锐地捕捉到学生学习的即时状态和细微变化，为及时调整教学策略和提供个性化辅导提供依据；阶段性评价则像是教学进程中的"里程碑"，帮助教师系统地回顾学生在特定学习阶段的表现，识别学习发展的轨迹和潜在问题，为制定后续教学计划和干预措施提供科学参考；终结性评价则像是整个学习周期的"总结报告"，全面、综合地评估学生的学习成果和达成度，为教学效果的最终评判和学生发展的长远规划提供基础。

以下是《普通高中信息技术课程标准（2017 年版）》中关于"运用灯语传递信息"①项目教学活动的具体实例，以便帮助我们更直观地领悟它们在实践中的应用场景与方式。

即时评价

活动 1"用手电筒传递信息"： 当某组学生尝试使用手电筒按照莫尔斯码发送字母时，教师观察到发送方在编码过程中出现了混淆，导致接收方无法正确解码。此时，教师立即介入，进行即时评价："编码过程中出现小插曲很正常！这恰恰说明我们发现了需要优化的地方。大胆调整规则，多尝试几次，说不定就能找到让解码变得轻松的方案"。随后，教师指导学生重新练习编码，直到他们能够准确无误地完成信息传递。这种即时评价帮助学生及时纠正了错误，确保了后续活动的顺利进行。具体教学流程如下。

教师：（观察到手电筒传递信息过程中学生编码出现混淆）"同学们，我看到你们在编码时有些不确定，我们一起来复习一下莫尔斯码的规则吧。记住，每个点（·）代表短按，每个划（-）代表长按，比如字母'A'就是'·-'。让我们再试一次，确保每个人都能准确无误地发送信息。"

学生 A：（尝试后）"老师，我这次明白了，谢谢！"

教师："很好，继续保持，确保信息传递的准确性是我们成功的关键。"

阶段性评价

活动 2"用计算机识别灯语"： 活动 2 结束后，教师组织了一次阶段性评价。教师要求学生展示他们的解决方案，包括如何通过计算机摄像头捕捉手电筒的光信号，并实现自动翻译。在展示环节，教师和同学们共同对每个小组的解决方案展开评价，深入探讨其创新之处、可行性以及存在的不足。通过这种阶段性评价，学生不仅能够得到关于他们当前学习成果的反馈，还能从其他小组的解决方案中汲取灵感，为接下来的活动做好准备。具体教学流程如下。

教师：（活动 2 结束后）"同学们，这几天大家分组研究了用计算机识别灯语的方案，相信都有不少收获！现在，谁先来分享一下你们组的成果？"

学生 B：（代表小组发言）"我们小组利用 Python 编写了一个程序，通过摄像头捕捉手电筒的光信号，并将其转换为莫尔斯码。我们还添加了一个简单的图形用户界面，方便用户操作。"

---

① 中华人民共和国教育部.普通高中信息技术课程标准 [S].北京：人民教育出版社，2020:72-75.

教师："非常棒，你们的解决方案很有创意，而且界面设计也很友好。其他小组有什么建议或补充吗？"

学生 C："我觉得他们组的程序很实用，但如果能加入一些错误纠正机制，比如自动检测并修正常见的编码错误，那就更完美了。"

教师："很好的建议，错误纠正确实是一个值得考虑的功能。大家都可以尝试在程序中加入这样的机制。"

学生 D："我们小组使用了机器学习算法，收集了很多灯语闪烁的数据，训练了一个简单的模型。现在它不仅能识别固定灯语，还能推测出一些相似的新组合！不过训练模型花了很长时间……"

教师："你们可以尝试先把灯的亮灭转化成 0 和 1 的二进制数据，从而优化数据输入的格式。"

终结性评价

活动 3 "利用计算机网络实现灯语远程交流"：活动 3 结束后，教师组织了一次终结性评价。这次评价要求学生不仅展示他们的最终成果——一个能够通过计算机网络实现灯语远程交流的系统，还要准备一份详细的报告，阐述项目的背景、目标、实现过程、遇到的挑战及解决方案等。教师和学生们共同对各个小组成果进行评价，从系统的功能性、稳定性、创新性以及报告的完整性等多个维度给出反馈。这种终结性评价不仅全面总结了学生的学习成果，还通过展示与交流，激发了学生的学习兴趣与创新思维，为今后的学习提供了宝贵的经验。具体教学流程如下。

教师：（活动 3 结束后）"经过这段时间的努力，我们各个小组都成功实现了通过网络传递灯语的目标。现在，请各组展示你们的成果，并分享项目过程中的经验和教训。"

学生 F：（展示项目）"我们小组设计了一个完整的系统，用户可以通过手机发送灯语，接收方则可以在自己的移动设备上实时接收并查看翻译后的信息。此外，我们还特别注重系统的稳定性和安全性，确保其在各种使用场景下都能可靠运行。"

教师："非常出色的项目！你们的系统不仅功能完善，而且考虑到了实际应用中的稳定性和安全性问题。在报告中，你们也详细记录了项目背景和实现过程，这为其他同学提供了很好的参考。其他小组你们在探索新方法的过程中有什么收获？"

学生 G："经验是大胆尝试新工具真的能打开新思路！虽然训练模型耗时长，但能处理复杂数据，不过教训也深刻，我们一开始没整理好数据标签，导致模型训练出来误差很大，返工了好几次。所以数据预处理真的不能偷懒！"

教师："很好，大家的收获都很大。通过这次项目活动，我们不仅掌握了相关的信息技术知识，还锻炼了团队协作和问题解决能力。希望大家今后能继续保持这种探索和创新的精神。"

第二节　大概念

在教育领域的知识体系构建与教学实践中，大概念发挥着不可替代的引导和支撑作用。大概念以凝练、准确的语言，提炼学科核心内容，帮助师生快速洞悉学科的关键要点，把握知识精髓。凭借独特的内涵和表现形式，大概念已成为大单元教学设计的核心要素，直接影响大单元教学成效。接下来，本节将从大概念的内涵、特征、表达方式等方面展开论述，深入剖析其本质。同时，详细介绍提取大概念的策略，阐述大概念与大单元教学的内在联系，旨在帮助一线教师全面理解大概念，将其有效应用于教学实践，提升教学质量。

一、什么是大概念

大概念（Big Idea 或 Big Ideas），又称"大观念"或"核心观念"。为保持术语的一致性与精确性，本书将统一采用"大概念"这一表述，以规避潜在的混淆与误解。大概念作为学科核心内容和教学核心任务的重要概念，不仅跨越了具体学科的疆界，更深刻体现了学科的本质特征与核心价值，成为联结学科内各知识领域的概念纽带。

从语言学视角看，"大概念"表面上呈现为"大"与"概念"的组合。这里的"大"并非单纯指概念所涉范围在物理层面的宽泛，而是蕴含着高度抽象、深度概括以及广泛统摄的意义。根据语言符号学的观点，概念是对事物本质属性的简洁表达，而大概念则是超越了具体实例和个别现象，从众多普通概念和具体知识中提炼出的精华。比如在词汇学中，我们可以从描述具体动作的词汇中提炼出"行为方式"大概念；从描述物体外形的词汇中提炼出"空间形态"的大概念。这些大概念就如同构建语言知识体系的支柱，它们广泛覆盖了底层的复杂词汇和语句知识，将零散的语言信息有序地整合起来，展现出强大的包容性和组织能力。在学科领域，大概念也可以说是学科中的核心概念，不仅体现了学科的精髓和本质特征，也连接了学科内的各个知识点，使之成为一个逻辑清晰、结构完整的知识体系[①]。以数学学科为例，"函数"是一个典型的大概念，它连接了代数、数列、图形等多个知识领域。从基础的数学运算到复杂的模型构建，都围绕着"函数"这一核心概念展开。从根本上说，大概念在学科中承载着学科的精髓和本质特征，像神经网络中的关键节点，将分散的知识点紧密联系起来，构建起一个有机的知识体系。从专家思维视角出发，大概念深刻反映了专家的思考方式与深层认知结构，具有显著的生活实践价值，能够有效引导学生理解并应对现实世界

---

① 张学军，焦晨晨，岳彦龙.大概念的误解、澄清及实践进路[J].电化教育研究，2024,45(2):48-54.

中的复杂问题[①]。例如，在建筑设计领域，"空间的人性化利用"作为一个大概念，其贯穿建筑的选址、布局、选材等各个环节，充分体现了专家在综合考虑建筑功能的多元化需求、环境的动态变化等复杂因素时所采用的系统性思维方式。由此可见，面对复杂问题时，专家不会只是处理零散的细节，而是依靠他们内化的大概念来迅速识别问题的核心，并规划出解决的路径。

上述多个角度对大概念的探讨，虽然各有侧重，但相互关联、相互补充。从语言学的角度来看，大概念帮助我们理解语言如何表达复杂的概念，让学习者能够更精确地使用语言工具来描述和理解世界。在学科领域，大概念构成了学科知识体系的核心，它们是连接不同知识点的桥梁，使得学科内的知识能够形成一个有逻辑、有层次的结构。而从专家思维的角度来看，大概念代表了专家在面对问题时的思考方式，它们鼓励学习者采用更创新、更系统的方法来解决问题，从而在实际应用中发挥知识的力量。

综上所述，大概念是指那些能够跨越具体知识点，集中体现学科本质，具有相对稳定性、共识性和统领性的核心概念。它能够帮助学习者理解复杂概念、准确运用语言工具描述世界，培养专家式思维，推动知识创新与系统问题的解决。大概念作为学科知识体系的核心构件，其反映了学科本质，是学科核心素养在某个学科学习内容层面的具体表达[②]。它如同一根主线，贯穿整个学科知识体系，将原本零散的知识点串联成线，再进一步织成一张紧密的知识网络。同时，它也站在学科的高点，以专家的视角审视知识结构，帮助学习者从整体上把握学科知识的内在逻辑与联系。

二、大概念的特征

大概念不仅承载着学科的核心思想，更是引导学生深入理解、整合并应用知识的关键要素。下面我们将从统整性、学科性和迁移性三个维度，详细阐述大概念的特征。

（一）统整性

"大概念"的"大"是一种相对概念，它可大至课程概念，中至单元概念，小至课时概念。当我们运用大概念来整合知识时，就像是给知识体系找到了一个焦点，让所有的信息和概念都能围绕这个焦点组织起来，凝聚成一种结构化的系统知识[③]。大概念就像一种强力黏合剂，能够将原本处于离散状态的知识片段、能力要素、思想观念以及方法策略紧密关联，形成一个有机的联系网络。大概念的统整性特征也决定了它和其他基础概念不同，它是聚合性的，能够有效地组织众多的小概念。大概念就像是

① 刘徽."大概念"视角下的单元整体教学构型——兼论素养导向的课堂变革[J].教育研究，2020，41(6):64-77.

② 章巍.大概念教学15讲[M].北京：中国人民大学出版社，2023.

③ 王江锋.基于教材建构语文学习情境的迷失与回归[J].上海教育科研，2024(2):9-13.

一个智能的分类文件夹，为众多小概念提供了有序的归档结构和合理的框架支撑，让学科知识层次分明、条理清晰。有限个大概念相互交织，勾勒出学科的连贯整体轮廓，改变了我们对学科知识的看法，不再把它们看作孤立的概念和零散的事实，而是看作一个有逻辑、有结构的整体。

在具体学科领域，大概念的统整作用也决定了其在学科中的核心地位，大概念群集中体现了学科结构和学科本质，起着提纲挈领的重要作用[①]。此外，大概念的统整作用不仅体现在学科内部知识的整合，还延伸至教学设计与评价方式。在教学设计过程中，教师可以根据大概念来确定教学目标、筛选教学内容、设计学习活动和规划教学流程，确保教学各个环节都能围绕大概念有机统一。在评价环节，大概念的统整作用为评价指标的设定和方式的选择提供了依据，评价重点转向学生对大概念的整体理解和运用其解决实际问题的能力，从而全面、精准地反映学生的学习成果和综合素养。

（二）学科性

大概念作为学科知识的精髓与核心，深刻体现了学科的独特视角、基本架构、关键概念及研究方法，是学科核心内容与教学核心任务的集中展现。布鲁纳的认知发现理论强调，有效学习应聚焦于学科的核心结构，而大概念正是这一结构的基石。大概念不仅承载着学科独特的概念体系，更是学科思想与方法的高度概括，代表着学生对学科深刻且持久的理解。不同学科的大概念各具特色，其内涵与外延各不相同，犹如一面面透镜，折射出不同学科的本质特征、独特规律及研究方法。以物理学中"力"的概念为例，它揭示了物体间相互作用的本质，而生物学中的"进化"概念则阐释了生物多样性的起源与发展。这些大概念不仅展现了学科的深度与广度，还是学科知识体系中的关键连接点。

大概念的另一学科特性在于其广泛的普适性和强大的解释力，它能够将零散学科的知识整合为系统的知识框架。在大单元教学中，教师经常会思考哪些知识能在学生遗忘具体细节后也依然能留存，这些留存的知识便是学科的大概念。凭借其普适性和解释力，大概念不仅能帮助学生深入研究与解决问题，还能超越具体事实与经验的限制，引导学生深入理解学科知识并构建系统的学科知识框架。这些知识经验不仅在学校学习中发挥作用，还能解释学生毕业后生活中的各种现象，伴随他们一生。此外，大概念的学科性并不局限于单一学科，它还体现在跨学科的应用价值上。尽管每个学科的大概念都有其特性，但它们并非孤立存在，而是相互关联、相互渗透。通过跨学科整合大概念，学生能够打破学科间界限，实现知识的跨界融合与创新应用。正如STEM教育理念所倡导的，通过科学、技术、工程和数学的跨学科整合，培养学生的

---

① 李刚，吕立杰.大概念课程设计：指向学科核心素养落实的课程架构 [J].教育发展研究，2018，38(Z2):35–42.

综合素养与创新能力，使大概念成为连接不同学科和领域知识的桥梁。

（三）迁移性

迁移性是大概念最为突出的特征之一。从心理学角度来看，迁移性是个体能够将在一种学习情境下获得的知识、技能或态度，有效转移到另一种新情境的能力。当这一概念应用于大概念时，强调大概念应具备能够跨越不同的情境、学科领域和时间，持续发挥其解释力和指导作用的能力。埃里克森在其著作中指出，大概念具有极大的迁移价值，它们能够跨越时间，被广泛地应用在各种纵向的学科内情境、横向的学科间情境，乃至学校以外的全新情境[①]。这种特性使大概念成为连接知识与实践、现在与未来、不同学科之间的纽带。在单一学科内部，大概念通过纵向联结，构建起一个从基础到高级、从简单到复杂的知识体系。这种纵向迁移不仅帮助学生加深对学科内知识的理解，还增强了他们在新情境下应用这些知识的能力。例如，数学中的"函数"是一个核心大概念，它贯穿于从小学到高中的各个学习阶段。学生在不同的学习阶段逐步深入理解函数，不仅掌握了函数的基本性质和应用，还能在更复杂的数学问题中灵活运用函数的概念，实现知识的纵向迁移。

大概念的迁移性同样体现在不同学科之间。尽管不同学科的研究对象和方法存在差异，但它们往往共享一些基础的大概念。这些大概念成为了不同学科之间沟通和融合的桥梁，促进知识的整合与创新。例如，"系统"作为跨学科大概念，在信息学、生物学、工程学乃至社会科学中均有应用。学生掌握了"系统"这一大概念后，就能更好地理解不同学科中系统的构成、运作和演变规律，实现了知识的横向迁移。更为重要的是，大概念的迁移性架起了学校教育与现实世界的桥梁。学校教育的终极目标是培养学生解决真实世界问题的能力，而大概念正是实现这一目标的关键。通过掌握大概念，学生能够更好地理解现实世界中的复杂问题，将其抽象为学科知识模型，并提出解决方案。这种迁移能力不仅有助于学生将所学知识应用于真实情境，还能够激发他们的创新思维和问题解决能力。

三、大概念的表达方式

大概念的表达方式，本质是将学科核心思想、基本原理或关键概念，以清晰、连贯且严谨的语言展现出来。这类表达方式，不仅要凸显概念在特定学科中的核心地位，深入挖掘其深度与广度，还需揭示概念的跨学科的属性，即如何与其他知识领域建立联系，形成知识的融会贯通。在具体表述中，大概念的呈现形式丰富多样，常见的有词语、句子、问题或正式理论等形式。接下来，我们以信息技术学科为例，对这四种

---

① Erickson H L.Stirring the Head, Heart, and Soul: Redefining Curriculum and Instruction[M]. Thousand Oaks: Corwin Press, 1995.

表达方式展开详细说明。

词语表达："算法"。这个词语简洁而精确地概括了信息技术学科的一个核心概念，即解决特定问题的一系列步骤或规则。

句子表达："数据是信息的载体，通过处理和分析数据可以提取有价值的信息和知识。"这句话清晰地阐述了数据与信息、知识之间的关系，是信息技术学科中的一个基本观点。在大数据时代，这一表述指导学生理解数据挖掘、数据分析等技术的原理，让学生意识到数据作为信息时代核心资源的价值，及其在知识发现与决策支持方面的关键作用。

问题表达："如何有效利用计算思维解决日常生活中的复杂问题？"这个问题直接指向了信息技术学科的核心素养目标之一，即提升学生的计算思维能力。通过引导学生思考和解决这一问题，不仅能激发学生将计算思维应用于实际生活的意识，还能锻炼学生分析问题、分解问题、运用数字化手段解决问题的综合能力。

正式理论表达："冯·诺依曼体系结构是现代计算机的基本架构，包括输入设备、控制器、运算器、存储器和输出设备五大部分，其核心在于对程序的存储与控制。程序和数据通过输入设备存入存储器，控制器逐条读取指令并译码，指挥运算器处理数据，结果存回存储器或通过输出设备呈现，循环执行直至任务完成，实现自动化信息处理。"这个理论系统描述了计算机的基本组成和工作原理，构成了信息技术学科的重要理论基础。这一理论的学习，帮助学生理解计算机硬件的工作机制，为后续学习操作系统、计算机网络等知识筑牢根基，同时也为计算机系统的设计、优化和创新提供理论指导。

四、如何提取大概念

开展大单元教学设计时，提取大概念是至关重要的起始步骤。依据覆盖层面和统摄意义，大概念可以分为学科大概念和单元大概念等不同类型。提取大概念主要有自上而下和自下而上两种路径[①]。

（一）自上而下提取法

自上而下提取法侧重于从课程标准、教材内容、学科知识文本中挖掘大概念。尤其关注那些在文本中频繁出现，对理解学科知识起到关键作用的核心概念。

1. 从课程标准中提炼

课程标准是国家课程的基本纲领性文件，规定了面向全体学生的学习基本要求。原则上，所有大概念的提取都应优先参照课程标准[②]。以《义务教育信息科技课程标准

---

① 刘徽. 大概念教学：素养导向的单元整体设计 [M]. 北京：教育科学出版社，2022.

② 邵卓越，刘徽，徐亚萱. 罗盘定位：提取大概念的八条路径 [J]. 上海教育科研，2022(1): 12–18, 30.

（2022 年版）》为例，从其"课程理念"中可以解读课程结构的逻辑关联性，进而提炼出数据、算法、网络、信息处理、信息安全、人工智能等学科大概念。同时，从"课程目标"和"课程内容"对核心素养的阐述里，也可以直接提炼出体现学科本质的大概念。

再看《普通高中信息技术课程标准（2017 年版）》中"模块 2：信息系统与社会"的内容，可以提炼出以下体现信息技术学科本质的大概念。

大概念 1：信息系统是由多个相互关联、相互作用的组件构成的系统，用于信息的收集、处理、存储、传输和呈现，以满足用户的需求。

大概念 2：信息系统的设计与开发是一个系统工程，包括需求分析、系统设计、编码实现、测试调试等多个阶段，旨在开发出满足用户需求的高质量信息系统。

大概念 3：信息系统安全极其重要，需要保护信息系统免受未经授权的访问、使用、泄露、中断、修改或破坏，以确保信息的保密性、完整性和可用性。

大概念 4：信息技术是推动信息社会变革与发展的核心动力。公民需掌握信息技术，理解其对社会的影响，并遵守信息伦理与相关法规。在参与信息活动时，需确保安全并承担相应的社会责任，并具备合理选择与决策的能力，以应对信息时代的各种挑战。

这些大概念共同构成了"信息系统与社会"模块的核心内容，体现了信息技术学科的本质特征和要求。在实际教学中提炼具体的单元大概念时，还需要作进一步的筛选、修改、细化或整合，使其更契合于大单元教学的需求。

2. 从教材文本中提炼

（1）单元导语分析。

单元导语通常简明扼要地概述了单元主题，同时可能会提出一些富有启发性的问题，这些内容为我们提炼大概念提供了关键线索。以教科版《普通高中教科书　信息技术必修 1　数据与计算》的第一单元"初识数据与计算"导语[①]为例：

人类在原始社会就出现了"结绳记事""刻契记事"等简单的计算行为。在信息化时代的今天，数据与计算对我们的生活、学习和工作的影响越来越大，已经和我们密不可分。

对现实世界的事物进行感知和测量，进而获得大量的数据，再依靠计算发现数据背后蕴含的规律是人们生产、研究的重要手段。天文学家通过计算分析太空脉冲，生物学家通过计算发现基因组的奥秘，交通部门通过计算实现公共车辆的合理调度，工厂通过计算确定生产材料的最佳配置方案……人类的活动，时时刻刻都离不开数据和计算。

那么，数据是什么？计算是什么？这是本单元要讨论的问题，我们也将从这里开始"数据与计算"之旅。

本单元我们将从认识身边的数据开始，了解数据和信息的特征，理解数据、信息

---

① 普通高中教科书．信息技术必修 1：数据与计算 [M]．北京：教育科学出版社，2019．

和知识的关系，感受数据在现代社会生活中的重要作用。通过比较多种计算方法在解决问题时的特点，体会计算机在处理数据上的优势和价值。

从这段单元导语中，我们可以提炼出"数据与计算是现代社会不可或缺的基础，是理解和改造世界的重要手段"这一大概念。该大概念概括了数据与计算在现代社会中的重要地位和作用，不仅涵盖了本单元即将深入探讨的数据、信息、知识之间的内在关系，还体现了计算机在数据处理方面的优势和价值，充分展现了信息技术学科的本质特征。

（2）单元小结总结。

单元小结不仅对该单元的学习内容进行了系统总结，通常还会提炼学习方法和学科思想，在提炼大概念的过程中，这部分内容值得重点阅读与分析。如上述教科书中的单元小结，通过思维导图的方式直观呈现了单元大概念。这种呈现方式有助于学生从整体上把握单元知识结构，明确各知识点之间的关联，也进一步深化了对大概念的理解和记忆。

3. 从学科知识概念中提炼

在教学材料中，知识往往呈现出较为零散的状态。要从中提炼出大概念，教师需要具备深厚的学科知识底蕴和较强的知识归纳能力。教师应找出与学科核心素养紧密相关的知识和概念，通过深入分析这些知识概念之间的内在联系和逻辑关系，挖掘其中能够统领其他概念的核心知识，并对其进行提升和凝练，从而形成具有高度概括性的统摄性的大概念。这一过程要求教师能够精准把握学科知识的核心要点，将看似分散的知识点串联起来，帮助学生构建清晰、系统的知识框架，加深学生对学科本质的理解。

（二）自下而上提取法

自下而上的方式，是结合具体的学情以及教师自身的专业特点，借助集体讨论来生成大概念。采用这种方式生成的大概念，往往会带有鲜明的地方课程特色。然而，为保障大概念的科学性与严谨性，必须经过集体的充分协商，确保其既能反映学科本质，又能适应教学实践的要求。教师作为教学实践的核心参与者，他们在长期的教学过程中，通过与学生的密切互动、对教学内容的反复钻研、对多种教学方法的持续尝试以及对各类教育情境的敏锐感知，积累了丰富的教学经验。这些经验中蕴藏着大量潜在的大概念资源，是教学中组织和理解学习主题的关键所在。一般而言，从教师经验中提取大概念主要有两条路径：基于教学反思提取大概念和通过案例分析提取大概念。

1. 从教学反思中提取大概念

教学反思是教师对自身教学过程进行回顾、剖析和评价的重要活动。教师可以从教学目标的达成情况、教学方法的实际效果、学生的学习表现等多个方面展开反思，进而挖掘出潜在的大概念[1]。例如，在某堂历史课教学后，教师发现学生在理解不同历史时期的社会变革时，往往只是局限于具体的历史事件，难以深入把握社会变革背后深层次原因和内在规律。基于此，教师可以提取出"历史发展的动力与变革机制"这一大概念。在后续教学中，教师可以引导学生从政治、经济、文化等多个维度去分析历史变革，培养学生的历史思维能力。

下面是来自乌鲁木齐市某所高中的 A 老师的"数据编码"教学反思案例：

在进行高中信息技术教学"数据编码"这一节课的教学时，我发现学生对于数据在计算机中的存储形式以及不同数据类型（如文本、图像、音频等）的编码原理有了一定的理解，但在实际应用中，他们往往难以将理论知识有效地应用于解决实际问题。例如，当学生遇到网页显示中文出现乱码问题时，多数学生能想到"编码和解码需统一格式"的理论，但很少能主动联想到 UTF-8 编码中汉字占 3 字节、GBK 占 2 字节的存储差异，或通过浏览器开发者工具查看网页源文件的编码设置。这种现象的本质在于教学中缺乏以真实情境为驱动的实践任务，致使学生难以构建起"编码规则 — 硬件存储 — 软件处理"这一完整的认知链条。

由此，可以提取出"数据编码是将信息转化为计算机可处理形式的过程，需通过实践操作深化理解并实现理论与应用的结合"这一大概念。在计算机科学领域，数据需要以特定的格式表示，并能在不同形式之间进行转换，以满足不同的处理和存储需求。基于此，A 老师可以在后续教学中应增加更多实践操作环节，帮助学生深入理解数据编码的原理和方法，并培养他们在不同情境下运用这些知识的能力。

2. 从案例分析中提取大概念

教师在教学过程中积累了大量的教学案例，这些案例是教师教学经验的重要组成部分，是教师教学智慧的结晶。通过对典型教学案例的深入分析，教师能够挖掘出其中蕴含的核心大概念。例如，在某信息技术教学案例中，学生通过学习和运用电子表格软件处理和分析数据，掌握了数据排序、筛选、统计等基本操作，并依据这些操作得出了关于数据特征和趋势的相关结论。教师从该案例中提取出"运用科学合理的方法和工具对数据进行收集、整理、计算、分析等操作，能实现从原始数据到有效知识的价值跃迁"这一大概念，并进一步引导学生思考在其他情境下，如大数据分析、业务报表生成等，数据处理与分析方法是如何被应用来揭示数据背后隐藏的信息和规律的，从而实现知识的迁移和拓展。总体来看，从教师经验中提取大概念虽具有一定挑战性，但意义重大，教师的经验不仅是提取大概念的重要基础，更是提升教学质量、增强学生学习效果的关键因素。

---

[1] 李凯，范敏. 素养时代大概念的生成与表达：理论诠释与行动路径 [J]. 全球教育展望，2022, 51(3): 3–19.

第三节　大概念与大单元教学的关系

大概念是大单元教学的核心要素，它不仅为教学目标的精准设定提供了明确的方向，还在统领整个单元教学内容方面发挥着至关重要的作用，是将学科核心素养教育切实融入教学实践的关键所在。大单元教学需要紧密围绕大概念展开全面且系统的教学设计。这种教学设计既可以依托现有的课程单元，也能够根据实际教学需求跨越课程单元的界限，对教材内容进行灵活重组。通过突破传统课时教学的固有局限，开展较长周期的系统化设计，并合理地进行课时分解，从而确保教学得以有序实施。概括而言，大概念明确了教学目标与内容框架，而大单元教学则在此基础上，侧重于依据大概念所确立的方向与框架，对教学策略、方法与教学过程进行精心设计，有效促进学生的知识建构与素养提升[①]，确保大概念所承载的教学目标得以切实实现。

一、大单元教学是实现大概念理解的路径选择

大概念之所以"大"，是因为它们能够反映学科的本质，具有高度的概括性和统领性。这种特性使得大概念成为构建学科知识体系的基石，对于构建学生的系统化知识体系至关重要。然而，也正是由于大概念具有高度的抽象性和概括性以及统领性，学习者对其进行学习和理解往往面临较大的挑战。尤其在传统孤立的课时教学模式下，学生往往难以全面且深入把握大概念的内涵和外延，更难以借助大概念所构建的思维框架，将所学具体知识应用于实际问题解决中。大单元教学的出现则打破了传统章节或课时的限制，将原本分散的相关知识紧密联结在一起，形成一个有机整体。这种高整合度的教学模式，能够更好地彰显大概念的统领性，为学生构建系统化知识体系提供有力支持。同时，大单元教学尤为注重知识的结构化呈现，通过清晰的层次架构和严谨的逻辑关系，帮助学生深入理解大概念的内涵和外延。可以说，大单元教学凭借其高度的整合度和结构化特性，为深入理解大概念提供了理想的路径选择。

以教科版《普通高中教科书　信息技术必修 1　数据与计算》这一课程内容为例，通过借助大单元教学模式，为学生理解大概念搭建了有效桥梁。根据教材内容，我们提炼出"数据是信息的载体，通过处理数据可以揭示隐藏在其中的信息，而信息则具有减少不确定性的功能"这一大概念。这一大概念聚焦于"数据与信息的关系"，成为贯穿整个单元教学的主线。在该单元教学过程中，教师可以围绕这一大概念，打破传统小节内容的界限，整合"我们身边的数据""数据的计算""走进数据分析"等多个小节的内容，使教学内容形成一个逻辑紧密的整体。这种整合并非简单的内容堆砌，而是基于大概念的系统性重组，让学生能够从更宏观的视角理解知识之间的内在联系。

---

① 郭绍青. 教育数字化赋能新课程实施与教师培训转型策略研究 [J]. 中国电化教育，2023, (7): 51-60.

为帮助学生切实理解大概念，教师精心设计并引导学生开展了一系列丰富多样的单元实践活动。例如，可以引导学生收集当地的紫外线指数、感冒指数等数据，通过特定的规则计算（如感冒指数＝降温幅度＋气温日较差＋湿度贡献值）将其转化为实用的出行建议；分析历史销售数据（例如某商品的月销量波动），利用算法预测未来的需求，从而优化库存管理，调整货架布局以提升销量，体现数据驱动决策的价值；采集 PM2.5、臭氧浓度等环境数据，通过计算生成污染等级，并结合地理信息系统（GIS）进行可视化展示污染分布，最终形成环保建议报告；通过传感器收集的车流数据，经算法处理后，实现数据（车流量）→信息（信号灯策略）→知识（交通管理模型）的递进转化，动态调整信号灯时长，有效减少交通拥堵。这些实践活动让学生亲身体验到数据经过处理转化为有价值信息的全过程，深刻感受到数据与信息之间的紧密关联。此外，教师还可以带领学生深入分析不同数据表示方式、数据结构的特点，引导学生从多个维度探究数据的本质和信息的价值。通过这样的大单元教学过程，学生收获的不仅仅是数据和信息的基本概念，更重要的是，他们能够在脑海中构建起对数据和信息关系的深刻认知体系。这种认知使学生学会从繁杂的数据中敏锐地提取有价值的信息，并将其灵活运用到实际问题的解决过程中，真正实现了对大概念的深度理解和有效应用，充分彰显了大单元教学作为实现大概念理解的重要路径的独特价值。

二、大单元教学需要用大概念加以统领

大概念在大单元教学中扮演着核心引领的角色，它是贯穿整个教学活动的主线，也是教师整合和组织学科知识的框架支撑。通过大概念的指导，教师得以构建出内在逻辑严密、结构层次分明的教学单元，从而更好地凸显知识的重点和难点。与传统教学中零散、孤立的知识点传授不同，大单元教学致力于为学习者呈现知识世界的全景图，让他们能够把握知识的全貌。大单元教学不仅关注知识的传授，更重视知识的整合和应用，旨在培养学生的学科核心素养和综合能力。

然而在实际教学操作过程中，部分教师虽然尝试用大主题、大项目或大任务来展开教学设计，这些举措在一定程度上延长了学习者的知识学习过程，提高了知识学习的完整性，但它们并未能深入挖掘或触及学科知识的核心——大概念。这是因为此类方法的迁移价值相对有限，往往仅适用于特定时空环境，难以在更广泛的学习场景中发挥长效作用。为了克服这个难题，我们必须认识到大概念在大单元教学中的核心地位，以大概念统领大单元教学，能够帮助学习者在忘却具体知识的情况下，依然凭借所掌握的一般性原理来找到解决问题的有效办法。这是由于大概念反映的是学科基本结构，是学科知识背后的基本原则，也是大主题、大项目、大任务以及大情境所蕴含

的根本性观念[①]。

以大概念为中心展开大单元教学，意味着我们要围绕大概念对教学内容进行整合、精心设计教学活动并构建科学合理的评价体系。这样做的好处是显而易见的：一方面，能够助力学生建立起更加稳固、系统的知识体系，使学生所学知识不再是零散的"碎片"，而是相互关联、融会贯通的有机整体；另一方面，还能提升学生的知识迁移能力，使他们在面对层出不穷的新情境和新问题时，能够迅速调用所学的大概念，灵活自如地进行分析与解决，真正实现知识的学以致用。

仍以教科版《普通高中教科书 信息技术必修1 数据与计算》的第一单元"初识数据与计算"为例，教师可以将"数据驱动的问题解决"作为本单元的核心概念，并围绕这一概念可以设计一个大单元教学，理解数据作为信息的载体，通过采集、处理、分析与应用，实现从数据到信息、知识再到决策的转化，形成"数据思维"解决现实问题的能力。在教学实践中，以"用图书借阅数据推荐书单"项目为例，让学生经历"发现问题→采集数据→处理分析→生成方案"的完整流程，体现"数据驱动决策"的核心思想。同时，通过小组合作、跨学科融合等多样化的教学活动，加深学生对大数据、数据分析等核心概念的理解与把握。此外，构建包括过程性评价、成果展示评价和自我反思评价在内的综合评价体系，全面评估学生对大概念的理解程度和应用能力，确保单元教学活动始终紧密围绕大概念的核心目标稳步推进。

三、大单元教学需要用大概念聚合知识

在大单元教学中，大概念作为学科知识体系的核心要素与组织架构的关键节点，发挥着强大的知识聚合作用。大概念能够原本零散分布的知识点有机串联起来，形成有结构、有逻辑的知识体系。假设缺乏大概念的聚合作用，即使将诸多知识点划归至同一个大单元，各单元和知识点之间也仅可能保持松散的关系，难以形成紧密的知识关联，更无法达成有效的知识迁移。大概念在大单元教学中的聚合知识作用，主要体现在以下几个方面。

第一，大概念构建知识框架。它们为单元知识搭建起基础框架，犹如为学生的学习提供了一份清晰的"知识地图"。通过大概念的引领，学生能够将新习得的知识与已有认知结构相联系，形成相互关联的知识网络。这有助于学生深化对知识的理解和记忆，增强知识体系的系统性和整体性，从整体上把握知识的脉络。第二，大概念促进深度理解。它们通常蕴含着学科的核心概念和基本原理，是学科本质的重要体现。围绕大概念展开单元教学，能够引导学生深入探究知识的内在联系和规律，促使学生从学科本质的层面理解知识，从而提高学习的深度和广度，避免对知识的表面化认知。

① 李刚，宁妍."1+N"全景教学模式：以大概念为主线的大单元教学设计框架[J].天津师范大学学报（基础教育版），2023，24(5): 51-56.

第三，大概念提高迁移能力。它们具有较强的普适性和迁移性，能够助力学生将所学知识灵活应用于新情境和新问题之中。通过大单元教学，学生在大概念的引导下，能够逐渐培养跨情境、跨学科的知识迁移和应用能力，在面对实际问题时，能够灵活运用所学知识，创造性地解决问题，提高解决问题的灵活性和创新性。第四，大概念促进思维发展。学习和运用大概念需要学生进行分析、评价和创造等高阶思维活动[①]。在围绕大概念设计的单元教学活动中，学生通过积极参与这些思维活动，能够有效锻炼自身的思维能力，进而提升问题解决能力和创新能力，实现思维的进阶发展。

在实施大单元教学的过程中，教师需要精心选择和设计大概念，确保它们能够覆盖教学单元的核心内容和目标，体现学科的核心思想和原则。同时，教师还需要围绕大概念组织教学内容和教学活动，引导学生通过探究、合作和讨论等方式深入理解大概念，并将其灵活应用于具体情境之中，实现知识的内化与迁移。大概念在课程内容的组织、教学实施的策略制定、学习体验的优化以及课外拓展的引导等各个教学环节中，都发挥着不可或缺的作用。例如，高中信息技术学科中的"数据""算法""信息系统""信息社会"等学科核心大概念贯穿于课程内容、教学实施、学习体验以及课外拓展等各个环节。这些大概念具体表现为基本的计算模型、算法原理、数据结构、网络通信等关键议题。它们构成了高中信息技术学科的知识体系的核心框架，有助于学生理解信息技术学科本质。

具体来说，以"算法是解决问题的有序步骤"这一大概念为例，该概念充分体现了上述大概念在知识聚合方面的重要作用。它不仅体现了信息技术独特的学科思维，而且能够统摄诸如排序算法、迭代算法等各类算法知识点，将各类具体算法知识点有序串联起来。在学习排序算法、迭代算法等具体内容时，学生基于"算法是解决问题的有序步骤"这一概念，理解这些具体算法都是按照特定顺序解决问题的方式，从而建立起对算法知识的系统性认知。同时，通过对不同算法的分析与学习，学生能更深入地理解算法设计背后的思维逻辑和学科原理，实现对算法知识的深度理解。在面对新的编程问题时，学生能够依据这一大概念，将所学的具体算法知识迁移应用，尝试设计新的算法解决方案，提升了知识迁移能力和解决实际问题的能力。

君子之教喻也，道而弗牵，强而弗抑，开而弗达。

——《礼记·学记》

教育不是灌输，而是点燃火焰。

——苏格拉底

第三章　　大单元教学设计

在当前教育改革背景下，大单元教学逐渐成为备受瞩目的焦点，已然成为践行核心素养理念、撬动课堂教学革命的关键突破口[①]。作为一种专业化的教学实践形式，大单元教学设计通过系统整合教学内容与方法，成为提升教学质量、促进学生深度学习的重要举措，其设计的科学性和规范性直接决定课堂教学的实际成效。大单元教学设计以核心大概念为逻辑锚点，以预期学习成果为导向，通过精心设计的核心问题，创设驱动性或自主性强的真实任务，并辅以科学的评价体系，为学生构建一个既连贯又有序，同时充满挑战性的学习环境。本章将全面深入地探讨大单元教学设计的各个方面，包括其构成要素、基本设计原则以及实施过程等内容，旨在帮助教师更准确、更透彻地理解这一教学模式，并在教学实践中得以有效实施。

第一节　大单元教学设计的要素

综观现有关于大单元教学设计的研究成果，不难发现研究者们采用了各种各样的方法来开展大单元教学设计和实施工作。尽管方法多样，但都是从课程、学生学习立场和素养目标出发，扎根于目标、主题、内容、方法、评价及学习资源等本质要素[②]。这些要素相互关联、彼此支撑，共同构成了一个完整的大单元教学设计框架。

其中，单元学习目标作为统领性要素，为其他要素提供方向指引，单元学习主题是实现目标的关键载体，单元学习内容是达成目标的核心凭借，单元学习评价为目标的达成提供检验与反馈，单元学习资源则为各要素的顺利推进提供保障。五个要素之间的相互关系如图 3.1 所示。

---

① 郭绍青，高海燕，华晓雨 . "互联网 +" 单元教学模式设计理论研究 [J]. 电化教育研究，2022，43(6)：104–114.

② 郭炯，潘霞 . 面向学科能力培养的单元教学设计模型研究 [J]. 电化教育研究，2022，43(7)：81–88.

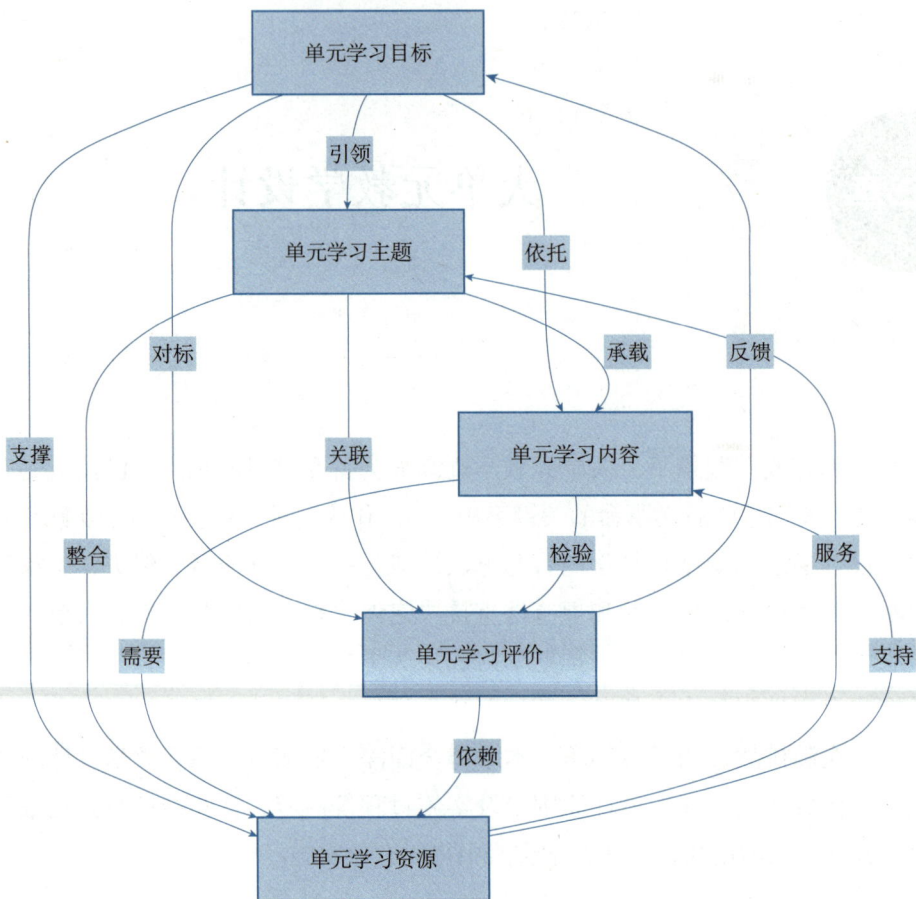

图 3.1　大单元教学设计要素相互关系图

一、单元学习目标

单元学习目标是教学活动开展的起点，也是教学活动期望达成的终点。它清晰界定了学生在完成学习过程后，在认知能力、行为表现以及情感体验等多方面预期发生的积极变化。大单元教学着重于从课程的本质特性和要求出发，通过深度剖析课程内容，提炼学科的核心概念，并围绕这些核心概念构建教学目标体系，目的是全面促进学生的多元智能的系统性发展。在大概念的引领下，单元学习目标以学科核心素养为导向，由一系列逐步细化、层层深入的具体课时目标所组成，展现出高度的概括性，并注重学生能力发展的逐步累积与提升。为确保单元学习目标既具操作性又便于评估，可以基于"学习理解—应用实践—迁移创新"递进式的学科能力框架[①]，对单元学习目标进行结构化表述。该框架既为教学活动设计提供"脚手架"，又为学习成效评估确立可观测的行为锚点，确保核心素养培育可操作、可量化。

---

① 王磊. 学科能力构成及其表现研究——基于学习理解、应用实践与迁移创新导向的多维整合模型 [J]. 教育研究，2016, 37(9): 83−92, 125.

从目标体系的逻辑建构看，需形成"课程目标—单元目标—课时目标"的完整层级链。其中，课程目标奠定宏观育人方向，如"培养数字化时代问题解决能力"；单元目标聚焦特定主题的核心素养培育，如"基于数据驱动决策大概念构建数据分析能力"；课时目标则将抽象素养转化为可操作的学习任务，如"能通过 Python 编程实现数据可视化"。各层级目标需注重明确性与可量化性，既避免模糊表述，又确保前后逻辑连贯。例如，课时目标的"数据清洗"任务需服务于单元目标的"数据分析流程理解"，以此助力学生循序渐进地达成课程目标所设定的宏观素养要求。

在实际教学操作过程中，如何将抽象的单元学习目标转化为具体、可操作的学习活动和评估标准非常重要。具体包括以下几个方面：①明确课时学习目标。精准确定每个课时的具体学习目标，确保它们既符合课程标准的要求，又贴近学生的实际需求和学习特点。这些目标应为学生清晰地指明学习方向，帮助他们理解学习活动的意义和目的。②围绕细化后的学习目标，设计多样化的教学活动，如课堂讨论、实践操作、角色扮演等，以激发学生的学习兴趣，促进深度学习和理解。同时，这些活动还应为学生提供实践和应用所学知识的机会，培养他们解决实际问题的能力。③开发科学合理的评估工具，如随堂检测、课堂评价表、同伴互评等，以此衡量学生是否达成学习目标。这些评估工具与手段应能够量化学生的学习成果，并反映他们在知识掌握、技能运用和情感态度等方面的综合表现。

二、单元学习主题

在明确了单元学习目标后，教师需审慎选择与之相匹配的单元学习主题。单元学习目标是学习活动的预期达成成果，而单元学习主题则是实现这些目标的关键载体。单元学习主题是指依据课程标准，围绕学科核心内容组织起来的，体现学科知识发展、学科思想与方法深化或认识世界的方式，能够激发学生深度参与学习活动、促进学生学科核心素养发展的主题[①]。单元学习主题作为一种宏观的教学框架，它不局限于单个具体的学习任务，而是为学生提供了一个贯穿整个单元的学习结构，营造出统一、连贯且富有沉浸感的学习情境，并与解决实际问题的驱动型任务紧密相连[②]，形成理论与实践相结合的良性互动。其核心要义在于，将单元内的各项学习活动围绕一个大概念或关键问题进行有效整合，从而增强学习内在的连贯性和相关性，让学生能够在更广阔的知识背景下深化对学科知识的理解和应用，发展学科特有的思维方式和方法论，拓宽其认识世界的多维视角，并激发他们深入参与学习活动，促进其核心素养的发展。

---

① 刘月霞，郭华 . 深度学习：走向核心素养（理论普及读本）[M]. 北京：教育科学出版社，2018.

② 郑志宏，马涛，孔新梅，等 . 基于最近发展区的学科知识图谱构建及大单元设计研究 [J]. 远程教育杂志，2024, 42(2): 56–64.

确定单元学习主题是一个细致且复杂的过程，它要求教学设计者必须具备全局观念和系统思维，综合考虑学习对象、学习内容等多层面因素，以确保教学活动的有效性和针对性。课程标准作为教学设计的基础和依据，它们不仅规定了教学内容的范围和深度，还明确了学生在完成课程后应达到的知识水平和能力标准。因此，在确定单元学习主题时，教学设计者首先要深入理解和分析课程标准，确保单元学习主题与课程标准高度契合，从而满足教育的基本要求。学科教材作为课程标准的具体体现和实践载体，它包含了丰富的教学资源和案例，是开展教学活动必不可少的工具。在教学设计过程中，设计者需要仔细研读教材内容，深入挖掘与单元学习主题相关的知识点，保障教学内容的连贯性和系统性。同时，还要确保单元主题全面涵盖教材核心概念和技能，使学生在学习过程中能够形成完整的知识体系与技能框架。此外，实际学情也是不容忽视的关键因素。学生是学习活动的主体，他们的学习需求、兴趣爱好和认知基础对单元学习主题的确定具有重要影响。因此，在教学设计时，设计者应通过调查、讨论和访谈等多种方式，充分了解学生的实际需求和学习状况，挑选能够激发学生兴趣、契合他们认知发展水平的主题。

三、单元学习内容

单元学习内容是大单元教学设计的核心载体，它直接决定了学生将习得的知识范畴与技能领域。优质的学习内容应具备科学性、系统性和针对性，不仅要紧跟学科发展的前沿趋势，还需要贴近学生的认知水平和生活实际。根据图式理论，人类大脑通过核心概念将知识组织成相互关联的网络结构，学习过程本质上就是运用这种图式思维来组织内容结构。基于大脑的认知特点，我们应当以大概念为认知锚点，对学科知识进行系统性整合，构建出类似"知识森林"般复杂却又有机统一的认知图谱。正如巴特莱特所言，图式是连接过往经验和当前感知的桥梁。相应地，在单元内容设计中，我们也要通过构建系统的知识图式，既为实现单元学习目标打下了坚实的基础，同时也为设计单元活动提供清晰的方向。

在大概念的统摄下，单元学习内容需要突破孤立、零散的知识点，实现立体化的整合，以便更好地服务于单元学习目标的达成。具体而言，需以单元学习目标为导向，从内容关联性、方法系统性、认知逻辑性等三个方面切入，深入把握知识发展的内在规律，强化新旧知识的结构性衔接与融合性转化。这一过程要求教师围绕大概念，对教材内容进行全面而深入的分析，重新划定与整合，构建一个既源于教材又超越教材的、完整而系统的单元教学内容结构体系[①]。这种系统化的内容组织能够产生显著的协同效应，使整体教学效果优于各知识点教学效果的简单累加。在选择与组织单元学习

---

① 羌达勋. 数学单元教学中学材再构建的途径 [J]. 教学与管理，2020(4): 38–41.

内容的实际操作过程中，通常需要关注以下几个方面。

首先，要以学科大概念为核心，对教材内容进行深度挖掘和系统分析。这不仅涉及要系统梳理知识点之间的内在逻辑脉络，构建概念网络，还需要基于学生认知发展规律，设计具有层级梯度内容组织的架构。同时，我们还需要以大概念为核心，对教材内容进行创造性地重组与整合，确保教学内容既全面又具有深度，能够引导学生进行深度思考，并促进他们对知识的深入理解和灵活应用。例如，在物理学科中，我们可以将"能量守恒定律"作为大概念，围绕它整合力学、热学、电磁学等相关内容，形成一个连贯的知识体系。

其次，系统分析单元学习内容的多维属性。我们需要科学而全面地分析单元学习内容的特点、范围与深度、重点与难点，明确其在整体知识体系中的位置和作用。同时，挖掘潜藏于知识背后的智力元素和情感价值，以分层任务设计满足不同层次学生的学习需求，促进学生的知识掌握、技能习得、智力开发以及情感态度培养等方面的全面发展。以初中物理课程中的"光的反射与折射"单元为例，该单元的特点在于通过实验观察和理论讲解相结合的方式，让学生直观理解光的折射与反射现象及其规律。内容范围覆盖了光的直线传播、反射定律、折射定律等基础知识点，同时深入探讨了这些规律在实际生活中的应用，如眼镜矫正视力、放大镜聚焦等。在知识深度方面，教学要求学生不仅能记住公式和规律，还要能运用它们解决实际问题，如分析光线经过不同介质后的大致偏折方向。该单元的学习重点是让学生掌握光的反射和折射定律，难点是如何让学生准确应用这些定律解决实际问题，尤其是在复杂的光路图中正确判断光线的行进方向。此外，该单元学习内容蕴含着丰富的智力培养元素，如空间想象能力、逻辑推理能力和问题解决策略，通过解决光路问题，学生可以锻炼这些能力。同时，其情感价值也不容忽视，通过观察物理现象、动手实验操作和解决实际问题，能够激发学生对物理的兴趣，培养他们的好奇心和探索精神，以及对科学严谨态度的认同。

最后，将结构化知识体系转化为具身性学习活动。我们应思考如何将整合后的教学内容转化为具体的学习活动，使学生能够在实践中体验和掌握知识。这可能涉及设计探究式学习、项目式学习、合作学习等多种学习策略，以确保学生在多样化的学习环境中积极参与、主动探索并深入学习。比如，设计"太阳能小车制作"项目，学生需综合运用能量转换原理、机械结构设计、程序控制等知识，在方案构思、模型搭建、调试优化的完整流程中实现对大概念的深度理解与迁移应用，避免知识的静态传递与机械记忆。

四、单元学习评价

大单元教学本质上是一段连贯且完整的学习历程，这样的一段历程需要建立在素养导向的学习目标引领下，并明确如何抵达目的地以及当前与目的地间的差距[①]。在此框架下，单元学习评价发挥着举足轻重的作用，它不仅是验证学生学习目标达成度的标尺，更是衡量学生核心素养提升、检验教学内容价值与指导教学活动优化的关键证据。

相较于传统教学评价框架，单元学习评价实现了从单一知识维度向以素养为核心的综合评价体系的转变。这一转变不仅关注学生的学习成果，更重视其学习过程中的行为表现，将评价转化为促进学生主体性学习的有效策略。具体而言，单元学习评价呈现出以下特征：①突破时限、过程与结果并重。单元学习评价打破了以单节课为时间界限、仅追求"短期成效"的传统评价桎梏。它将评价周期延伸至多个课时，对学生在较长时间跨度内的学习进展和发展水平实施连续、动态的监测与评估[②]。在关注最终学习结果的同时，单元学习评价更强调对学习过程中每一个关键环节和细节表现的精准评价。通过运用表现性评价手段，全面考查学生学习目标的达成状况，确保对学生学习情况的评估更加全面、客观。②评价内容丰富多元。根据不同的单元学习主题和任务需求，单元学习评价通常会设计形式多样的表现性评价任务。这些任务既包含诸如数字作品创作、跨学科数据可视化实验、信息系统搭建等注重实践操作的作品形式，也涵盖学科数据分析、小组项目策划方案、实验报告等研究成果形式，从而全方位、多角度地考查学生的综合能力和素养水平。③借助技术赋能评价实施。单元学习评价充分利用信息技术优势，如实时跟踪记录、快速存储数据等功能，通过电子档案袋、学习管理系统等平台，详细记录学生的学习过程性数据。基于这些数据，深入分析学生的个体差异和实际学习表现，及时、精准地给予反馈信息，引导学生针对学习问题，主动调整和优化学习方法与学习过程，促进学习效果的持续提升。

单元学习评价的实施通常遵循逆向设计原则。传统教学程序一般是先设定教学目标，接着开展教学活动，最后进行教学评价。在这种模式下，学生往往因不了解学习的最终目标而处于被动学习的状态。与之不同，大单元教学首先明确学习的终点，即预期的学习结果，并以此为依据设计评价方法和任务，确保了学习评价、学习目标与学习活动紧密关联。具体的单元学习评价实施路径为：单元学习伊始，明确预期学习结果，并据此确定评价证据。这些证据将为大任务和单元学习活动的设计提供导向，保证所有学习活动都围绕评价证据有序展开；在教学过程中，实时收集评价证据，将评价嵌入单元教学活动的各个环节，实现教学、学习和评价的深度融合。这一设计思路与威金斯和麦克泰格提出的逆向教学程序"确定预期结果—确定合适的评估证据—

① 雷浩，李雪. 素养本位的大单元教学设计与实施 [J]. 全球教育展望，2022，51(5): 49–59.

② 李锋，程亮，王吉庆. 面向学科核心素养的信息技术单元设计与实现 [J]. 课程 . 教材 . 教法，2021，41(10): 114–119.

设计学习体验和教学"[①] 高度契合。

通过这一路径，单元学习评价能够准确检测学习目标的达成度，有效诊断单元活动的实施效果，并持续优化单元学习设计与实施过程。在此过程中，学生的认知、实践能力和思维水平在阶梯式学习中得到显著提升，充分彰显了单元学习评价的效能与价值。此外，单元学习评价与反馈作为一个持续循环的过程，贯穿于整个教学过程之中。它不仅为教师提供了调整和优化教学策略的依据，也为学生提供了自我反思和改进学习的机会。通过不断循环的评价与反馈，师生双方能够共同推动学习目标达成，实现学习效果的最大化。

五、单元学习资源

在大单元教学设计中，单元学习资源是不可或缺的核心要素，其合理选择与有效运用对学习活动的顺利开展起着举足轻重的作用。单元学习资源涵盖了为教学实施所提供的各类素材及可供利用的各种条件，其中不仅包含传统的教材、案例、影视、图片、课件等，还涉及教师资源、教具以及教学基础设施等多个方面。在设计单元学习活动时，教师需紧密围绕活动目标，充分考虑学习者的心理特征及不同层次学习需求，精心挑选、合理组织和设计学习资源。对于低年龄段的学生而言，学习资源的趣味性和表达方式与他们认知水平的适配性，是激发其学习积极性的关键所在。单元学习资源具有多样性、系统性、互动性和可更新性等特点，为大单元教学提供了全方位、多层次的支持，具体如下。

多样性。单元学习资源的形式丰富多样，包含文本、图像、音频、视频、动画、模拟软件、在线课程、互动游戏等。这种多样性不仅丰富了教学内容的呈现方式，使得教师能够根据教学内容的性质、学习者的年龄特点和兴趣偏好，以及学习目标的具体要求，灵活选择最适合的资源形式。例如，在讲解抽象概念时，动画或视频能够将抽象的知识直观化，帮助学生更好地理解；而在语言学习过程中，音频资源和互动对话软件则能发挥更大的作用。

系统性。单元学习资源并非孤立的、零散地存在，而是按照教学单元的逻辑结构和层次关系进行有序组织与编排的。各类资源之间存在着内在的联系和递进关系，能够引导学习者系统地学习和掌握知识，形成完整的知识体系。例如，一个关于历史事件的教学单元，相关资源可以按照时间顺序进行组织，从历史事件的背景介绍开始，逐步深入到事件的发展经过，再到对其影响和意义进行分析，形成一个完整的学习路径。

互动性。众多单元学习资源具备交互功能，允许学习者与资源进行互动。常见的互动形式包括：在线测验、模拟实验、互动游戏、论坛讨论等。这种互动性不仅增加

---

① 格兰特·威金斯，杰伊·麦克泰格. 追求理解的教学设计 [M]. 闫寒冰，宋雪莲，赖平，译. 上海：华东师范大学出版社，2017.

了学习过程的趣味性，还使得学生能够积极主动参与学习活动，通过实践操作、探索尝试和及时反馈来深化对知识的理解和掌握。例如，一个关于地理地貌的教学单元，可以提供模拟地貌形成的互动软件，让学习者通过调整软件中的参数，直观地观察地貌的变化过程，从而更深入地理解地貌形成的原理。

可更新性。单元学习资源不是一成不变的，而是可以根据教学实践的反馈信息、学科发展的最新成果以及学习者不断变化的需求进行更新与改进。这种可更新性确保了学习资源的时效性和适用性，使得教学活动能够与时俱进，更好地适应不断变化的教学环境和学习者需求。

不同的研究者从各自的视角对学习资源进行了分类。例如，杨彦军等根据使用目的、环境及使用方式将其分为独立学习资源、系统化学习资源和学习资源系统[1]。也有研究者从学习活动设计角度出发，将学习资源分为预设资源、相关资源和泛在资源。还有研究者从资源内容设计上将其划分为基础类资源、支持学习活动案例资源和支持拓展学习的个性化资源等[2]。这些分类方式均体现了从资源内容和功用等方面对资源进行设计的理念。面对海量、多样、复杂且价值不一的网络信息资源，教师在大单元学习活动中需结合具体环境，精心选择与设计学习资源，为学习者提供基础且有效的资源支持，以此提高学生完成学习任务的效率，提升其知识建构水平。在大单元学习活动中，资源的设计主要从资源类型、资源形式和资源用途等方面入手。具体而言，资源类型包括预设资源、支持资源和拓展资源三种[3]，如图 3.2 所示。

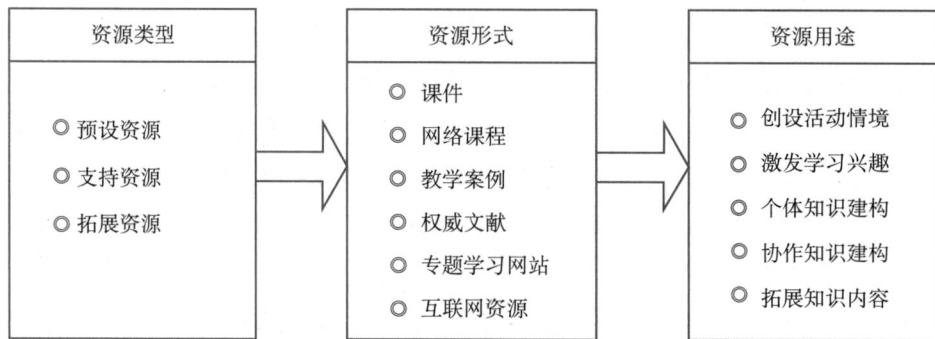

图 3.2 活动资源结构图

预设资源主要为学生提供与学习内容密切相关的基础知识及支持活动开展的必要资源，如网络课程和教学课件等。网络课程围绕具体活动目标设计，借助多媒体图文

---

① 杨彦军，郭绍青 . E-Learning 学习资源的交互设计研究 [J]. 现代远程教育研究，2012(1): 62–67.

② 张兵 . 基于 YY 语音平台的交互学习活动设计与实践研究——以高校《学习科学和技术》课程为例 [D]. 济南：山东师范大学，2016.

③ 宁可为 . 促进协作知识建构的师生交互设计与应用——基于设计研究范式 [M]. 北京：中国国际广播出版社，2024.

并茂的特点，深入透彻地讲解相关知识集合，是创设在线学习环境的基础和网络教学系统的资源核心[①]。课件则针对课程中的关键知识点进行建构，通过多媒体手段协助学生掌握和理解知识点。支持资源主要用于帮助学生解决学习活动中的现实性问题，支撑其顺利完成协作、探究学习活动，具有较强的目的性和指向性。如提供与活动目标相关的教学案例、参考文献等，以支撑学生观点并促进协作知识的建构。拓展资源则通过多样丰富的资源形式提供与学习活动相关的拓展学习内容，如专题网站资源、互联网资源等，为学生进行自主学习和参阅等个体知识建构提供支持。教师可根据学生需求组织相关学习资源，供其自主学习使用。

第二节　大单元教学设计的原则

在深入剖析大单元教学设计的核心要素之后，我们有必要进一步阐明大单元教学背后的指导原则。这些原则不仅是大单元教学设计的核心指导理念，更是保障大单元教学实践有效性、促进学生全面发展的关键所在，为一线教育工作者提供了清晰的设计方向。接下来，我们将详细探讨大单元教学设计的四大原则：关联性原则、真实性原则、主体性原则和教学评一致性原则。这四大原则相互支撑，共同构成了大单元教学设计的完整框架。

一、关联性原则：强化单元内容的系统性整合

大单元教学设计要求教师以全局视野统筹规划整个单元的课时教学，确保各项教学活动紧密围绕预设的单元学习目标有序展开，构建一个兼具系统性与关联性的最小课程单元，以此促进学生的深度学习与核心素养的提升。该原则的核心要义在于，通过单元的整体设计与规划，实现教学内容的结构化、学习活动的序列化及学习目标的层次化，进而推动学生能力的逐步培养，达成全面的学习目标。在开展大单元教学时，教师可以将单元大概念划分为若干个子概念。这些子概念既相互独立，又彼此关联，共同构成了单元教学的完整框架。每个子概念都承载着特定的教学内容和任务，而这些内容和任务在单元课时安排上却又相对独立，便于教师灵活安排和组织教学活动。同时，注重单元大概念中子概念的任务关联，确保各个学习活动之间能够相互衔接，相互促进，形成一个有机的教学活动整体。

以信息技术学科的编程教学为例，教师遵循关联性原则，对编程中的不同概念、知识点和技能进行有机的整合与串联。比如，教师可以设计一个以"智能交通信号灯优化模拟"为主题的单元教学项目，核心大概念是"系统建模与优化"。在这个项目

---

① 武法提. 目标导向的网络课程设计 [M]. 北京：中央广播电视大学出版社，2012.

中，单元大概念可以划分为"系统建模与问题抽象"、"算法设计与逻辑控制"、"数据采集与处理"和"可视化与结果分析"等子概念。在"系统建模与问题抽象"环节，教师引导学生理解如何将交通流量、信号灯规则等现实要素转化为可操作的数据结构与变量；在"算法设计与逻辑控制"环节，着重让学生掌握条件判断、循环结构、函数封装在规则控制中的应用；而在"数据采集与处理"环节，重点是让学生掌握随机数的使用方法，以及在模拟场景中应用数据统计的技能。"可视化与结果分析"环节，重点在于掌握数据可视化工具在系统优化中的应用，并深入理解从"数据"到"信息"再到"决策"的转化过程。在教学过程中，教师不仅注重每个子概念内部的知识点和技能传授，更强调子概念间的任务联系和整合。核心大概念"系统建模与优化"贯穿始终，子概念之间形成"问题抽象→技术实现→效果验证"的逻辑闭环，使学生在解决真实问题的过程中，自然串联编程基础、算法设计、数据可视化等知识点，实现知识与技能的深度整合。通过这样的设计方式，学生不仅能够深入理解每个子概念的内涵和外延，还能够学会如何将它们有机地组合起来，形成完整的编程思路和解决方案。

关联性原则在大单元教学设计中的应用，既保证了每个学习活动的独立性和完整性，又通过子概念间的任务联系，实现了单元内部知识的有机融合和学生能力的逐步累积。这种教学设计方式也体现了布鲁纳的认知结构理论的核心观点，即学生通过对知识结构的理解和掌握，能够更好地进行迁移和应用。

二、真实性原则：紧密贴合真实情境

真实性原则强调教育内容与现实生活或真实情境之间建立紧密的联系。该原则主张教学活动应围绕真实世界的问题或项目来展开，让学生在贴近生活实际的情境中开展学习，从而更深入地理解，并能够灵活自如地将所学知识应用到实际场景中。情境认知理论认为，知识是在特定情境下通过实践活动获得的，脱离具体情境的知识往往难以迁移至真实问题解决中[①]。真实性原则正是情境认知理论核心思想的体现，它强调通过模拟或再现真实世界的情境，让学生在实践过程中学习知识并加以应用。

目前，信息科技新课程标准所倡导的真实性学习理念，正是真实性原则在教育领域的具体实践体现。在深入推进大单元教学模式的过程中，我们强调以真实世界的问题或项目作为学习的核心驱动力，以此激励学生主动构建知识体系，并在实践活动中锻炼和提升自身问题解决能力。因此，在大单元教学的设计时，设计者需要充分考虑学生的年龄特征、生活经验以及认知结构，精心设计与生活紧密相连且富有探讨价值的问题。这些问题如同桥梁一样，将单元学习内容与现实生活紧密连接在一起，使学生深刻体会到所学知识在实际生活中的应用价值，从而激发他们的学习兴趣和探究欲

---

① Brown J, Collins A, Duguid P. Situated Cognition and the Culture of Learning[J]. Educational Researcher, 1989, 18(1): 32–42.

望。为了进一步强化这种真实性，教师应引导学生置身于贴近真实的情境主题中，充分发挥情境素材的育人功能。例如，在设计与"智能家居"相关主题的单元教学时，教师可以模拟一个真实的智能家居环境，让学生在这个环境中探索如何运用信息技术来实现家居的智能化管理。学生在这一过程中需要思考诸如如何设计用户界面、怎样实现设备间的通信、如何保障数据安全等一系列真实问题，这些问题不仅涉及信息技术学科的核心知识，而且与学生的日常生活息息相关。

此外，教师还应为学生提供尽可能接近真实生活情境的学习环境，以及与实际活动问题紧密关联的学习任务。这就意味着，学生不仅要在课堂上学习专业理论知识，还要在实践中运用这些知识去解决实际问题。通过这种方式，学生不仅能够深刻理解学科知识的内涵和外延，还能学会如何将这些知识应用于实际生活，从而实现知识的内化和迁移。例如，在信息技术与其他学科的跨学科大单元教学设计中，可以围绕"校园环境质量监测与改善方案"主题展开跨学科主题任务探索。其中，信息技术学科负责数据采集和分析，化学学科对空气质量（$PM2.5$、CO_2浓度）的指标检测方法进行讲解，地理学科承担区域环境特征分析（如校园绿地分布与空气质量的关系），生物学科则为土壤生物多样性的研究提供支持。学生利用实验室、校园环境调研完成检测，在地理课上分析本地气候与污染的关系，在信息技术课上展示数据可视化分析的结果。环保检测项目不仅能让学生综合运用多学科知识，更能培养学生发现问题→科学分析→协同解决的高阶能力，同时强化学生的社会责任感，实现知识学习与素养发展的深度融合。

三、主体性原则：激发潜能，促进主动学习

主体性原则强调在大单元教学过程中以学生为中心，充分发挥学生的主观能动性，激发其内在潜能，促进学生主动学习并深度参与学习活动。这一原则的理论根源来自建构主义学习理论，该理论认为知识不是被动接受之物，而是学习者通过主动建构和意义生成获得的。在大单元教学活动设计中，学生处于核心地位，是知识建构的主体，而绝非被动的知识接受者。学生主体性原则的核心理念在于，教学活动应紧密围绕学生的实际需求、兴趣爱好与能力结构来展开，致力于营造一个以学生为中心的学习环境。在这样的环境中，学生受到鼓励，积极参与、主动进行探索，在此过程中逐步形成自我驱动的学习机制。这种学习机制的形成，对于提升学生的自主学习能力、培养他们终身学习的习惯具有深远意义。

学生主体性原则要求教师关注并激发学生的内在学习动机。内在动机源于学生对知识的渴望、对挑战的接受以及对个人成长的追求，它是驱动学生主动学习的关键力量，能够显著提升学生的学习投入度与持久性[①]。在大单元教学设计中，教师可以通过

---

① Deci E L, Ryan R M.Intrinsic motivation and self-determination in human behavior[M].Springer Science & Business Media, 2013.

精心设计具有挑战性且与学生生活实际紧密相关的学习任务，有效激发学生的好奇心和探索欲。例如，在信息技术大单元教学中，围绕"智能生活"这一主题，教师可以设计如"开发智能家居控制系统""设计一款个性化学习 app"等实践性任务。这些任务不仅贴近学生日常生活，还能促使他们主动学习编程、用户界面（UI）设计、算法优化等专业知识，从而在实践过程中提升问题解决能力。此外，教师也应引导学生制定个人学习计划，明确设定学习目标，并监控自己的学习进度。通过自主学习能力的培养，学生能够更好地管理自己的学习时间，选择适合自己的学习策略，从而在学习过程中获得成就感和自信心。

学生主体性原则强调团队合作对学生主体性的促进作用。在合作学习活动中，学生不仅能够深化知识理解，更重要的是在学习团队中确立自己的主体地位。具体而言，一方面，学生在学习小组中承担特定角色和责任，需自主决策并贡献个人智慧，在履行角色任务的过程中，学生得以实现个体价值，进一步强化自身的主体认知；另一方面，通过团队成员之间观点交流、方案辩论和协商等互动过程，学生的主体意识不断增强，学习自主性也随之提升。在大单元教学设计中，教师可以灵活组织合作学习形式，诸如：小组讨论、小组合作项目等，让学生在共同完成任务的过程中相互学习、彼此支持。例如，在历史大单元教学中，围绕"古代文明交流"这一主题，学生可以分组研究不同文明之间的贸易往来、文化交流等内容，并通过小组汇报、辩论等形式展示研究成果。这种合作学习模式，学生既能在团队中确立主体地位，又能通过社会性互动获得全面发展，实现个体成长与团队进步的有机统一。

学生主体性原则还要求教师关注学生的个体差异，实施差异化教学策略。由于每个学生都具备独特的学习风格、兴趣偏好以及能力水平，大单元教学设计应充分考虑这些差异，为不同学生提供适宜的学习路径和丰富的学习资源。汤姆林森提出的差异化教学理论强调，教师应根据学生的准备程度、兴趣与学习偏好，灵活调整教学内容、教学过程以及对学习成果的要求[①]。在大单元教学活动设计中，教师可以通过实施分层教学、提供多样化的学习材料、设计可选择的学习任务等多种方式，满足不同学生的学习需求。例如，在数学大单元教学中，教师可为不同层次的学生设计难度各异的练习题，或者提供不同形式的解题指导，如视频讲解、文字解析等，以确保每个学生都能在符合自身能力的学习任务中取得实质性的进步与成长。

四、教学评一致性原则：强化目标导向的协同统一

教学评一致性原则作为大单元教学实践中的核心准则，强调在教学过程中教师的教学实施、学生的学习活动以及教学效果评价三者之间需以教学目标（学习目标）为核

---

① Tomlinson C A.How to differentiate instruction in mixed-ability classrooms[M].Ascd, 2001.

心，实现高度协同与统一。该原则源于布鲁姆的教育目标分类学和威金斯的逆向设计理论（Backward Design）。布鲁姆的教育目标分类学将学习目标分为认知、情感和动作技能三大领域，为教学目标的细化提供了理论框架；威金斯的逆向设计理论则主张以终为始，即先明确预期学习目标，再设计评估证据和教学活动，从而实现目标导向的教学设计体系。

教学评一致性原则的核心内涵在于，通过目标导向的教学设计，实现学习目标、学习活动与学习评价的有机统一，确保教学的有效性和学生学习的深度达成。具体而言，原则中的"教"涵盖教师的教学设计与实施过程，包括教学目标的精准设定、教学内容的合理选择与组织以及教学方法的灵活运用；"学"是指学生的学习过程，涉及学习活动的主动参与、知识体系的自主建构以及学习策略的有效运用；"评"则是对教学与学习效果的系统性评估，包括评价标准的科学制定、评价方法的恰当实施，以及评价结果的及时反馈。三者以学习目标为核心，形成有机统一的整体，共同促进学生的能力发展与核心素养提升。

大单元教学活动设计中，落实教学评一致性原则需以表现性任务（Performance Task）为载体，设计兼具挑战性和真实性的学习活动，并向学生明确呈现与学习目标对应的成功标准。以教科版《普通高中教科书 信息技术必修1 数据与计算》中的3.4"加密与解密"的教学为例，教师可以制定如下学习目标：①能够在日常生活和学习中识别信息加密的实际应用（如支付密码、文件加密、数据传输加密），并主动思考加密技术对信息安全的影响；②能够分析不同加密技术的适用场景，对比其优缺点（如加密速度、密钥管理、安全性），并提出合理的加密方案设计思路；③能结合现实需求（如保护班级文件），自主设计并实现简单的加密方案，提高创新意识与解决实际问题的能力；④能明确合法使用加密技术的边界，树立正确的信息伦理与社会责任意识。这些目标既为学生指明了学习方向，也为教师提供了学习成果的评估检测依据。通过设计真实情境下的表现性任务，例如：年级即将举办红歌比赛，班级同学们共同制作了表演的背景视频。为了防止文件被误删或被其他班的人查看，班长希望对文件进行加密保护。将加密知识融入实际生活，学生得以在实践中深化对加密原理的理解，从而有效提升问题解决能力。

教学评一致性原则要求在大单元教学中设计相关环节，引导学生进行反思性和批判性学习。根据杜威的反思性学习观点，学习不仅是知识的积累，更是通过反思与批判实现知识的重构与内化。在大单元教学设计中，教师应引导学生定期开展学习反思，分析学习过程中的成效与不足，通过不断对照既定的成功标准进行自我评价，学生能够更清晰地认知自身学习状态，及时调整学习策略。对教师而言，需遵循教学评一致性原则，在设计学习任务和组织教学活动时，始终以学习目标和评估证据为导向，确保教学活动层层递进，有层次地呼应学习目标，促进学习成果的有效生成。例如，在"加密与解密"的课堂教学中，教师可以通过阶段性评估，如"加密算法流程图设计"与"最终加密方案展示"等，动态监测学生的学习进展，并根据评估结果优化教学策略，为学生提供个性化指导。

在评价方面，评价量规的设计与合理运用是教学评一致性原则得以落实的重要保障。优质的评价量规不仅为学生提供了任务完成的目标指引，还为学生的自我评价、相互评价以及教师评价提供了统一的衡量标准。一份合格的评价量规应细致地划分评价维度与指标，全面覆盖诸如知识掌握、技能操作、问题解决、学习态度、创新意识等多个方面，确保对学生学习表现进行客观、全面的评价。具体评价量规设计将在后续章节中详细阐述。但需要强调的是，评价量规的核心价值在于帮学生精准定位自身的学习水平，形成对自身学习状况的全面认知，同时也为教师优化教学策略提供量化依据。

第三节　大单元教学设计的过程

在明确了大单元教学设计的基本原则之后，本节将深入探讨大单元教学的具体设计过程。大单元教学设计不仅是一个系统性的教学工程，更是充满创新与挑战的教学实践探索。它要求教师以全局视角统筹规划各教学环节，确保学生能够全面、深入地掌握知识内容，实现核心素养的全面提升。大单元教学设计主要包括单元学习目标设计、单元学习评价设计以及单元教学过程设计三大核心环节，三者相互关联，共同构成了完整的大单元教学设计框架。

一、如何进行单元学习目标设计

单元学习目标设计是大单元教学设计的逻辑起点，也是贯穿整个教学过程的核心导向。清晰明确、具体可行且富有挑战性的单元学习目标，能够有效激发学生的学习动机，引导其有序开展学习活动。在设计单元学习目标时，教师需综合考量学生的认知发展水平、学习兴趣偏好以及教学内容的难易程度，确保目标既符合教育规律又契合学生实际需求。

（一）单元学习目标的历史演进

1."双基""三维""核心素养"的理论内涵

"双基"理论是我国教育实践中形成的特色课程理论。1952 年 3 月，教育部颁发的《中学暂行规程（草案）》中提出中学的教育目标之一是使学生获得"现代科学的基础知识和技能"，首次明确提出"双基"概念[①]。随着中国课程改革的不断深入，"双基"理论的发展和实践也展现出了独特的轨迹，它经历了初创期、磨合期、激烈的辩论阶段、危机期、清晰与理性的反思阶段、规范化阶段、突破期以及创新完善等多个发展

---

① 汪潮，吴奋奋."双基论"的回顾与反思 [J]. 课程·教材·教法，1996(12): 5-9.

阶段[①]。其核心聚焦于基础知识和基本技能的教学，倡导以教师为主导，以学生为主体的教学模式，强调在学法指导的基础上注重教法创新，具备启发性、问题驱动性、示范性、层次性和巩固性等内隐特征[②]。

"三维目标"概念的形成源于对 2001 年教育部《基础教育课程改革纲要（试行）》中相关描述的抽象与概括。国家课程标准在此框架下，不仅反映了国家对不同学习阶段学生在知识掌握、技能习得、学习过程与方法运用、情感态度以及价值观形成等方面的基本期望，还进一步明晰了各门课程的性质、目标、内容框架，并提出了教学和评价的具体建议[③]。由此，"三维目标"逐渐成为了"知识与技能、过程与方法、情感态度与价值观"这三个维度的综合表述。其中，"知识与技能"维度涵盖了学生对面向未来生存所不可或缺的核心知识和学科基本知识，以及信息处理能力、创新实践能力、终身学习的愿望和能力等基本技能。它是构成三维目标的"固体"基础，蕴含其他维度的潜能；"过程与方法"维度呈现"液体"状态，其关注的是学生在学习过程中应掌握的学习方法和思维过程，包括应答性学习环境和交往、体验的过程，以及自主学习、合作学习、探究学习等基本学习方式；情感、态度和价值观维度则如"气体"般弥漫于学生学习行为的精神层面。其关注的是学生在学习过程中形成的情感、态度和价值观，包括学习兴趣、学习责任、乐观的生活态度、求实的科学态度、宽容的人生态度，以及对人和事物积极作用的评价和取舍的观念等。三维目标强调课程应回归知识的本质，重视知识学习的过程，体现了从静态的知识传递向动态的知识建构的转变——知识的意义并非完全客观给定，而是在学生主动探究、体验和交往的过程中得以生成和建构的。

2014 年，教育部《关于全面深化课程改革落实立德树人根本任务的意见》的发布，标志着"核心素养"教育目标的正式确立[④]。2016 年，中国教育学会在《中国学生发展核心素养（征求意见稿）》中，将核心素养定义为学生适应终身发展和社会需求所必备的品格和关键能力。中国学生发展核心素养共分为文化基础、自主发展、社会参与三个方面，综合表现为人文底蕴、科学精神、学会学习、健康生活、责任担当、实践创新六大素养，具体细化为社会责任、国家认同等 18 个基本要点[⑤]。这一框架为核心素养的具体实施提供了明确的指导和方向。2022 年《义务教育信息科技课程标准（2022 年版）》进一步明确了义务教育阶段信息科技核心素养的内涵，包括信息意识、计算思维、数字化学习与创新、信息社会责任等四个方面。这体现了核心素养在不同学科领

① 李涛 . 新中国历次课程改革中的"双基"理论与实践探索 [J]. 课程 . 教材 . 教法，2009，29(12): 77–86.

② 邵光华，顾泠沅 . 中国双基教学的理论研究 [J]. 教育理论与实践，2006(3): 48–52.

③ 李润洲 ."三维目标"研究的回顾与创新 [J]. 教育科学研究，2016(9): 26–32.

④ 郑永和，杨宣洋，陶丹，等 . 中国科学教育研究：历史沿革、发展逻辑与未来展望 [J]. 华东师范大学学报（教育科学版），2024，42(11): 95–110.

⑤ 中国学生发展核心素养——三个方面六大素养 [C]// 甘肃省兰州第一中学 . 中学教育科研 2018 年第 1 期（总第 224 期）.《中学教育科研》编辑室，2018: 1.

域的具体化和深化。核心素养并非与课程、教材相割裂，亦非短期可达之目标，而是对三维目标的深化与拓展，它强调学生通过学科学习逐步形成的正确价值观、必备品格与关键能力。这种能力的形成不是一蹴而就的，它形成需要学生在学习中不断实践、反思，通过长期的积累和沉淀，最终实现个人素养的全面提升。

2. 从"双基"到"三维目标"再到"核心素养"的演进逻辑

我国课程教学改革的发展历程可概括为从"双基"到"三维目标"再到"核心素养"的演进过程，这一过程体现了教育目标从单一到多元、从知识本位到素养本位的转变。

"双基"阶段，是知识与技能的奠基。我国课程教学改革的历程，始于20世纪80年代的"双基"阶段，该阶段着重强调学生掌握基础知识和基本技能的重要性。在这一阶段，教学方法以讲授、演示与练习为主，注重知识的系统性与技能的熟练性。尽管"双基"理论在提升学生文化素养与思维能力方面发挥了重要作用，但其局限性也逐渐显现，主要表现为对学习过程与情感态度的忽视。

"三维目标"阶段，是知识、过程与情感的整合。进入21世纪初，随着教育改革的深入，"三维目标"成为课程改革的新方向。这一阶段强调知识与技能、过程与方法、情感态度与价值观的有机整合，旨在促进学生的全面发展。教学方法从单一的讲授转向多样化的探究式学习、合作学习与项目式学习，注重学生的个体差异与学习体验。"三维目标"的提出标志着我国课程改革从知识本位转向能力本位，为后续核心素养的提出奠定了基础。

"核心素养"阶段，全面发展的育人目标。进入21世纪第二个十年后，我国课程教学改革的重点进一步升级到了"核心素养"阶段。这一阶段强调培养学生的创新意识、实践能力与社会适应能力，注重课程内容的整合与优化，倡导问题解决式学习与项目式学习等新型学习方式。核心素养的提出不仅推动了教学方法的创新，还促使教育评价体系从单一的成绩评价转向多元的综合评价，注重学生的全面发展与实际应用能力。标志着我国课程改革进入以培养"全面发展的人"为核心的新阶段。

从"双基"到"三维目标"再到"核心素养"的发展历程，体现了教育目标从单一到多元、从知识本位到素养本位的转变。然而，三者之间的关系并非简单的等距或等值，而是呈现出不同的特性。具体而言，"双基"向"三维目标"的转变具有转折性，前者强调知识与技能的掌握，注重教师主导的系统传授，而后者则在此基础上增加了过程与方法、情感态度与价值观的维度，强调学生主体的全面发展，体现了教育理念、目标、方法及评价体系从单一到多元的转变；"三维目标"向核心素养的演进则是递进式的，两者在内部具有高度的一致性。"核心素养"是对"三维目标"的深化与拓展，体现了教育目标从能力本位到素养本位的升华。2016年《中国学生发展核心素养》总体框架的发布，阐明了人才培养的具体要求。核心素养强调学生通过本学科学习之后而逐步形成的正确价值观、必备品格与关键能力，具有整体性、情境性和反思性的特征，使课程目标从平面式的"双基"、立体式的"三维"迈入以培养"全面发展的人"为核心的综合素养的构建，着力实现育人模式的根本转型[①]。核心素养的提出标志着我国课程改革进入以培养"全面发展的人"为目标的新阶段，为未来教育改革提供了方向与动力。

（二）单元学习目标的内涵与特征

大单元学习目标以学科核心素养为导向，以"大概念"为统领，通过系统性整合教学内容、情境创设与评价方式等，形成结构化的学习结果预期。其核心在于突破传统三维目标的割裂性，解决学科育人过程中碎片化问题，实现从知识本位向素养本位的根本性范式转换，推动知识获取、能力发展与价值塑造的深度融合。作为单元教学设计的逻辑起点与归宿，单元学习目标贯穿于课时目标重构、教学内容整合、教学流程优化的全过程，旨在培育具备专家思维特质和知识迁移能力的终身学习者。相较于传统课时目标，单元教学目标呈现三大变革特征：

第一，素养本位的价值导向。单元学习目标将学科核心素养培育置于核心地位，直接锚定核心素养达成目标，强调知识、技能与价值观的有机统一。通过大概念构建知识间的意义联结，摒弃传统碎片化知识传授模式，目标设计涵盖认知、技能与情感三大维度，深度践行全面发展的教育理念。以信息科技课程为例，单元学习目标不仅要求学生掌握操作技能，更强调计算思维、信息社会责任等核心素养的同步发展，充分体现思想方法、科学旨趣、社会责任三位一体的整合性育人理念。

第二，大概念统领目标结构体系。单元学习目标以学科大概念为锚点建构层次分明的目标网络。大概念作为具有持久理解价值的原理性认知，承担着联结碎片化知识与解决复杂问题的桥梁作用。以物理学科为例，"能量守恒"作为大概念，能够整合力学、热力学等多模块内容，形成贯穿整个学段的连贯性目标框架。这种结构化的目标体系遵循 SOLO 分类理论，引导学生思维从单一结构（如简单记忆知识点）向关联结构（建立知识间的内在联系）、抽象扩展结构（实现知识的迁移与创新应用）的逐步进阶[②]。

第三，真实情境的任务驱动机制。单元学习目标强调真实情境与学科实践的深度融合。根据具身认知理论，此类目标设计能促进经验具象化，使学习经历转化为可迁移的实践智慧。例如，在信息科技课程中，"数字化作品创作"目标需融入"多媒介资源整合""版权意识培养""技术伦理判断"等贴近现实的情境化要求。同时，单元学习目标的实现路径需要依托于生活化情境与挑战性任务设计。这种真实性情境与非良构问题能够有效促进高阶思维发展，推动知识向素养转化。例如，在地理大单元教学设计中，"流域综合治理"的目标通过黄河流域生态规划等真实案例相结合，引导学生

---

① 崔允漷，周文叶，雷浩，等 . 中国基础教育课程改革学术话语体系的自主建构 [J]. 华东师范大学学报（教育科学版），2024, 42(11): 154-170.

② 王鉴，张文熙 . 大单元教学：内涵、特点与实施策略 [J]. 中国教育学刊，2023, (10): 5-9.

从分析数据到提出解决方案，实现"区域认知"与"综合思维"的综合提升[①]。

（三）单元学习目标理论与层次关系

1. 学习目标的理论框架

学习目标是教育活动中预期达到的学习结果或标准。它不仅明确了学生在学习结束后应掌握的知识、技能、态度与行为，更是教学活动设计的逻辑起点与效果评估的核心依据。布鲁姆教育目标分类学作为教育领域的经典理论框架，为学习目标的科学制定提供了重要的理论支撑。该理论依据人类认知与发展规律，将教学目标系统划分为认知、情感、动作技能三大领域，并在各领域内构建了层次分明的目标体系。

认知领域：聚焦知识的回忆、理解与应用，以及高阶思维能力的培养。布鲁姆将认知目标细分为六个层次，从低阶到高阶依次分为：记忆（Remembering）、理解（Understanding）、应用（Applying）、分析（Analyzing）、评价（Evaluating）和创造（Creating）。情感领域：关注学生在情感、态度与价值观方面的发展。情感目标分为接受（Receiving）、反应（Responding）、评价（Valuing）、组织（Organizing）和个性化（Internalizing）五个层次，强调从被动接受到主动内化的价值建构过程。动作技能领域：侧重学生通过肌肉运动或神经肌肉协调完成的操作技能发展。动作技能目标通常包括知觉、模仿、操作、准确与连贯五个层次[②]。

布鲁姆教育目标分类学通过结构化的层级划分，为教师提供了清晰的目标设计路径，有助于避免目标表述的模糊性，在教学实践中发挥着重要的理论指导与实践应用价值。

2. 单元学习目标与课时目标的关系辨析

单元学习目标与课时目标之间存在着严密的逻辑联系。单元学习目标作为整个学习单元或学习模块的核心导向，明确界定了学生在整个单元学习阶段期望达到的综合学习成果与能力水平。这一目标具有宏观性与全局性，旨在为学生的全面发展提供方向性指导。相较之下，课时目标则是将单元学习目标进行细化，具体落实到每一节课或每一个教学环节之中。作为单元目标的具象化延伸，课时目标扮演着分解者和具体执行者的角色，它将宏观的学习要求拆解为每节课或教学环节的具体任务，通过明确、可操作的表述，使单元学习目标更具针对性与可操作性。这种拆解并非简单的机械切割，而是基于学科知识逻辑与学生认知规律，对单元目标进行系统性梳理与重构，确保每个课时目标既服务于单元整体，又符合课堂教学的实际需求。如果我们把大单元学习目标比作构建学习大厦的"总体设计图"，那么课时目标就是这座大厦中的每一块砖瓦。它们彼此依存，共同构成了学生学习过程的完整框架。

---

① 刘妞. 基于核心素养培养的高中地理大单元教学设计策略研究 [D]. 太原：太原师范学院，2023.

② L. W. 安德森，L. A. 索斯尼克. 布卢姆教育目标分类学——40 年的回顾 [M]. 谭晓玉，袁文辉，译. 上海：华东师范大学出版社，1998.

在课时目标的设计过程中，教师需结合学生的知识基础、认知能力、学习风格及兴趣特点，在深入理解单元学习目标的基础上，对课时目标进行动态调整与优化。例如，在"二次函数"单元教学中，单元学习目标可能是"掌握二次函数的性质与应用"，而课时目标则可以细化为"理解二次函数的图像特征""掌握二次函数的顶点公式"等。值得强调的是，课时目标之间并非孤立存在，而是通过内在逻辑相互关联、层层递进。各课时目标围绕单元目标与学习内容，在知识深度、能力要求与素养培育上形成连贯的进阶路径，如同环环相扣的齿轮，共同驱动学生知识体系的构建与能力的发展。这种包含与被包含、统领与服务的关系，确保了单元学习目标体系的完整性与系统性，使学生在持续的学习积累中实现从知识掌握到能力迁移、素养提升的跨越。

（四）单元学习目标设计

单元学习目标在大单元教学设计中发挥着核心引领作用，既是教师教学活动的行动指南，也是学生学习方向的导航灯塔。其设计需严格对标课程标准、教学大纲及学科核心素养要求，全面体现对学生知识掌握、技能提升和情感塑造的综合期望。在设计单元学习目标时，需紧密结合学科核心素养目标及单元大概念。其中，学科核心素养目标作为顶层设计，凸显学科育人本质与价值导向，它是国家课程标准或教学大纲中对学生应具备的关键能力和必备品格的总体要求，具有高度的概括性和导向性；单元大概念是学科核心素养目标在单元教学中的具体化体现，承载了单元的核心内容和关键能力，是连接学科核心素养目标和单元学习目标的桥梁，既具有概括性，又具有一定的操作性。单元大概念的作用体现在两个方面：一是内容聚焦，单元大概念将学科核心素养目标转化为具体的学科核心知识和能力要求，明确了单元学习内容的重点；二是能力导向，它强调学生对学科核心思想的理解和应用，而非单纯的知识记忆，体现了对学生高阶思维能力的重视和培养。

进行单元学习目标设计时需要综合考虑学生的认知水平、学习需求、学科特性以及相关教育目标理论，确保目标兼具科学性、合理性和可操作性，具体设计过程如下：

1. 预设单元学习目标

大单元教学以课程本质属性与要求为起点，通过系统的课程内容分析提炼学科大概念，并围绕学科大概念多角度、全方位地设计促进学生多元智能发展的系统性单元教学目标[①]。在信息技术学科领域，单元学习目标的设计需要聚焦两大核心要素，实现单元学习目标的精准定位与高效引领。其一，强化学科核心素养与大概念的融合共生。高中信息技术学科核心素养涵盖信息意识、计算思维、数字化学习与创新、信息社会责任四大维度，而数据、算法、信息系统、信息社会等构成学科关键大概念。在预设目标时，需将这些要素融入学生对信息技术学科的全方位理解中，包括认知层面、技能层面

---

① 郭炳，潘霞. 面向学科能力培养的单元教学设计模型研究 [J]. 电化教育研究，2022, 43(7): 81-88.

及情感层面，实现知识习得、能力提升与素养发展的有机统一与协同发展。例如，在"数据加密与解密"教学中，将"信息意识"培养融入数据安全风险认知目标，把"计算思维"训练嵌入加密算法理解与应用目标，掌握数据处理的逻辑与方法，从而实现知识习得、能力提升与素养发展的协同共进，实现三者在目标层面的有机统一。其二，推进跨学科知识与综合素养的整合创新。单元学习目标需结合主题任务活动，有机整合多学科知识、技能、方法论及情感态度价值要素。以学生的学习视角为出发点，详细阐述他们将通过哪些途径、任务或方式，获取哪些学习经验和知识，掌握哪些学科思想方法，并最终形成怎样的情感态度和价值观等综合素养[①]。比如在"智慧校园设计"主题单元教学中，除了信息技术学科知识与技能目标外，还可融入数学学科的数据统计方法、美术学科的界面设计美学，同时设定团队协作与社会责任培养目标，实现学生的全面发展。

针对显性教学材料，即那些直接用于教学、具有明确教学内容和结构的教学材料，如教科书、教学手册等，单元学习目标设定需突破传统知识点罗列的局限，转而构建反映大概念的整体特性，兼具实践指导价值的目标体系。具体而言，首先对显性教学材料进行系统解构，梳理其中的知识点分布和逻辑脉络，提炼出支撑单元学习的核心大概念。然后，参照课程标准中对学科核心素养的要求，建立大概念与核心素养之间的对应关系，将知识学习与素养培育有机结合，确保目标设计既体现学科本质，又符合育人导向。

而对于隐性教学材料，即那些在教学过程中间接地、潜移默化地影响学生的教育内容，如校园文化、班级氛围等，单元学习目标应围绕核心素养进行构建，从人文主题或不同学段的学习任务中提炼出核心素养的关键要素，并依据学习任务的不同阶段或具体教育内容，巧妙地将四大学科核心素养融入学习目标。隐性教材的目标构建通常会采用差异化策略，旨在避免仅关注"教知识"而忽略了教育的本质目的。具体包括：①环境浸润式目标构建。深入挖掘如校园文化、班级氛围中的教育元素，将其与学科核心素养相融合。如校园文化强调科技创新，便可在学习目标中增设校园科技节的数字化作品展示活动，增强数字化学习与创新意识，让学生在校园文化的浸润中，潜移默化地形成学科素养；②活动渗透式目标构建。结合隐性教学场景设计主题活动，将核心素养目标融入其中。例如，组织以"班级数字化管理"为主题的活动，要求学生运用信息技术设计简单的班级事务管理系统，在提升计算思维和数字化学习能力的同时，实现班级氛围对学习目标的支撑。

从核心素养的本质出发，单元学习目标实际上是"知识与技能、过程与方法、情

---

① 李锋，兰希馨，李正福，等. 单元视角下的信息科技跨学科主题学习设计与实践 [J]. 中国电化教育，2023(3): 90-95, 119.

感态度与价值观"这三个维度在个体身上的综合体现和一体化表现[①]。然而，在教学实践中，不少教师在阐述单元学习目标时，依然习惯采用传统三维目标，或者直接罗列学科核心素养的各个维度。这种常见的做法存在着明显的弊端：其一，目标碎片化。过分细化三维目标，很可能使原本连贯的学习目标变得零散破碎，难以体现核心素养的整体性的内涵，导致学生在学习过程中无法形成系统的知识体系和综合能力。其二，目标泛化。若只是简单直接地引用学科核心素养来作为单元学习目标，又可能显得过于宽泛，更接近于长远的课程目标，对具体的教学评价缺乏直接的指导意义[②]。因此，设计具体的大单元学习目标需遵循以下步骤。

首先，紧紧围绕学科核心大概念，综合考量课程标准中的所规定的课程目标、课程内容以及学业质量要求，确保这些关键要素在单元学习目标中得到充分的体现[③]。其次，单元学习目标的制定应当与单元内容的性质和特点相契合，并与教材内容保持一致。同时，教师要审视该单元在整个教材体系中所处的位置和所发挥的作用，使单元学习目标既具有独立性，又能与其他单元相互衔接、融会贯通。最后，在确立单元学习目标时，必须深入细致地分析学生的实际学习情况，确保所设定的目标是学生在教师有效指导或同伴协助下可以达成的，并且还要考虑到不同学习者之间的个体差异，确保目标的适应性和包容性。

以《普通高中教科书 信息科技必修 1 数据与计算》（教科版）中的"认识数据"单元为例，教师在设定学习目标时，需综合考虑该单元所涉及的数据、算法等学科大概念，严格对照课程标准里的课程目标、课程内容的具体要求，并紧密结合学生的实际学习状况。具体来说，围绕学科核心素养的四个维度，可以定制如下单元学习目标，具体内容如表 3.1 所示。

表 3.1 "认识数据"单元学习目标体系

目标维度	目标内容描述
信息意识	1. 能深刻认识到数据在日常生活、学习和工作中的广泛应用，理解数据作为信息载体的重要价值和意义。 2. 能清晰认识到数据在存储、传输和处理过程中可能面临的安全风险；了解数据加密、备份等安全措施的重要性。
计算思维	1. 能熟练掌握数据的基本处理方法和算法，理解数据的组织结构和数据编码、解码及存储的过程。 2. 能够运用工具设计简单的数据处理流程，并成功应用于具体问题的解决。

① 张华. 论核心素养的内涵 [J]. 全球教育展望，2016, 45(4): 10–24.

② 熊梅，邓勇，袁娟. 基于教学评一体化的单元学习评价实践路径 [J]. 中小学管理，2023(7): 54–57.

③ 威金斯·格兰特，杰伊麦·克泰格. 追求理解的教学设计 [M]. 2 版. 闫寒冰，宋雪莲，赖平，译. 上海：华东师范大学出版社，2017.

（续表）

目标维度	目标内容描述
数字化学习与创新	1. 能够熟练使用 Python 语言、数据库管理平台等数字化工具，进行数据编码、处理和分析。 2. 能够结合数字化手段，创新性地解决各类数据相关问题，设计出科学合理的数据应用方案，并能借助数字化工具实现方案并展示创新成果。
信息社会责任	1. 能够了解并严格遵守信息法律法规和伦理规范，充分认识到数据安全与隐私保护的重要性。 2. 能够秉持负责任的态度使用和共享数据，采取恰当有效的措施保护个人和他人数据的安全，积极主动参与构建安全、可信的信息社会环境。

2. 分解课时目标

在大单元教学设计中，单元学习目标的设定并不意味着可以忽视课时目标的重要性。恰恰相反，单元整体规划的意义在于强化单元内课时目标之间的连续性与综合性，使教学过程更具系统性和逻辑性。然而，由于核心素养的提升是一个长期且复杂的过程，单一课时往往无法实现这一目标。因此，需要借助"单元"这一教学基本单位，在大概念的引领下，以学科核心素养为导向，通过一系列层层深入、逐步细化的课时目标来构建完整的教学体系。

通常情况下，课时目标的分解主要存在两种策略：一是结构化分类策略，该策略将整体的素养目标或课程标准细化为各个课时的具体目标，每个课时目标都对应着素养目标中的某个特定方面或层次，以此确保教学的全面性和系统性；二是分步策略，即对素养形成的实际过程进行优化处理，遵循从简单到复杂、从基础到高阶的认知发展逻辑，突出课时目标递进特征，在每一次递进中实现前后目标的整合与深化[1]。基于上述理论框架，我们继续以"认识数据"单元为例，采用结构化分类策略将单元学习目标系统分解为具体的课时目标，构建出完整的课时目标，具体内容如表 3.2 所示。

表 3.2 "认识数据"单元的课时目标

课时序号	课时主题	课时目标
第一课时	数据编码	1. 能够深刻认识到数据编码在信息处理和存储中的关键作用，理解不同编码方式对信息传输和存储效率的影响。 2. 能够运用抽象思维和逻辑思维，深入理解编码是将信息从一种形式转换为另一种形式的过程，并熟练掌握声音数字化（采样、量化、编码）的原理和方法。 3. 通过对比 ASCII 码和 Unicode 码等编码方式，能够分析它们的特点和适用场景。

---

① 熊梅，邓勇，袁娟. 基于教学评一体化的单元学习评价实践路径 [J]. 中小学管理，2023(7): 54–57.

（续表）

课时序号	课时主题	课时目标
第一课时	数据编码	4. 能够使用 Python 语言进行文本数据编码的转换实践，在编程实践中加深对数据编码的理解。 5. 在学习数据编码的过程中，充分认识到数据安全与隐私保护的重要性，理解编码方式对数据安全的影响机制。
第二课时	数据与结构	1. 能够充分认识到数据结构在信息管理中的重要价值，理解不同数据结构（如列表、树、图等）对数据处理效率和效果的影响。 2. 通过实际案例（如网购订单处理、快递配送过程等），能够深入分析不同数据结构在实际问题中的应用场景和优势。 3. 能够使用 Python 语言进行数据结构的基本操作（如列表的增删改查、树的遍历、图的搜索等）。 4. 能够根据具体问题的需求，选择合适的数据结构并进行简单优化，提高数据处理效率和效果。
第三课时	数据与系统	1. 能够理解数据在信息系统中的重要性，认识到数据如何在信息系统中被组织、管理和应用。 2. 能够熟练掌握文件和数据库文件的概念，理解 GUI（图形用户界面）的基本概念，以及数据库管理系统和数据库系统的基本概念，并通过实际案例（如旅行小助手系统、火车票订票系统等）分析数据系统在实际问题中的应用场景和优势，理解数据与系统之间的关系。 3. 能够使用 Python 语言、电子表格软件、数据库管理软件等数字化工具进行数据管理和分析，并能根据任务需求，设计简单的数据系统应用，包括系统功能设计、界面设计和数据库设计等方面。 4. 在学习数据系统和管理的过程中，能够充分认识到数据安全与合规的重要性，理解数据在信息系统中的存储、传输和处理过程中可能面临的风险，并能自觉遵守相关的信息法律法规和道德规范。
第四课时	加密与解密	1. 能够深刻认识到数据加密在保护信息安全中的重要意义，理解数据加密的基本概念和应用场景。 2. 能够理解数据加密和解密的基本原理和方法，包括对称加密、非对称加密等概念，并能通过实际案例（如恺撒密码、现代加密算法等）分析出不同的加密技术在不同领域的应用场景和效果。 3. 能够使用 Python 语言实现简单的加密算法，如恺撒密码等。 4. 在了解数据加密的过程中，能够认识到数据安全与隐私保护的重要性，理解加密技术在保护个人隐私和信息安全中的作用，有效保护个人信息和资产安全。

二、如何进行单元学习评价设计

在大单元教学设计中，单元学习评价设计是至关重要的一环，它直接关系到教学目标的达成以及学生学习效果的评估。要深入理解并出色完成大单元学习评价设计工作，我们不能局限于单一视角，需要从多个维度进行全面、深入的剖析。接下来，我们将分别从单元学习评价的内涵、单元学习评价的分类、传统教学评价与单元学习评价的差异，以及大单元学习评价过程等四个方面进行详细阐述。

（一）单元学习评价的内涵

单元学习评价以学科核心素养为导向，依托结构化知识体系，借助真实性情境任务，运用多元化评价手段，对学生在完整学习历程中的认知发展、实践能力和价值观念进行系统性价值判断。与传统教学评价不同，单元学习评价范式打破了传统单一维度的考核模式，其核心在于将评价作为教学系统的有机组成部分，遵循"目标—评价—教学"逆向设计逻辑，采用表现性评价与形成性评价相结合、定量评估与定性评判相统一的方式，实现教、学、评的动态一致性。其理论基础主要源于建构主义理论和逆向设计理论。建构主义强调学习者在知识建构中的主体地位，主张评价应关注学生对知识的深度理解与意义建构，为单元学习评价提供了认知维度的理论支撑，促使评价应超越对知识点的简单记忆，关注学生对大概念的理解与应用能力。而逆向设计理论则主张在于将评价设计置于教学活动之前，秉承"逆向思维"或"以终为始"的理念，确保学习目标与评价标准的严格对应，推动教学与评价的一致性[①]。这种"以终为始"的设计方法为单元学习评价提供了方法论支撑。同时，逆向教学理论强调评价的真实性和情境性，力求通过模拟或嵌入真实世界情境的评价任务，全面、准确地评估学生的综合能力。正如麦克泰和威金斯所指出的，这种评价范式本质上是对学生"理解能力"的持续性验证，通过真实情境中的问题解决展现迁移应用能力。单元教学评价作为教学过程中关键部分，其内涵可以从以下四个维度进行剖析。

第一，素养导向，目标统整。单元学习评价以核心素养为核心，从知识本位转向素养本位，着重考查学生在真实情境中综合运用知识解决问题的能力。评价目标围绕核心素养设定，如信息技术学科注重"计算思维""信息社会责任"等素养，通过设计数据分析、网络安全案例分析等任务，检验学生的素养水平。单元学习评价不仅关注知识记忆与理解，更重视学生在逻辑思维、创新能力、信息道德和社会责任感方面的发展。例如，通过"网络安全防范方案设计"项目，能有效考查学生的计算思维和信息社会责任等素养。

第二，评价结构关联，层级递进。单元学习评价体系建构于结构化知识网络之上，强调评价的层级性和逻辑性，遵循"核心素养→单元目标→课时目标→表现性证据"的纵向评价轴，保障评价与学习目标的一致性。该框架以学科大概念为起点，逐步细化到具体知识点和能力要求，形成一个从宏观到微观的完整评价体系。例如，在历史

---

① 周文叶，董泽华.表现性评价质量框架的构建与应用[J].课程·教材·教法，2021，41(10)：120-127.

学科中，教师通过绘制"历史事件关联图"，考查学生对历史脉络的整体把握；将"时空观念""史料实证"等素养要素转化为具体的评价任务，如分析某一历史事件的因果关系或评估不同史料的可靠性。思维导图、知识谱系等可视化工具在教学中的应用，有助于学生理解知识逻辑关系，也为教师评价提供清晰依据。

第三，过程发展，动态追踪。单元学习评价体系具有动态生成特征，贯穿学习全过程，关注学生的持续发展与进步。评价并非一次性的结果判断，而是贯穿学习全过程的持续追踪，这与最近发展区理论相契合，强调学生的发展是一个从现有水平向潜在水平不断跨越的过程，也间接印证了大单元学习评价可以分阶段进行设计。因此，大单元学习评价可以分成三个阶段，即诊断性预备评价（前置检测）、形成性过程评价（嵌入式观察）和总结性结果评价（体系化反馈），各阶段配备差异化的评价工具和方法，确保大单元评价的全面性和科学性。例如，在信息技术学科的"智能家居系统的体验与开发"项目中，教师可以通过分阶段评价动态追踪学生的能力发展，从前置检测了解学生的认知水平，到嵌入式观察或阶段性量表监测实践学生的操作表现，再到项目成果展示综合评估学生的系统设计能力、问题解决能力和创新思维。借助动态生成的特征和多元化的工具支持，构建起一个贯穿学习全过程的单元学习评价体系。

第四，多元主体协同，动态反馈。单元学习评价注重多元主体深度协同与动态反馈，通过多主体参与和多样化的评价方式，促进学生自我反思与成长。该评价体系突破了传统教师单一评价模式，引入表现性评价、学生自评、同伴互评及社会参与，形成多维度、多层次的评价网络。具体来说，表现性评价是借助真实情境任务考查学生的高阶能力，例如在"网络安全宣传"项目中，学生承担设计宣传海报、制作短视频或开发互动小程序等任务。采用量规评估学生在"技术应用性""创意性""社会责任感"等维度的表现；学生自评通过引导学生撰写学习日志，鼓励他们深入反思和总结自己的学习经历；同伴互评采用定制化互评量表或小组会议机制，在如"任务贡献度""协作沟通力"等维度开展互评互鉴，形成知识共享、优势互补的学习共同体；社会参与评价通过家长、行业专家、社区代表等外部评价主体，进一步拓展评价的视野与维度。在反馈机制方面，单元学习评价不再局限于对学习结果的简单判定，更强调对教学过程的动态调整。传统评价方式往往侧重于对学习结果的评判，如依据考试分数或项目成果来评价学生的表现。而单元学习评价则更注重评价的过程性功能，通过及时、有效的评价反馈，精准发现学习过程中存在的问题，为教师灵活调整教学策略提供有力支撑，促进学生的持续进步。例如，教师可以根据过程性评价结果，随时优化后续活动设计，及时识别知识漏洞和能力短板并提供针对性支持，这种灵活、高效的动态反馈机制，使评价成为教学改进的重要依据。

（二）单元学习评价的分类

在教育评价领域，为全面、深入地了解学生的学习状况以及教师的教学成效，依据评价的目的、内容、方法和时机等要素，可以将评价活动划分为多种类型，回溯学习评价的理论发展历程，布鲁姆等人在 1956 年在芝加哥大学提出的教育目标分类法具有开创性意义。该方法将教育目标系统地划分为认知、情感和动作技能三大领域，每个领域内部又进一步细分出不同层次的学习目标，高层次的目标对应学科中更为复杂的内容[①]。布鲁姆分类法强调了从知识识记、理解、应用、分析、综合到评价的认知发展脉络，以及从接受信息、做出反应、进行价值判断直至价值内化的情意发展过程。这一分类法为过程性评价体系提供了可操作性的理论框架。然而，布鲁姆的认知层次划分存在一定局限性，它主要关注外在行为变化，未能揭示学习过程中内在认知结构的深层转化机制，尤其无法解释低阶目标向高阶目标的实质跃迁，以及复杂思维能力的形成路径方面存在不足[②③]，这使得在实践中难以有效支撑素养导向的学习目标设计。针对布鲁姆目标分类法在教学实践中的理论悬置问题，澳大利亚教育心理学者彼格斯和科利斯等人在 1982 年提出了 SOLO 分类理论，即"可观察的学习成果结构"（Structure of the Observed Learning Outcome）实现认知发展的层级诊断，并于 1989 年对该理论进行了完善。SOLO 分类理论的核心价值在于解构"假设性认知结构"的测量困境，将评价焦点转向可观测的应答结构[④]，并推动教育评价从知识累积转向思维质量的深度分析。它着重关注学生学习成果的质量，通过分析学生回答问题时所展现的思维结构来评价他们的学习成果，而非简单地将学生进行分类。

SOLO 分类理论将学生的学习结果和思维水平从低到高划分为五个层次：前结构水平、单一结构水平、多元结构水平、关联结构水平和扩展抽象水平。这些层次清晰地反映了学生从无法解决问题，逐步发展到能够抽象思考、拓展思维并站在更高层次分析问题的成长过程[⑤]。对于教育工作者而言，SOLO 分类理论是一个深入认识和了解学生学习周期、阶段及结果的重要工具，能够有效地辅助教师分析学生的学习质量和

---

① L.W. 安德森，等 . 布卢姆教育目标分类学修订版（完整版）：分类学视野下的学与教及其测评 [M]. 蒋小平，等译 . 北京：外语教学与研究出版社，2009.

② 约翰 B. 彼格斯，凯文 F. 科利斯 . 学习质量评价：SOLO 分类理论（可观察的学习成果结构）[M]. 高凌飚，张洪岩，译，北京：人民教育出版社，2012.

③ 吴有昌，高凌飚 .SOLO 分类法在教学评价中的应用 [J]. 华南师范大学学报（社会科学版），2008(3): 95–99, 160.

④ 约翰 B. 彼格斯，凯文 F. 科利斯 . 学习质量评价：SOLO 分类理论（可观察的学习成果结构）[M]. 高凌飚，张洪岩，译 . 北京：人民教育出版社，2012.

⑤ 李佳，高凌飚，曹琦明 .SOLO 水平层次与 PISA 的评估等级水平比较研究 [J]. 课程·教材·教法，2011, 31(4): 91–96, 45.

水平层次。1998年，吴维宁[①]首次将SOLO分类理论引入我国并加以介绍，随后，众多研究者对其展开了深入的研究和推广，使其在国内教育领域得以广泛应用[②]。特别是在基础教育改革的大背景下，SOLO分类理论因其对学生发展过程性评价的重视，成为衡量和评价学生发展阶段的关键工具。

基于布鲁姆教育目标分类法和SOLO分类理论等坚实理论基础，结合对大单元教学模式的深刻理解，我们将从学习评价的过程与功能、性质以及评价主体等三个维度，对学习评价进行更为细致、系统的分类。

1. 基于评价过程和功能的分类

基于评价的过程与功能，通常可以将评价划分为诊断性评价、过程性评价和终结性评价。诊断性评价主要是对学生教育背景、知识基础、潜在问题及其成因作出诊断，为教学设计提供依据；过程性评价注重在教学过程中持续收集学生学习信息，以便及时调整教学策略；终结性评价则着重于单元教学或学期结束后，对学生的学习成果进行全面、系统的评估。具体如表3.3所示。

表3.3　基于评价过程和功能的分类

评价类型	定义	实施方式	作用
诊断性评价	在教学起始阶段或学习新内容前开展的评价，目的是摸清学生的已有知识水平、技能基础和潜在学习困难。	1. 前测：通过测验了解学生的预备知识掌握情况； 2. 问卷调查：收集学生的学习兴趣、习惯等信息； 3. 访谈：与学生个别交流了解其学习状况； 4. 观察法：观察学生在相关活动中的表现。	1. 帮助教师了解学生的起点水平，为教学设计提供依据； 2. 识别学生的个体差异，为差异化教学奠定基础； 3. 发现潜在学习困难，提前制定支持策略。
过程性评价	在教学过程中持续开展的形成性评价，旨在通过实时反馈推动学生的学习改进和教师的教学调整。	1. 课堂观察：详细记录学生的课堂参与程度、提问质量表现等； 2. 学习档案袋：收集学生的作业、反思日志、项目成果等资料； 3. 随堂测验：及时检测学生对当堂学习内容的掌握情况； 4. 同伴互评：学生之间相互评价彼此的学习表现。	1. 帮助教师及时发现学生的学习困难，调整教学策略； 2. 为学生提供及时反馈，促进学生自我反思和改进； 3. 激发学生的学习兴趣和主动性，培养自主学习能力。

---

① 吴维宁. 教育评价新概念——SOLO分类法评介 [J]. 学科教育，1998(5): 44–45.

② 吴有昌，高凌飚. SOLO分类法在教学评价中的应用 [J]. 华南师范大学学报（社会科学版），2008(3): 95–99, 160.

（续表）

评价类型	定义	实施方式	作用
终结性评价	在教学单元或学期结束时进行的综合性评估，目的是全面检验学生的学习成果和教学目标的达成状况。	1. 单元测试：全面检测学生对整个单元知识的掌握情况； 2. 项目展示：通过项目式学习成果展示，评估学生的综合能力； 3. 期末考试：系统地评估学生的一学期学习成果； 4. 表现性评价：依据学生实际操作或任务完成情况，评估其能力水平。	1. 为教师提供全面的教学效果反馈，为后续教学改进提供依据； 2. 为学生提供学习成果的总结性反馈，增强学习成就感； 3. 为学校或教育管理部门提供教学质量评估的数据支持；

2. 基于评价参照标准的分类

基于评价的参照标准或评价反馈策略的不同，可将评价分为相对评价、绝对评价和个体差异性评价[1]。这三种评价方式各有特点，适用于不同的教学场景，能够从不同角度为教学活动提供有价值的反馈信息。相对评价侧重于在学生群体内部进行比较，常用于选拔性评价场景。绝对评价则以预先设定的标准为依据开展评价工作，更适合于达标性评价的需求。个体差异性评价关注学生个体的进步情况，充分体现了"因材施教"的教育理念[2]，具体如表 3.4 所示。

表 3.4　基于评价参照标准的分类

评价类型	操作性定义	功能属性	应用场景
相对评价	根据被评价对象在群体中的相对位置或排名进行评价，强调群体内的横向比较。	1. 甄选性强，适合选拔性场景（如竞赛、分班）； 2. 评价结果基于群体比较，可能无法准确反映个体真实水平； 3. 容易导致竞争性学习氛围，可能忽视学生的个体差异。	1. 在单元教学中，相对评价可以用于评估学生在班级或小组中的相对位置，了解学生的学习水平和学习差异； 2. 帮助教师了解学生的学习差异，为分层教学提供参考，适用于竞赛、选拔考试等场景。

---

① 周卫勇. 走向发展性课程评价——谈新课程的评价改革 [M]. 北京：北京大学出版社，2002.
② 崔允漷. 有效教学 [M]. 上海：华东师范大学出版社，2012.

（续表）

评价类型	操作性定义	功能属性	应用场景
绝对评价	以预设的、固定的标准（如课程目标）为依据，判断是否达标。	1. 聚焦个体与标准的差距； 2. 衡量学生的实际水平，了解学生对知识、技能的掌握情况。	1. 评估学生是否掌握特定知识点／技能（如实验操作规范）； 2. 适用于升学考试、毕业考试等具有明确标准的评价场景。
个体差异性评价	根据被评价对象自身的特点、进步情况等进行评价，关注纵向进步与个性化特征的评价。	1. 强调个体前后对比，关注努力程度与成长轨迹； 2. 关注学生的个体差异，评价结果更具针对性，有助于因材施教； 3. 实施过程较为复杂，需要教师投入更多时间和精力。	1. 在单元教学中用于评估学生的进步情况、学习态度和努力程度； 2. 适用于个性化教学和差异化辅导； 3. 帮助教师制定个性化的教学计划和学习目标，促进学生的全面发展；

3. 基于评价主体的分类

从评价主体视角出发，教学评价体系可划分为内在评价（自我导向）与外在评价（他者导向）两大范畴。其中，自我评价强调学生的主体地位，有助于培养元认知能力。外部评价则包括教师评价、同伴评价和社会评价等，为教学改进提供多元视角，具体如表 3.5 所示。

表 3.5　评价的主体

评价类型	操作性定义	功能属性	应用场景
自我评价	被评价对象对自己的学习过程和成果进行评价，强调学生的主体性和反思能力。	优势：培养自我反思和自我调节能力，促进学习自主性发展，增强学业自我效能感；评价结果更真实、客观，反映学生的真实感受。 局限：存在自我服务偏差，认知负荷易引发评价结果不够准确；对低年级学生或自我反思能力较弱的学生效果有限。	1. 在单元学习过程中，学生可以通过完成作业、参与讨论、完成测试等方式，对自己的学习成果进行自我评价； 2. 教师在完成一个单元的教学后，可以对自己的教学准备、教学过程、教学方法和教学效果进行自我评价，通过反思教学过程中的得失，明确改进方向。

（续表）

评价类型	操作性定义	功能属性	应用场景
外部评价	由外部机构或人员（如同伴、教师、家长、社会机构等）对被评价对象进行的评价，强调评价的客观性和权威性。	优势：提供多源参照框架，确保评价效度；评价结果具有客观性，能够提供有益的反馈和建议，促进被评价对象的进步。 局限：可能受评价者主观性影响，导致评价结果存在偏差；实施成本较高，需要投入较多资源。	1. 社会或第三方机构对学生的评价。在单元学习结束后，社会或第三方机构可以通过标准化考试、能力测试等方式，对学生的学习成果进行外部评价。这种评价方式有助于检验学生的学习效果，为学生提供升学、就业等方面的参考依据。 2. 学校对教师的教学评价。学校可以组织专家或同行教师，对教师的教学准备、教学过程、教学方法和教学效果进行外部评价。通过听课、观摩、检查教案和作业等方式，学校可以全面了解教师的教学情况，为教师提供有针对性的指导和建议。

（三）传统教学评价与单元学习评价的差异

单元学习评价作为大单元教学设计的核心环节，严格遵循大单元教学的设计理念，并紧密结合课程标准与核心素养的要求，采用系统性、过程性和多元化的评估方法，对学生的学习历程、学习成效以及在学习过程中的具体的行为表现进行综合性评价。单元学习评价核心在以整体性视角、持续追踪过程和多元化方式，促进学生学习进步与素养提升。与传统教学评价相比，单元学习评价在评价范式、实施路径和价值取向等多个方面均存在差异，具体如表 3.6 所示。

表 3.6　传统评价与单元评价

评价维度	传统教学评价	单元学习评价
评价主体	教师主导的单向评价，学生被动接受，较少参与评价过程。	教师、学生、家长等多元主体参与的交互式评价，强调互评与自我反思。
评价范围	聚焦单一课时内的学习表现，侧重于考察学生在该课时内的学习情况和教学效果。	覆盖整个学习单元的知识建构与能力发展，关注跨课时的持续性表现。
评价内容	以知识掌握为核心，包括学生的参与度、听讲、作业完成情况。	涵盖学生在该单元内的所有学习活动以及核心素养的发展。

（续表）

评价维度	传统教学评价	单元学习评价
评价目的	检测教学效果、判断知识达标程度。	促进学习改进与个体发展，注重素养提升与深度学习。
评价方式	以标准化测试为主，形式单一。	采用笔试、实验、小组讨论、演讲、项目作品展示等多样化、情境化的评价方法。
评价结果运用	用于教学策略的局部调整。	基于评价结果制定个性化学习方案、推动精准化教学与差异化指导。

从表格中内容可以看出，两者之间的差异不仅体现了教育评价理念的革新，更彰显了单元学习评价促进学生深度学习全面发展的独特优势。从评价范围来看，单元学习评价突破了传统评价的时空局限。传统教学评价聚焦单一课时内容，而单元学习评价将评价视野拓展到了整个教学单元，构建了"点、线、面"相结合的评价体系。这种系统化评价使教师能够更准确地把握学生的认知发展轨迹和学习障碍，为后续的教学提供更为精准的指导。在评价内容方面，单元学习评价从单一知识维度转向多元素养维度。传统教学评价侧重知识掌握程度，如参与度、作业完成情况，而单元学习评价全面涵盖单元内所有学习活动及核心素养发展，包括批判性思维、问题解决能力、合作学习能力及情感态度价值观等。这种多维度的评价体系与21世纪技能框架高度契合[①]，为培养学生适应未来社会需求的创新型人才提供了有力支撑。在评价方式上，单元学习评价更具灵活性与情境性。传统教学评价通常以标准化测试为主，而单元学习评价则基于真实性评价理论，融合课堂观察、档案袋、项目展示、小组讨论等多元评价方法，以更加贴近学生真实学习情境的方式进行评价，既提升了评价的效度和信度，还激发了学生的学习动机和参与度。

（四）大单元学习评价过程

1. 明确评价目标

在大单元学习评价体系的设计中，明确评价目标是首要环节，其直接关系到学习效果评估的精准性和学习目标达成的有效性。评价目标的设定需与学习目标保持高度的契合，确保评价能够准确反映教学的预期成效。具体而言，评价目标的建构应以核心素养为导向，即清晰指向学生在学习历程中应达到的关键能力与价值观念。例如，在信息技术学科中，核心素养可具体化为数据抽象与建模能力，算法设计与优化能力、

---

① 特里林，菲德尔.21世纪技能：为我们所生存的时代而学习[M].洪友，译.天津：天津社会科学院出版社，2011.

系统思维与创新实践能力等关键方面。

进一步而言，评价目标应具体到可以测量的程度，避免模糊和笼统地描述。这些具体化的评价目标应能够全面反映学生在知识理解、技能应用、思维发展等核心维度的表现。其中，知识理解侧重于衡量学生对学科核心概念和理论体系的理解程度，例如，能否对机器学习算法中的神经网络拓扑结构进行可视化阐释；技能应用则关注学生在真实任务情境中知识和技能的迁移能力。例如，在物联网项目中能否有效运用传感器完成环境监测，解决实际问题；而思维发展则着重评估学生面对复杂问题时的逻辑推理、批判性思考与创新能力，如能否针对特定领域挑战提出创新性解决方案，展现高阶思维的结构表达与实践转化能力。

2. 选择合适的评价方法

选择恰当的评价方法是确保单元学习评价有效性的关键环节。评价方法的选择需基于评价目标、评价内容以及被评价对象的特性进行综合考量，以保障评价的科学性、针对性和可操作性。

不同的评价目的将直接引导我们采用不同的评价方法。评价是为了衡量学生的学习成效、评估教师的教学效果，还是检查课程设计的合理性？譬如，若重点在于评估学生的知识掌握水平，那么传统的笔试或在线测试或许是合适之选；而若要评判学生的实践操作能力和创新思维，则项目式学习、实验操作或口头报告等评价方式可能更为贴切。评价内容也决定评价方法的选择。对于理论知识的评价，可采用客观题型（如选择题、填空题）或主观题型（如简答题、论述题），以快速且准确地检测学生的掌握情况。而对于技能等实践能力的评价，表现性评价则更为合适。以"设计个人主页"学习活动为例，教师可以通过项目式学习来评估学生的审美鉴赏能力和编程实践能力。对于情感态度、价值观等难以量化的内容，则需要借助观察、访谈、同伴评价或自我反思等质性评价方法来获取更深入的信息。例如，教师可以通过小组讨论，并鼓励学生撰写反思日志，以此来深入了解他们对信息伦理问题的态度和所秉持的价值观。

此外，被评价对象的特性是选择评价方法的重要依据。不同年龄段、认知水平及学习风格的学生对评价方法的接受度和适应性可能存在显著差异。根据维果茨基的最近发展区理论，评价方法应与学生的认知发展水平相契合，并提供适当的挑战和支持，以确保评价方法既能真实反映学生的水平，又能够激发学生的积极性和参与度。对于低年级学生，由于其认知能力和自我反思能力有限，评价方法应以直观、简单为主。例如，在小学信息科技课程中，教师可以通过游戏化评价，如编程闯关任务，来激发学生的学习兴趣。而对于高年级学生，因其认知能力和自主学习能力较强，评价方法可以更加复杂和开放。譬如，在高中信息技术课程中，教师可以通过主题讨论和同伴评价等方式培养学生的批判性思维和合作能力。

在信息技术学科大单元教学评价中，常见的评价方法包括以下几种。

（1）表现性评价

表现性评价通过学生在真实情境中的实际表现来评估其综合能力，这种方法强调"做中学"，能够有效反映学生的高阶思维能力[①]。例如，在"构建智能家居系统"项目中，要求学生综合运用物联网技术、编程和开源硬件搭建能力，完成从需求分析、系统设计与基本功能实现。学生需通过作品展示和答辩来阐述设计思路及创新点等，教师则根据学生的作品答辩、技术文档与实操表现，来评估其逻辑思维、创新实践及问题解决能力。

（2）同伴评价

同伴评价通过学生之间的相互评价来促进合作学习和自我反思。研究表明，同伴之间的评价能够增强学生的参与感和责任感，同时提升其评价能力[②]。如在"用图表工具制作健康报告"项目中，教师可以组织学生进行小组互评。学生需围绕健康报告的数据准确性、图表选择的合理性、信息表达的清晰性以及整体的美观性等维度对彼此的作品进行评价。学生不仅能客观评价他人作品，还能在评价过程中反思自己在数据收集、整理、分析及可视化呈现等方面的不足。

（3）自我评价

自我评价通过学生自我反思来培养元认知能力，即学生对自己认知过程的认知和调控能力。自我评价作为一种重要的学习工具，能够明确学习目标，监控自身的学习过程并调整学习策略[③]。例如，在"信息安全与伦理"主题学习中，教师可以要求学生撰写反思日志，记录自己对个人信息保护、他人隐私等伦理问题的思考和感悟。通过反思日志，不仅能加深学生对信息安全知识的理解，还能强化其信息伦理意识和社会责任感。

（4）技术支持下的发展性评价

随着教育技术的快速发展，评价方式正逐步向数据驱动的智能化方向转型，技术支持的评价方式展现出了其独特的优势。通过整合在线测试平台、在线问卷系统及学习分析系统等多元技术工具，构建多模态评价体系，实现数据采集的实时性、行为追踪的连续性及反馈的精准性。以"Python编程"主题学习为例，教师可以充分利用在线开源编程平台，对学生的编程进度进行实时监测，同时对学生的代码质量以及错误率进行细致分析。这种实时的监控和分析，不仅有助于教师及时掌握学生的学习动态，

---

① Wiggins G.Educative Assessment.Designing Assessments To Inform and Improve Student Performance[M].Jossey-Bass Publishers, San Francisco, CA 94104, 1998.

② Topping K.Peer assessment between students in colleges and universities[J].Review of Educational Research, 1998, 68(3): 249–276.

③ Panadero E, Brown G T, Strijbos J W.The future of student self-assessment: a review of known unknowns and potential directions[J].Educational Psychology Review, 2016, 28: 803–830.

还能为后续的个性化教学提供有力支持。此外，在线问卷系统作为一种便捷的在线调查工具，也被广泛应用于信息技术学科的教学评价中。教师可以设计包含评分题或开放式问题的问卷，通过学生的回答来及时收集他们对知识点与技能掌握情况的反馈信息。

这种在技术支持下的发展性评价方式，不仅极大地提升了评价过程的智能化和精准化水平，还通过多模态数据的深度整合与细致分析，为教学改进和个性化学习提供了科学依据。

3. 设计评价量规

评价量规作为学习评价的具体实施工具，其设计需涵盖评价维度、评价标准及评价主体等，以确保评价的全面性、准确性和可操作性。评价量规不仅是对学习成果的量化评估，更是对教学目标达成度的检验。

（1）评价维度

在设计评价量规时，确定评价维度是首要且关键的步骤，它直接决定了评价的方向和侧重点。在确定单元学习活动的评价维度时，应遵循目标导向原则，确保评价维度与学习目标高度契合，从而有效检验学生是否达成预期目标及其达成程度。

在理论研究方面，国内外学者对评价维度的构建进行了深入研究。例如，刘绿芹结合 SOLO 分类理论及和普通高中数学课程标准提出的三个素养水平要求，构建了四维度单元学习效果评价框架，包括"单元情境与问题的理解"、"单元知识与技能的熟悉"、"单元思维与表达的严密"以及"单元交流与反思的深度"等维度[①]。这一框架为数学学科的评价维度设计提供了理论依据。胡久华等人从项目式学习视角出发，基于课程标准构建了项目式学习评价维度体系。该体系包含三个核心维度：核心知识掌握情况、实际问题解决能力、可持续发展观念[②]。该研究为项目式学习的评价提供了可操作的评价框架。周祝光基于探究式问题教学理论，提出了探究式问题课堂教学评价的六个维度：拓宽学习视野、投入实践活动、感受意义关联、自觉反思体验、乐于对话分享、认同体验评价[③]。这一多维度评价体系充分体现了探究式教学的特点，为课堂教学评价提供了新的视角和思路。在国际比较研究方面，喻平通过对 PISA 评价体系进行研究发现，PISA 的数字素养模型虽强调数学内容、过程和情境三个维度的评价，但存在过分强调解决实际问题能力和情境化的问题。针对这一局限，提出了基于知识理解、

---

① 刘绿芹 . 单元学习效果评价模型的建构与应用 [J]. 教学与管理，2022(1): 70–73.

② 胡久华，张瑞林，王东宁 . 化学项目式学习评价量规的设计与使用——以初中化学"合理使用金属制品"项目为例 [J]. 化学教学，2024(4): 21–25, 70.

③ 周祝光 . 深度体验视域下高中数学探究式课堂教学评价维度探析 [J]. 中国教育学刊，2021, (S2): 77–82.

迁移和创新的三个评价框架[①]。然而，其研究仍侧重于数学能力，对品格等非认知因素的关注不足。这也为后续研究提供了新的方向和思路。

通过文献梳理发现，当前国内外学者对评价维度的研究取得了显著进展，呈现出以下特征：一是评价维度从单一的知识掌握向多元能力发展转变；二是评价内容从认知层面扩展到素养层面；三是评价视角从结果导向转向过程与结果并重。然而，评价维度的确定仍面临诸多问题和挑战。首先，每个学科核心素养成分各有侧重、差异显著，评价维度的确定需要充分考虑学科特点和学生发展需求，确保评价的学科适切性。其次，评价维度的选择需要根据具体教学内容和学生的学习目标来进行灵活调整，以确保评价结果的针对性和有效性，当然这种灵活性要求教师在实际教学和学生评估过程中，依据学生个体差异、教学环境的特征和课程的要求，灵活选择和调整评价工具和方法。以具体学科为例，在基础数学概念教学中，评价维度可能侧重于概念知识理解和解题技巧掌握；在复杂的科学问题探究中，则需着重考察学生的批判性思维和创新能力；而在文学艺术领域，情感态度和审美体验的评价则显得尤为重要。这种差异化的评价维度选择，要求教师具备专业的评价素养和灵活的实施能力。

（2）评价标准

评价标准是衡量学生学习成效的核心依据，也是评价量规的关键构成要素，其科学性和可操作性直接影响评价的有效性和公平性。根据 SOLO 分类理论，评价标准可以按照"前结构水平"到"扩展抽象水平"的认知发展层级进行分层设计，以反映学生的思维深度和学习质量[②]。具体而言，评价标准应具备具体性、可操作性及层次性等特征，并能够清晰地描述学生在不同水平上的表现。具体性是指要求评价标准对学生在每个等级上的表现进行明确的描述，避免模糊或笼统的表述；可操作性是指评价标准的表述应便于教师和学生理解与使用，能够直接指导评价活动的具体实施；层次性是指评价标准设计时应根据学生的认知发展水平，设计具有递进关系的评价等级，以反映学生的进步空间。

在实践应用中，评价标准通常采用等级制，如"优秀""良好""合格""仍需努力"四个等级，以描述学生在不同维度上的表现。以信息技术学科"百钱百鸡"迭代算法学习活动为例，评价标准可以从代码质量、逻辑严谨性、问题解决能力和创新性等维度进行设计，具体如表 3.7 所示。

---

① 喻平 . 数学核心素养评价的一个框架 [J]. 数学教育学报，2017, 26(2): 19–23, 59.

② 约翰 B. 彼格斯，凯文 F. 科利斯 . 学习质量评价：SOLO 分类理论（可观察的学习成果结构）[M]. 高凌飚，张洪岩，译 . 北京：人民教育出版社，2012.

表 3.7 评价标准表

评价维度	评价等级	关键特征
代码质量	优秀	代码规范、高效，可维护性好。
	良好	基本规范，效率尚可，有一定的可维护性。
	合格	存在不规范，效率一般，可维护性较差。
	仍需努力	规范性和结构有问题，效率较低；或代码混乱，无法阅读，效率低下。
逻辑严谨性	优秀	算法正确、完整、一致，逻辑可证明。
	良好	基本正确，逻辑基本一致，少量边界未处理。
	合格	存在逻辑错误，边界条件处理不够完整。
	仍需努力	逻辑存在明显错误，边界条件处理不足；或逻辑混乱，无法得到正确结果。
问题解决能力	优秀	理解准确，设计方案合理，实现能力强。
	良好	基本理解，设计方案较为合理，实现能力较强。
	合格	理解不够深入，设计方案存在不足。
	仍需努力	理解模糊，设计方案不可行；或无法理解问题，无法设计方案。
创新性	优秀	在算法优化、新思路方面表现出色。
	良好	在某些方面展现出了创新性。
	合格	有一定的创新意识，但无实质性创新点。
	仍需努力	创新意识较弱；或无创新意识。

（3）评价主体

评价量规作为单元学习评价的重要工具，其完整性不仅体现在评价维度和等级标准的科学设定上，也在于涵盖多元化的评价主体。通过各评价主体协同合作，能够对学生学习过程与结果展开全方位、立体化的评估。在信息技术学科中，常见的评价参与主体及具体评价方式包括：

自评，元认知驱动下的自我审视。引导学生基于元认知能力，对照评价标准对自身学习过程，如代码调试次数、算法优化尝试，与成果进行反思性评价，培养自我监控与自我改进的能力。这种自评方式让学生成为学习的主人，促使其主动反思学习中的得失，为后续学习调整方向。

组评，小组协作中的思维碰撞。通过小组协作环境下的同伴互评，促进学生之间的思维碰撞与经验分享。评价过程中需关注成员在讨论中的参与度、对组内问题的贡献度以及建设性意见提出能力。通过组评，学生不仅能够从同伴身上学习到不同的思维方式和方法，还能提升团队协作能力和沟通能力。

师评，专业视角下的精准评价。教师从学科专业视角出发，结合课堂观察，例如，算法设计思路的表达清晰度、成果分析与个性化访谈，对学生的知识掌握程度、能力发展水平与素养表现进行专业性评价。教师凭借专业知识和丰富经验，给予学生全面、客观且具有针对性的评价，助力其明确自身优势与不足，实现个性化发展。

下面仍以"百钱百鸡"迭代算法学习活动为例，我们结合前述内容，设计了一个完整的评价量规，具体如表3.8所示。该量规不仅能够帮助学生明确自身在算法设计与编程中的表现，还能为教师提供针对性的指导依据，促进学生的能力提升。

表3.8　"百钱百鸡"问题评价量规示例

评价维度	评价等级/分值	评价标准	自评（5分）	组评（5分）	师评（5分）
代码质量	优秀（5分）	代码结构清晰，变量命名规范，注释详细（如解释循环范围和条件判断），代码高效（如减少不必要的循环嵌套），可维护性强（如模块化设计）。			
	良好（4分）	代码基本规范，变量命名合理，注释较为清晰，代码效率尚可（如循环次数合理），可维护性较好，但可能存在少量冗余代码或未优化的部分。			
	合格（3分）	代码存在不规范之处（如变量命名不清晰、注释不足），效率一般（如循环次数较多），可维护性较差（如代码结构松散），但仍能正确运行并解决问题。			
	仍需努力（1～2分）	代码规范性差（如变量命名混乱、无注释），结构不合理（如逻辑混乱），效率低下（如循环次数过多或未优化），难以阅读和维护；或代码无法正确运行。			
逻辑严谨性	优秀（5分）	算法设计完全正确，能够准确处理所有边界条件（如鸡的数量为整数、总钱数为100），逻辑清晰且可证明（如通过数学推导验证算法的正确性），代码实现与算法设计一致。			
	良好（4分）	算法基本正确，逻辑清晰，能够处理大部分边界条件（如鸡的数量为整数），遗漏少量特殊情况（如未考虑某些极端情况）。			
	合格（3分）	算法存在逻辑错误（如未正确处理某些边界条件），但主要逻辑基本正确，能够解决大部分问题，需要进一步优化。			

（续表）

评价维度	评价等级/分值	评价标准	自评（5分）	组评（5分）	师评（5分）
逻辑严谨性	仍需努力（1～2分）	算法逻辑存在明显错误（如未考虑鸡的数量为整数或总钱数为100的条件），边界条件处理不足（如未处理极端情况）；或逻辑混乱，无法得到正确结果。			
问题解决能力	优秀（5分）	准确理解"百钱百鸡"问题的数学背景（如鸡的数量与价格的关系），设计方案合理（如使用嵌套循环遍历所有可能情况），实现能力强（如代码简洁高效），能够高效解决问题并输出所有可能的解。			
	良好（4分）	基本理解问题，设计方案较为合理（如使用循环遍历但可能存在冗余），实现能力较强，能够解决问题并输出大部分正确的解，但可能存在少量遗漏或效率问题。			
	合格（3分）	理解不够深入（如未完全理解鸡的数量与价格的关系），设计方案存在不足（如循环范围设置不合理），实现能力一般，能够输出部分正确的解，但效率较低或存在错误。			
	仍需努力（1～2分）	理解模糊（如未理解问题的数学背景），设计方案不可行（如未使用循环或逻辑错误）；或无法理解问题，无法设计方案，代码无法运行或输出错误结果。			
创新性	优秀（5分）	在算法优化方面表现出色（如通过数学优化减少循环次数），提出独特的解决方案（如使用数学公式直接求解），或尝试新的思路（如引入动态规划或递归）。			
	良好（4分）	在某些方面展现出了创新性（如尝试优化循环结构或减少变量数量），但整体方案仍以传统方法为主，创新点较为有限。			
	合格（3分）	有一定的创新意识（如尝试改进代码结构或优化部分逻辑），但无实质性创新点，创新尝试较为表面。			
	仍需努力（1～2分）	创新意识较弱（如完全依赖传统方法解决问题），或无创新意识，代码实现缺乏优化或改进。			
总分	合计	自评×30%+组评×30%+师评×40%			

（续表）

评价维度	评价等级 /分值	评价标准	自评（5分）	组评（5分）	师评（5分）
使用说明		自评：学生根据自身表现，对照评价等级的关键特征进行评分，并填写在"自评"栏。 组评：小组成员根据每位成员的表现，对照评价等级的关键特征进行评分，并填写在"组评"栏。 师评：教师根据学生的整体表现，对照评价等级的关键特征进行评分，并填写在"师评"栏。 总分计算：将每个维度的自评、组评和师评分数乘以权重再相加，得出总分，并根据总分划分等级。在分值计算中引入权重分配（如师评占比 40%），体现教师专业性的重要性，使用者也可以根据实际情况自行调整。			

三、如何进行单元过程设计

作为一线教育工作者，自然对教学设计有着深入的了解和认识。传统教学设计通常包括教学内容、教学目标、教学重难点、教学过程、教学反思以及板书设计等要素。而指向核心素养的大单元教学，是以大概念为核心，对学习内容进行分析、整合与开发的具有明确主题的结构化教学体系。这种教学模式强调在真实且富有挑战性的情境中，整合多学科的知识技能，设计兼具整合性、跨学科性、项目性和探究性的学习活动与任务，以培养学生批判性思维、创新能力、合作精神及问题解决能力等综合素养。鉴于大单元的复杂性与创新性，其过程设计需要深度融入设计思维理念。具体而言，其核心流程可以分解成六个步骤，内容如图 3.3 所示。

（一）教学分析

1. 课标分析

课程标准作为基础教育的重要指导性文件，尽管其并未对日常教学活动进行微观层面的具体指导，但为教学活动提供了明确的方向性指引。因此，教师在开展教学工作之前，需对具体学科的课程标准进行深入系统的分析，以确保其先进理念与具体要求能够精准、有效地融入教学实践，使学生的学习过程与教育整体规划保持一致。以义务教育阶段信息科技新课程标准为例，其最显著的变化体现在从"信息技术"到"信息科技"的转变。这一转变不仅是名称上的调整，更是教育思维层面的深层变革，具有重要的理论意义与实践价值[①]。

回顾过去的信息技术课程，其教学内容主要侧重于技能的培养，如文字录入的准确性与速度、各类软件的操作技能等，教师往往聚焦学生技术操作的熟练程度，而忽视了学生综合素养的全面发展。相比之下，当前的信息科技课程更加注重学生核心素

---

① 杨晓哲，刘昕. 面向数字素养的义务教育信息科技课程 [J]. 全球教育展望，2022, 51(6): 109–117.

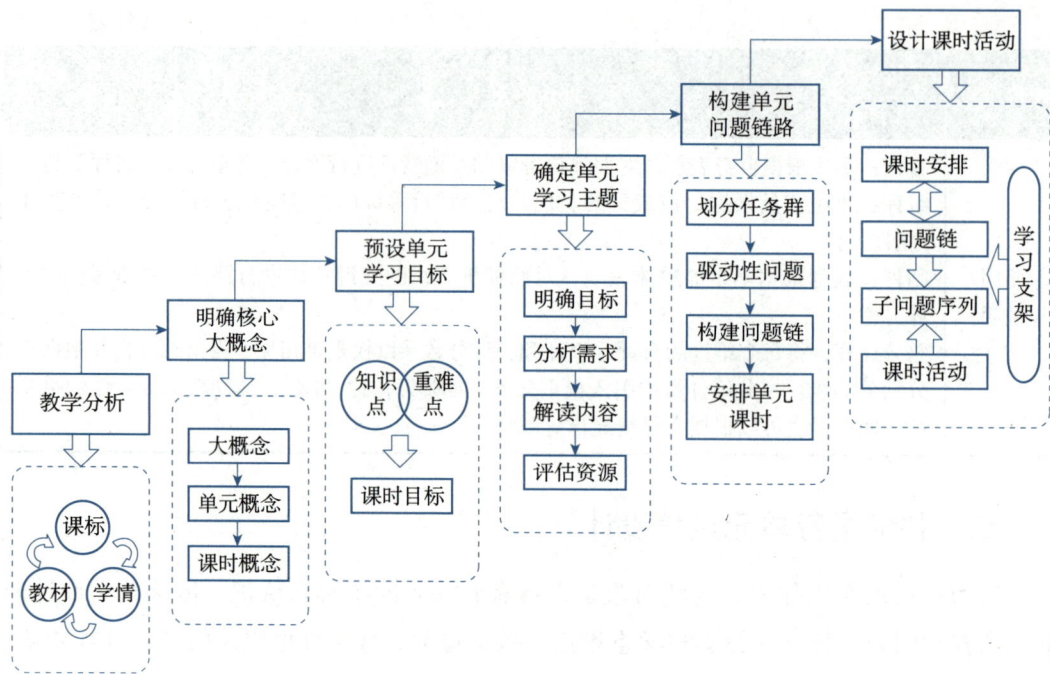

图 3.3　素养导向的大单元教学过程设计框架

养的培养，涵盖信息意识、计算思维、数字化学习与创新以及信息社会责任等多个维度。具体而言，信息意识强调学生对信息的敏感度及其价值的认知；计算思维注重培养学生运用计算工具解决复杂问题的能力；数字化学习与创新鼓励学生利用数字化资源进行自主学习与创新实践；信息社会责任则引导学生树立正确的信息伦理观念，培养其在信息社会中的自律能力。

此外，新课标还强调课程内容的更新与整合，依据学生的认知发展规律，对各学段内容进行了系统化设计，确保学习内容循序渐进，既符合学生的认知水平，又能够逐步深化其知识体系。同时，新课标明确了学业质量标准，从四大核心素养维度对不同学段的学业水平进行了详细划分，为教学与评价提供了清晰依据。然而，新课标在描述学科核心素养时，并未详细说明如何在实际教学中具体落实这些素养。那么，该如何依据核心素养目标构建出合适的大单元教学内容，又如何在具体的单元教学实践中将这些核心素养落实到位呢？这就需要教师在教学实践中充分发挥专业素养与主观能动性，通过深入分析课标，挖掘其中的关键信息，明确单元教学的核心知识点，并对其进行系统化分类整合，构建清晰的单元知识框架。唯有如此，才能通过大单元教学将课标要求真正落实到教学实践中，使学生在掌握知识的同时全面提升核心素养。

以《义务教育信息科技课程标准（2022 年版）》中的"物联网的实践与探索"模块[①]为例，该模块旨在让学生接触物联网这一前沿且与生活紧密相关的领域知识，并通

---

①　中华人民共和国教育部 . 义务教育信息科技课程标准（2022 年版）[M].北京：北京师范大学出版社，2022.

过实践与探索活动，初步建立起对物联网的认知。为了将这一模块转化为一系列可实施的教学单元，教师需要将该模块内容进行系统化地归纳与整理。首先要明确模块中关于物联网的不同层面的描述，包括理论层面的物联网定义、构成要素等，实践层面的简单物联网应用案例介绍、相关设备的操作体验等，以及探索层面对物联网未来发展可能性的思考引导等。在明确了这些内容后，接下来就是依据一定的逻辑顺序进行整理，通过"从基础到进阶、从理论到实践、从已知到未知"的逻辑顺序，将这些内容进行整合，使得它们之间的逻辑关系更加清晰明了。通过这一系统化的梳理过程，我们就能够从这个模块中准确地提取出与"物联网"相关的大单元，例如："物联网原理和数据采集""物联网系统和反馈控制""物联网创新和智能生活"[①]等大单元。这些大单元整合了模块内所有与物联网相关的核心信息，形成一系列层级递进、相对独立又完整的教学单元，以便在教学中能够有针对性地开展关于物联网知识的传授、实践能力的培养等教学工作。

2. 教材分析

教材分析是教学设计的基础环节，其重要性不言而喻。开展教学设计前，教师需对教材进行全面深入的剖析，提炼出学科的核心大概念，将零散的学科内容组织起来，使其从孤立的知识点转变为一个个基本的"知识单元"。知识单元的梳理为后续教学目标的制定提供了重要依据。通过对知识单元的深入分析，教师能更清晰地把握教学重点和方向，从而制定出更加科学合理的教学目标。每个知识单元都包含多个相互关联的学科子概念，这些子概念群构成了学科知识的丰富内涵，为学生提供了系统化的学习内容。在进行信息技术教材分析时，教师可以从以下三个方面展开。

第一，明确分析目的与依据。教材分析应基于清晰目标，如评估教材的适用性、优化教学内容或制定教学计划等，并以课程标准为权威，确保分析方向与国家教育要求一致，避免教学偏离核心育人导向。

第二，梳理教材内容与结构。教师需要解构教材章节设置与主题分布，评估其是否全面涵盖了信息技术学科基础知识、应用技能以及信息伦理等方面的内容。在此基础上，进一步剖析各章节之间的逻辑关系，评估章节划分的合理性，确保知识点的呈现既符合学科本身的内在逻辑，又顺应学生的认知规律。例如，在分析清华版《信息科技　八年级　上册》第一单元"物联网原理和数据采集"[②]时，教师首先需要梳理该单元的内容结构。该单元可能包含物联网的基本概念、物联网的工作原理、数据采集的方法与技术以及物联网在现实生活中的应用等主题。教师需要分析这些主题之间的逻辑关系，确保学生先理解物联网的基本概念，建立初步认知，再深入学习其工作原理，掌握技术内核，然后通过实践操作掌握数据采集的方法与技术，最后通过案例介绍物联网的广泛应用，让学生认识到所学知识的现实意义与应用价值。通过这样的教

---

① 谢作如，张敬云. 信息科技　八年级　上册 [M]. 北京：清华大学出版社，2024.
② 谢作如，张敬云. 信息科技　八年级　上册 [M]. 北京：清华大学出版社，2024.

学顺序与组织设计，既遵循了学生的认知规律，也保证了教学效果的系统性和连贯性。此外，教师还需注意检查教材中的知识点是否清晰明确，是否存在重复或遗漏现象，确保教材内容的系统性与完整性。同时，评估教材内容的时效性，关注其是否与前沿技术发展保持同步，能否为学生提供了与时俱进的学习资源，使教学内容能够反映学科的最新动态与发展趋势。

第三，评估教材与核心素养的关联性。教师需要分析教材内容与核心素养的契合度，确保教学活动能够有效培养学生的核心素养。同时，评估教材中的实践活动与案例分析是否具有实效性，能否有助于学生将理论知识转化为实际操作能力。例如，在"物联网原理和数据采集"单元中，通过分析物联网在智能家居、智能交通等领域的应用案例，引导学生深入思考信息技术对生活的影响，培养其信息意识；通过设计并实施数据采集的实验活动，锻炼学生的数字化学习与创新的能力，提升其运用技术解决实际问题的水平；通过组织讨论物联网技术中的隐私与安全问题，增强学生信息安全意识和社会责任感，使其在掌握技术知识的同时，树立正确的信息伦理观念。

总而言之，通过系统、全面的教材分析，教师才能更好地把握教学内容的核心与重点，厘清知识体系的逻辑脉络，为教学过程设计与实施提供科学依据，从而有效提升教学效果与学生的学习成效。

3. 学情分析

在教学设计过程中，学情分析是保障教学科学性与有效性的核心环节，也是教师落实个性化教育的重要依据。它要求教师对学生的知识基础、认知水平、学习兴趣、态度习惯及学习方法等进行全面考察与系统分析。学生的学习特征复杂多样，体现在认知风格、学习动机、社会文化背景等多个方面。例如，性格外向的学生通常在课堂互动和小组协作中表现积极，而性格内向的学生可能更倾向于独立思考和自主探究。已有研究表明，性别因素也可能对学科倾向与能力表现产生影响，例如，在技术类课程中，男生往往表现出较强的动手操作兴趣；而在语言艺术类课程中，女生则可能更具优势[①]。此外，家庭背景与文化环境等因素亦会对学生的学习态度和动机产生潜在影响。

基于学情分析的复杂性，教师应在教学设计中充分关注学生的个体差异与多元需求，可以从知识结构、认知发展水平和情感特征三个维度系统把握学情。下面仍以"物联网原理与数据采集"单元为例，从这三个方面展开具体分析。

在知识结构方面，教师需关注学生已有知识经验与新知识之间的衔接。例如，通过前测问卷可发现，部分学生已具备基础的传感器概念和编程逻辑，而另一些学生对物联网应用场景缺乏了解。这类分析有助于教师合理设定教学起点，并为不同基础的学生提供差异化学习支持。在认知发展水平方面，可以重点分析学生的信息处理、逻

---

① Meece J L, Glienke B B, Burg S.Gender and Motivation[J].Journal of School Psychology, 2006, 44(5): 351-373.

辑推理与系统思维等能力。例如，在课堂观察和实践任务中，部分学生能够迅速理解数据流的概念，并完成多传感器协同的方案设计，表现出较强的抽象思维能力；而有些学生更擅长动手操作，但在分析数据关联时需要更多具象实例支撑。教师可依据学生的认知特点，设计不同复杂度的学习任务并提供相应的学习支持。在情感特征方面，学情分析可以涵盖学生的学习动机、兴趣倾向与社会互动偏好。例如，调研发现部分学生对技术实现充满热情，乐于挑战编程任务；另一些学生则更关注物联网技术的社会应用价值，擅长从用户体验角度思考问题。同时，学生在合作学习中表现出不同风格：有的积极主导讨论，有的更倾向于独立钻研。教师可据此设计多元参与路径及任务选择，并灵活采用个人探究与小组协作相结合的组织方式。

在分析方法上，教师可综合运用问卷调查、课堂观察、访谈、前测分析等方法，从上述三个维度全面获取学情信息。基于这些分析结果，教师才能够科学设定学习目标、选择适切的教学策略，制定出真正因材施教的教学方案，促进每位学生全面而有个性地成长。

（二）明确核心大概念

大单元教学作为一种备受瞩目的教学模式，其核心在于通过大概念的统摄教学全局。大概念不仅是教学目标的凝练与升华，更是知识体系的结构化内核，具有高度概括性、跨情境迁移性和持久育人价值。因此，大单元教学设计的首要任务便是明确大概念。大概念犹如一颗种子，蕴含着整个单元学习目标的核心要素，是知识得以生发、能力拓展的根基。例如，义务教育信息科技课程以数据、算法、网络、信息处理、信息安全和人工智能这六个大概念组织内容；高中的信息技术学科则进一步聚焦，提炼为数据、算法、信息社会和信息意识四大学科核心大概念。这些大概念不仅是学科知识的凝练，更是学生核心素养培育的重要载体。

按照前章节所阐述的观点，大概念的提取存在自上而下和自下而上两种不同的路径，其来源也具有多元性，可以从课程标准、教材文本等多渠道中系统提取。下面，我们仍然以"物联网原理和数据采集"单元为例，来具体探讨大概念的提取过程。

首先，大概念需要涵盖单元的核心内容。本单元主要介绍了物联网的定义、起源、关键技术（感知、传输、处理）、应用以及数据采集用到的设备及基本方法。大概念需要将这些碎片化知识内容进行有机整合，形成一个系统、完整的认知框架。其次，大概念需要反映专家思维方式。在物联网领域，专家会关注如何通过感知技术（如传感器）高效采集数据，如何利用传输技术（如互联网、无线通信）将数据准确发送到处理中心，以及如何通过处理技术（如云计算、大数据分析）对数据进行分析和应用，以实现智能化控制和决策。这一过程体现了物联网领域的专业思考方式和逻辑脉络。再者，大概念应具有生活价值，凸显现实意义。如今，物联网技术已经广泛应用于我们的日常生活中，如智能家居、智能交通、智能农业等。通过深入理解物联网的原理和数据采集过程，学生将能更好地利用物联网技术解决生活中的实际问题，提升自身的信息素养和科技创新能力。最后，大概念应能促进学生在不同情境中的迁移与应用。一旦学生掌握和理解了物联网的大概念，他们将在未来的学习和生活中更加敏锐地识别和应用物联网技术，有效解决复杂问题，并不断提升自己的创新能力和实践能力。

综上所述，本单元的大概念可以凝练为：物联网是依托感知层传感器技术，通过智能终端的本地数据处理与网络传输的协同，构建出的万物互联系统，其核心在于通过高效采集、传输和分析数据，实现现实问题的数字化解决方案构建。这一表述既符合大概念的定义和特征，又能有效涵盖单元的核心内容，更指向学生信息素养与创新能力的进阶培养。

需要强调的是，大概念并非可以直接作为普通知识简单地教授给学生，而是需要通过精心设计的学习活动逐步揭示。它就像一位隐藏在幕后的导演，默默地指挥着大单元主题所统领的一系列学习活动。在大单元学习过程中，学生需要通过参与丰富多样、层层递进的学习活动，逐步明晰大概念的内涵，随着学习的不断深入，大概念会一点点地被揭示出来，就如同揭开一层又一层的神秘面纱，最终完整地显露其"庐山真面目"[①]。

（三）预设单元学习目标

教师在设计大单元学习目标时，需全面系统地考量多方面因素，以确保学习目标的科学性、适切性和可操作性。具体可以从以下几个方面展开。

第一，锚定课程标准的核心要求。课程标准作为教学的纲领性文件，为单元目标设定提供了明确导向。教师需深入研读课标，将课程目标、内容要求及学业质量标准转化为具体的学习目标。例如，《义务教育信息科技课程标准（2022 年版）》对第四学段（7～9 年级）"物联网实践与探索"模块提出明确要求：学生需理解物联网基本概念、技术架构及应用价值，掌握数据采集与处理的基本方法。教师需将这些宏观要求细化为可观测、可操作的目标条目，确保教学与课标要求的深度契合。

第二，解构单元内容的逻辑体系。教师需要深入分析单元内容在教材体系中的定位，梳理其前后单元的知识关联，提炼核心知识点与能力要求。以"物联网原理和数据采集"单元为例，其核心内容涵盖物联网定义、技术架构（感知、传输、处理）、数据采集设备及方法。目标设计需聚焦这些内容，同时关注与后续的"物联网系统和反馈控制""物联网创新和智能生活"等单元的逻辑衔接，确保目标体系的连贯性与系统性。

第三，基于学情的差异化目标适配。学习目标的制定应基于学生的个体差异情况，确保目标具有可及性。教师需通过学情分析，充分了解学生的知识基础（如对传感器

---

① 刀永良．培养计算思维的高中信息技术课程大单元教学设计与实践研究 [D].贵阳：贵州师范大学，2024.

的认知程度)、认知水平（如逻辑思维能力）和学习能力（如编程操作熟练度），确保学习目标在教师引导或同伴协作下可实现。同时，需关注学生在知识储备、能力层次及兴趣倾向上的差异。例如，部分学生对传感器原理有初步认知，而另一部分学生可能零基础；部分学生擅长编程逻辑，而部分学生更倾向于硬件搭建操作或应用场景设计。教师可以依据个体差异，制定分层教学目标和教学策略，以确保每个学生都能够在原有基础上得到充分的发展和提高。

下面我们以"物联网原理和数据采集"单元为例，结合《义务教育信息科技课程标准（2022 年版）》中第四学段（7～9 年级）"物联网实践与探索"模块的具体要求，来科学预设单元学习目标。

根据课程标准，该模块要求学生理解物联网的基本概念，能够阐述物联网的定义、组成及工作原理，同时认识到物联网在现代社会中的应用价值。除此之外，学生还应掌握数据采集的基本方法，学会如何使用传感器等各类设备进行有效的数据采集，并了解数据传输和处理的基本流程。在此基础上，我们可以将课程标准中的教学要求与本单元的具体内容相结合，逐步细化和分解为更为具体、更具操作性的核心素养目标。在该过程中，教师需要深入剖析每一项教学要求背后所蕴含的对学生素养培养的侧重点，梳理出各个核心素养目标之间的内在联系与区别，确保目标既全面覆盖了学生的素养发展需求，又具有清晰的指向性和层次性。

具体来说，信息意识目标应侧重于学生对物联网概念、组成、工作原理及应用价值的理解和感受。通过本单元的学习，学生能够深刻认识到物联网在现代社会中的广泛应用和重要影响，形成对物联网技术的正确认识和积极态度。计算思维目标则应关注学生对数据采集方法、传感器种类及工作原理的掌握，以及数据采集方案的设计与实施能力。通过实践操作，学生能够熟练运用传感器等设备进行数据采集，并学会运用数据分析工具进行数据处理和分析。数字化学习与创新目标则应强调学生在简易气象站项目实施过程中，对物联网系统构建和数据传输过程的体验，以及运用数字化工具解决实际问题的能力。通过项目式学习，学生能够锻炼自己的创新思维和实践能力，学会运用技术手段解决实际问题。信息社会责任目标则应引导学生认识物联网技术在现实生活中的应用场景和价值，理解其对社会发展和环境保护的意义，并注重物联网技术的伦理和安全问题。

最终，我们可以将单元核心素养目标整理如下，具体内容如表 3.9 所示。

表 3.9 单元学习目标

核心素养	具体内容
信息意识	理解物联网的定义、组成和工作原理，能感受到物联网在生活中的广泛应用价值，认识到物联网技术在气象监测等领域的应用价值及提升气象数据获取、分析和应用效率方面的重要性。

（续表）

核心素养	具体内容
计算思维	掌握数据采集的基本方法，了解传感器的种类、工作原理和应用场景，能够设计并实施简易气象站的数据采集方案。
数字化学习与创新	通过简易气象站项目的实施，体验物联网系统的构建和数据传输过程，能运用数字化工具进行数据采集、处理和分析，学会利用技术手段解决实际问题。
信息社会责任	认识简易气象站在现实生活中的应用场景和价值，理解其对社会发展和环境保护的意义，重视物联网技术的伦理和安全问题，注重数据保护和隐私安全，践行信息社会责任。

（四）确定单元学习主题

在深入研读课程标准和教材、明确核心大概念及单元学习目标之后，即可开启单元学习活动具体规划，而确定单元主题是这一过程的起点。单元主题的确定不仅需要我们明确单元的核心内容、还需要进一步解读单元知识逻辑，并为分课时设计提供操作框架。在确定大单元主题时，通常有四种构建思路：一是按照教材章节的主要内容来设定；二是围绕学科大概念的进阶发展构建；三是通过主题性任务问题链来引导；四是结合学生发展的真实情境或社会需求来创设[①]。值得一提的是，前文所提到的明确大概念的过程，从另一个角度来看，也是凝练单元主题的过程。单元主题就像是一条贯穿始终的主线，它巧妙地将各个分课时以及大任务下面的子任务串联起来，在学习内容、情境和学科核心素养之间发挥着牵线搭桥的关键作用。它能够将看似零散的知识内容整合在一起，使其在一个统一的主题情境下相互关联、协同发展。同时，它也能让学生在具体的情境中更好地培养和提升学科核心素养。

在选择大单元主题时，我们需要从多个重要方面去探寻依据并建立支撑，具体来说，可以遵循以下五个步骤。

第一步，明确教育目标。我们需要基于课程标准、学生发展需求以及学校育人理念来确立整体教育目标。这些目标将指导我们选择单元主题，确保其与整体目标相一致。

第二步，分析学生需求。我们需要了解学生的背景知识、兴趣、学习风格以及他们在特定领域内的已有能力。这些信息可以通过问卷调查、访谈、课堂观察或学生作品分析等方式来收集。基于学生需求的分析，我们可以确保单元主题能够引起学生的兴趣，并符合他们的学习需求。

第三步，选择相关且有意义的主题内容。根据教学目标和学生需求，我们需要选择与之相关且有意义的内容作为单元主题。这些内容应该涵盖学生需要掌握的关键知

---

① 潘新民，张燕.课堂情境中学生深度学习：基本特性与实现路径 [J]. 教育理论与实践，2021，41(19): 60–64.

识和技能，并与现实生活或学生未来职业发展密切相关。

第四步，考虑内容的连贯性和一致性。我们需要确保所选的单元主题与整个课程或教学计划中的其他部分保持连贯性和一致性。这有助于学生在整个学习过程中形成系统的知识体系，并促进他们的深度学习。

第五步，评估资源和可行性。在确定单元主题时，我们还需要考虑可用的教学资源，如教材、多媒体资源、实验设备等和时间安排。要确保所选主题在实际教学中具有可行性，并能够充分利用现有资源来实现教学目标。

下面我们仍以"物联网原理和数据采集"单元为例，依据上述五个步骤选择一个合理的单元学习主题：

随着对气象信息需求的不断增长，我们班级正面临着一个全新的机遇——利用所学信息技术专业知识技能，为校园内气象数据的实时捕捉与记录找到一个切实可行的方案。能否构想一个简易气象站，它不仅能够即时收集数据，还能让我们深入了解校园天气的微妙变化？通过运用物联网数据收集、处理与分析的知识，我们可以构建一个这样的系统，不仅能够实现气象数据的实时监测，还能探索这些数据背后的意义。因此，提出"物联网和智慧生活——搭建校园简易气象站"主题。

上述所提出的单元学习主题，在学习目标方面，该主题契合了课标对"物联网原理和数据采集"单元的要求，同时兼顾了学生将理论知识应用于实践及学校培养学生实践能力的期望。通过搭建简易气象站，可以培养学生数据采集、处理和分析能力，以及团队协作能力等，确保与整体课程目标的一致性。在学生需求方面，考虑到学生对气象现象充满好奇，且已经具备一定的信息技术基础知识和开源硬件搭建能力，但缺乏将所学知识应用于实际项目的经验。因此，我们利用学生对气象数据的兴趣，引导他们将所学知识应用于简易气象站的搭建中，符合学生的学习需求。在选择相关且有意义的内容方面，该主题涵盖了物联网原理、数据采集和处理等多方面的关键知识技能，并与现实生活场景，如气象观测、天气预报等紧密相关。通过搭建简易气象站，学生可以亲身体验物联网数据采集和处理的全过程，加深对物联网原理和数据处理技术的理解，同时也为他们未来的职业发展提供了有益的实践经验。在考虑内容的连贯性和一致性方面，"物联网原理和数据采集"大单元具有内在的逻辑推进顺序。该主题与之前的理论知识相呼应，是知识的深化和应用，也为后续章节"物联网系统与控制反馈"的探索和实践做了铺垫。这有助于学生在整个学习过程中形成系统的知识体系，促进其深度学习及知识的迁移运用。在评估资源和可行性方面，我们考虑到学校具备教材、开源硬件组件及实验设备等教学资源，可以满足简易气象站搭建的硬件要求。同时，通过合理安排教学时间和进度，可以确保该主题在实际教学中具有可行性，并能够充分利用现有资源来实现教学目标。

（五）构建单元问题链

单元的问题链是指在大单元教学中围绕单元主题和目标精心设计的具有层次性、逻辑性和关联性的问题序列。这些问题通过层层递进、环环相扣的方式，将单元内的知识点、概念和技能有机串联起来，形成一个连贯的学习路径。在信息技术教学中，教学活动往往通过一系列任务或问题驱动来推动学生的学习进程，以下是构建单元问题链的详细步骤：

1. 基于单元主题划分任务群

明确单元学习主题后，教师应围绕该主题结合单元学习目标设计单元大任务，这个任务应该具有典型性和意义性，是整个单元学习的核心所在。为了将单元大任务具体化、可操作化，需要将其分解为一系列层次清晰、逻辑紧密的系列学习任务，即子任务序列。这些子任务在主题、目标、内容以及学习方式等方面与单元大任务保持高度关联，共同构成学习任务群。在此学习任务群中，单元大任务发挥统领作用，以其包容性和系统性，引导并支撑着所有子任务的实施。而子任务则紧密围绕大任务展开，具有针对性和连续性，确保学生在学习过程中能够逐步深入、层层递进。

2. 设计驱动性问题

在明确单元主题的基础上，基于单元大任务设计驱动性问题是构建单元问题链的起始环节，被视为开启大单元整体教学过程的"金钥匙"。驱动性问题旨在完成单元大任务，能够引起并维持学习者持久探究兴趣，可以由师生共同参与设计、探究与解决。它相当于是学习任务的动力装置，以"问题"为引擎去驱动学习任务的展开。通过将学习任务置于具体问题之中，学生能够更加直观地感受到学习的目的和意义，从而更加积极主动地参与到学习过程中来。

3. 构建问题链

在确立驱动性问题后，再根据每个子任务设计相应的层级化子问题，形成逻辑连贯的问题链。构建有效的子问题链至关重要。构建过程需以单元主题与情境任务为基础，梳理出学生在此单元中必须解决的一系列核心难题。在确定这些难题时，需要深入分析它们的解决顺序以及相互之间的联系，逐步构建起一个清晰的问题解决逻辑链条，也就是问题链。问题链的构建可以借鉴"问题链"教学法，该教学法基于苏联学者马赫穆托夫的"问题教学"理论[①]。其核心在于通过提出问题、分析问题与解决问题的循环来激发学生的辩证思维能力和创造性思维能力。教师需根据学生的已有知识或经验，针对学生可能产生的困惑，将教材知识转化为层次分明、具有系统性的一连串教学问题。需要注意的是，针对问题链中的每个关键问题，教师需要搭建相关的学习支架，以有效地支持学生开展自主探究活动。

---

① 马赫穆托夫.问题教学[M].王义高，等译.南昌：江西教育出版社，1994.

4.安排单元课时

根据子任务群与问题链的逻辑结构，合理规划课时分配。课时安排要符合单元活动的需求，加强课时的系统性和整体性，以及各个课时之间的联系。通常子任务或子问题数与课时数相匹配，即有多少个子任务就可以划分多少个课时。将每一个单元子任务及每个问题具体落实到课时中，确保教学活动高效有序进行。

下面我们仍以"物联网原理和数据采集"单元为例，在确定单元主题为"物联网和智慧生活——搭建简易气象站"后，可以提出单元驱动性问题"如何利用物联网技术构建简易气象站，实现气象数据的实时采集和监测？"引导学生思考物联网技术在气象监测中的应用场景和价值，激发他们的学习热情和探索欲望。接着，根据这个问题分解出一系列课时子问题，具体如图 3.4 所示。

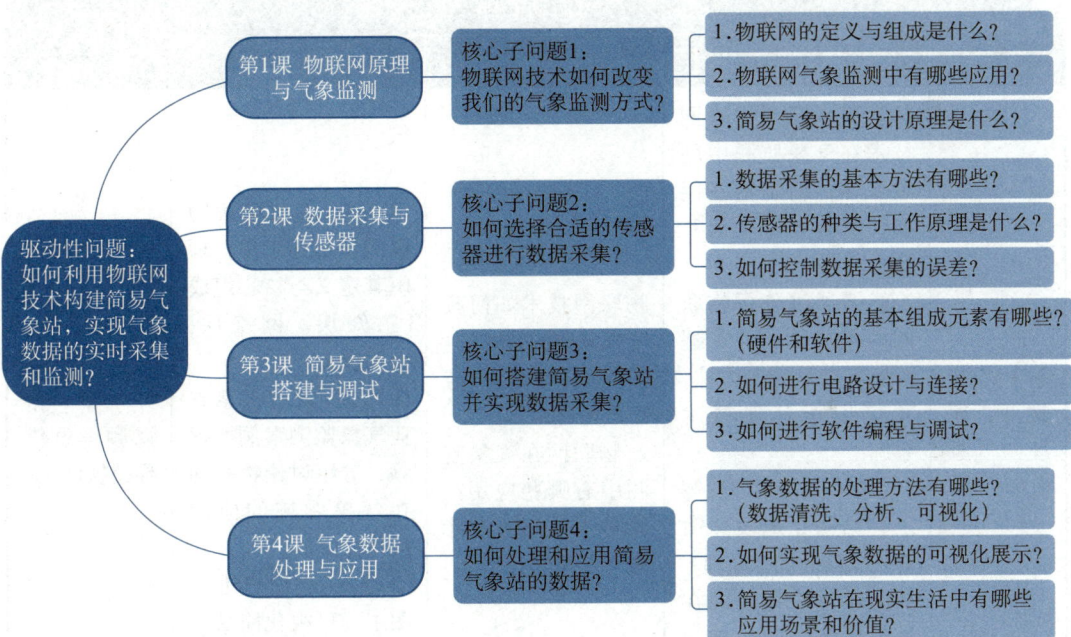

图 3.4　单元问题链与课时的关系

（六）设计课时活动

单元课时活动需以单元为整体来划分教学内容，围绕课时问题链设计具身性学习任务。该过程强调以学生为中心的教学理念，注重知识整合与高阶思维培养。在合理划分好课时后，首要任务是明确课时学习目标。这些目标应基于课程标准、教材分析以及学情分析而制定，确保它们具有明确性、可衡量性和可达成性。课时学习目标应以单元学习目标为出发点，遵循由整体到局部、由宏观到微观的原则，将单元学习目标按照一定的层级顺序，有条不紊地逐步拆解、细化，使其转化为更为具体、更具可操作性的课时学习目标。

确定好课时目标后，再根据每个课时的子问题链来设计课时学习活动。课时学习活动的设计需紧密围绕课时子问题链进行，活动内容应紧扣大单元主题或项目，可以是跨学科的问题或挑战，要求学生综合运用多学科知识来解决问题。这种跨学科的教学设计能够有效促进学生的知识迁移能力。活动内容应具有挑战性、实践性和趣味性，能激发学生的学习兴趣和参与度。同时，教师应为学生提供丰富的学习支架，如教辅资料、网络资源、实物模型等，以支持学生的学习活动。在"物联网原理和数据采集"单元教学设计中，我们可以根据四个课时来设计学习活动，具体内容如表 3.10 所示。

表 3.10　课时活动安排

课时名称	学习活动安排			学习支架
	学习目标	问题链	学习活动	
第 1 课 物联网原理与气象监测	1. 能够认识到物联网技术在气象监测中的重要性，理解物联网如何影响日常生活和社会发展； 2. 能够通过分析物联网的组成结构，掌握分解复杂系统的方法，并应用于其他技术系统； 3. 能够利用思维导图等工具结构化地表达简易气象站的设计原理； 4. 能够讨论物联网在气象监测中的伦理问题，如数据隐私和安全，展现对社会责任的认识。	物联网技术如何改变气象监测方式？ 1. 物联网的定义与组成是什么？ 2. 物联网在气象监测中有哪些应用？简易气象站的设计原理是什么？	活动1：通过阅读物联网技术导学单，理解其定义与核心组成（感知层、网络层、应用层）。 活动2：观看智慧农业气象监测案例微视频，分组讨论物联网在气象领域的应用场景。 活动3：利用思维导图工具可视化简易气象站原理并阐述。	导学单、微视频、思维导图软件
第 2 课 数据采集与传感器	1. 能够理解数据采集在物联网应用中的重要性，认识到准确数据对于决策的重要性； 2. 能够通过实验探究传感器的工作原理，理解信号转换和数据采集过程；	如何选择合适的传感器？ 1. 数据采集的基本方法有哪些？ 2. 传感器的种类与工作原理是什么？	活动1：通过观察传感器实物观察与实验套件，探究温湿度/气压/风速传感器的信号转换原理。 活动2：使用 Arduino 模拟不同环境参数采集，对比数字与模拟传感器的数据差异。	传感器套件、Arduino 开发板、数据采集软件

（续表）

课时名称	学习活动安排			学习支架
	学习目标	问题链	学习活动	
第2课 数据采集与传感器	3. 会使用 Arduino 等开发板进行数据采集实验，并通过调整传感器位置和校准参数来优化数据准确性。	3. 如何控制数据采集的误差？	活动 3：开展"误差挑战赛"，通过调整传感器位置与校准参数优化数据准确性。	传感器套件、Arduino 开发板、数据采集软件
第3课 简易气象站搭建与调试	1. 能够理解气象站搭建和调试的重要性，认识到硬件和软件协同工作在实现数据采集和传输中的关键作用； 2. 能够通过分组合作完成硬件组装和软件编程，并会使用电路仿真软件和 Python 编程实现数据采集和传输功能； 3. 能够思考气象站在环境保护、灾害预警等方面的社会价值，思考如何利用所学知识为社会作出贡献。	如何搭建并实现数据采集？ 1. 气象站的基本组成元素有哪些？ 2. 气象站硬件如何连接？ 3. 如何进行软件编程与调试？	活动 1：分组完成硬件组装，使用电路仿真软件验证传感器—控制器—通信模块连接方案。 活动 2：通过 Python 编写数据采集程序，实现定时存储与无线传输功能。 活动 3：利用调试工具进行压力测试，优化程序逻辑与硬件稳定性。	电路仿真平台、Python 编程环境、调试工具包、无线通信模块
第4课 气象数据处理与应用	1. 能够理解数据处理在气象站应用中的重要性，认识到准确和有效的数据处理对于决策的重要性； 2. 能够通过数据分析工具清洗数据，并能够使用 Tableau/Python 等工具创建可视化图表，并设计气象站应用方案； 3. 学生能够思考气象数据在环境保护、灾害预警等方面的应用价值，并关注数据处理和应用过程中的伦理问题。	如何处理和应用气象数据？ 1. 数据处理方法有哪些？ 2. 如何实现数据可视化？ 3. 气象站有哪些应用价值，如何赋能校园管理？	活动 1：使用 Excel/Python 对采集数据进行清洗，识别异常值并生成分析报告。 活动 2：通过 Tableau/Python 创建动态可视化图表，展示温湿度变化趋势。 活动 3：设计"气象站 +"应用方案（如校园环境预警、植物生长建议等），进行成果路演。	WPS/Excel、Python 可视化工具、数据分析手册、项目路演模板

知之愈明，则行之愈笃；行之愈笃，则知之愈益明。

——朱熹

兴趣是创造一个欢乐和光明的教学环境的主要途径之一。

——夸美纽斯（Comenius）

## 第四章

大单元教学案例集锦

前述章节系统阐释了大单元教学的定义、内涵及设计流程，本章依据《普通高中信息技术课程标准（2017 年版 2020 年修订）》中必修 1 "数据与计算" 模块的内容要求、知识框架及学业标准，结合大单元教学设计范式，对必修 1 模块教学内容进行系统性构建，以期为一线信息技术教师提供教学实践参考。本章将模块内容划分为五个独立的大单元，各单元既具备完整的知识逻辑体系，又共同构成必修 1 模块的整体教学内容。

第一节　数据与信息系统
——气象数据助力构建智慧校园

一、课标内容解读

《普通高中信息技术课程标准（2017 版 2020 年修订）》对本单元的内容要求如下。

（1）在具体感知数据与信息的基础上，描述数据与信息的特征。

（2）在运用数字化工具的学习活动中，理解数据、信息与知识的相互关系，认识数据对人们日常生活的影响。

（3）通过典型的应用案例，了解数据采集、分析和可视化表达的基本方法。

（4）通过搭建小型信息系统的综合活动，体验信息系统的工作过程。[1]

课程标准着重强调从学生的亲身经历出发，引导他们关注生活中丰富多样的数据。本单元着重培养学生借助数字化工具进行数据采集、清洗和分析，并从中提取出有价值信息的能力。在此基础上，通过深入挖掘数据背后的关联与规律，实现从信息到知

---

[1]　中华人民共和国教育部 . 普通高中课程方案（2017 年版 2020 年修订）[M]. 北京：人民教育出版社，2020.

识的转化，进而深刻理解数据、信息与知识之间的相互依存关系和层层递进的逻辑，同时，学生将认识到这些元素如何广泛渗透于日常生活场景，对生产生活产生深远影响。本部分的教学目标旨在提升学生对数据的敏感度，通过案例分析，帮助他们理解数据向信息转化的内在逻辑，并掌握将信息提炼为知识的思维方法。

根据课程标准要求，学生需要在真实问题情境中设计并规划一个信息系统，涵盖从硬件搭建到软件编程的完整流程。通过这样的实践机会，学生能够深入探索信息系统的结构与功能，熟悉各类传感和控制机制，从而提升运用信息系统解决问题的能力。在整个过程中，学生能够亲身体验信息系统从外界采集数据、在内部高效处理数据，直至最终将信息反馈给用户的完整流程。这将有助于他们深入理解信息系统运作闭环机制，为日后学习更复杂的系统奠定坚实基础。

二、单元知识点

根据课标要求，对教材内容进行梳理与重组，确定本单元知识点包括数据与信息、信息系统、基于物联网的信息系统，如图 4.1 所示。

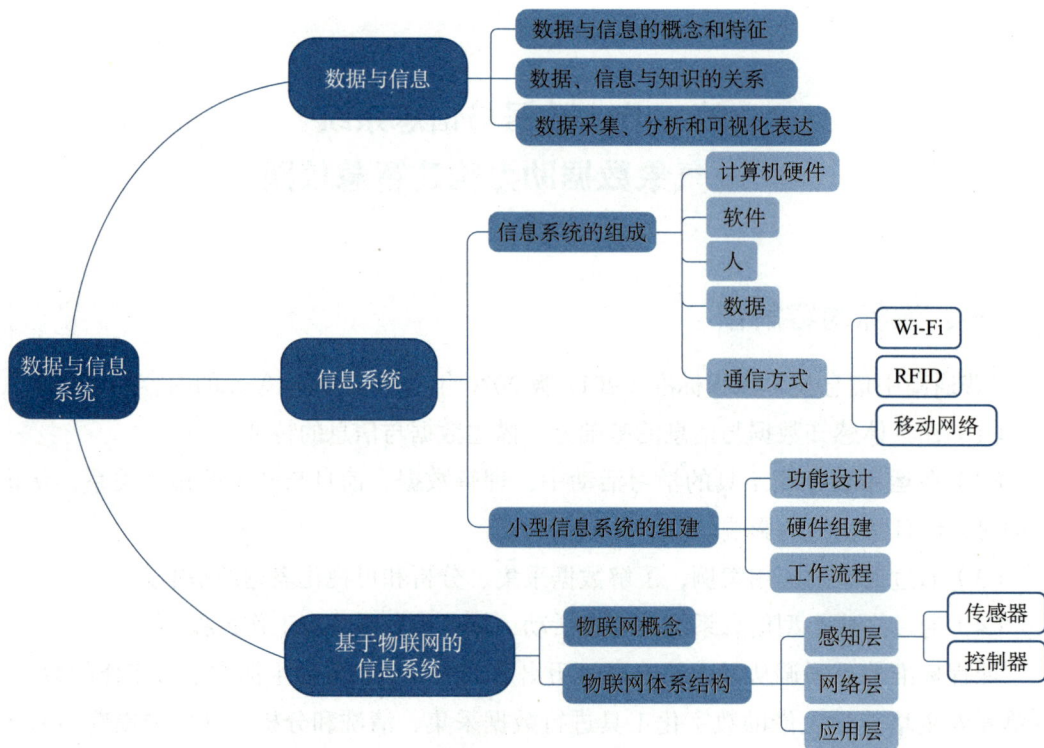

图 4.1　单元知识图

（一）数据与信息

数据是对客观事物的符号表示，在计算机中类型多样，本身没有具体的含义。当经过处理、组织和解释后就变成了信息，知识是在信息的基础上，经过提炼、归纳、总结等过程形成的系统性的认识，它能够指导人们的行为决策。

（二）信息系统

由人、硬件、软件、数据和通信方式构成的人机交互系统，目的是及时、准确地收集、处理、存储、传输和提供信息，以支持组织中的管理、决策、控制和业务操作等活动。开展小型信息系统搭建实践，首先需通过详尽的需求调研与分析，例如采用问卷调查、用户访谈等方法，精确界定系统所需包含的功能模块。随后，借鉴其他信息系统案例，着手进行硬件与软件的筹备与搭建，确保各组件协同运作。

（三）基于物联网的信息系统

利用物联网技术构建的，用于收集、传输、处理和分析来自物理世界的数据，为用户提供智能化服务的信息系统。物联网体系由感知层、网络层和应用层构成：感知层负责信息采集，网络层负责配置、监控与维护网络，应用层则处理数据并为用户提供多样化服务和解决方案。

三、学情分析

（一）学生的知识结构分析

高中生在学习本课之前，已经具备了一定的基础知识。他们在日常中已对数据有所感知，但这些认知零散，尚未系统区分数据与信息。虽为数字原住民，熟悉智能设备基础操作，但应用多限于社交娱乐与碎片化信息获取，办公软件仅停留在初级操作，对基础数据采集工具、可视化分析等的实操仍显生疏，虽接触过信息系统，但仅停留在功能使用层面。因此，需要构建一个分层培养体系，涵盖知识理论教学与实操技能训练，以帮助学生实现从基础认知到系统实践的全面提升。

（二）学生的认知发展水平分析

学生对直观的气象信息拥有出色的辨识力，能够迅速辨认出降雨、台风等气象事件。但在深入理解这些事件背后的成因时，他们往往因为缺乏足够的抽象数据关联分析能力而受阻。这种认知上的差距在知识应用上表现得尤为明显：虽然能够辨识高温预警信号，却难以将气象数据与农田灌溉决策、应对极端天气等实际生活情境有效联系起来，未能构建起"现象辨识—原理分析—问题解决"的完整认知链。尽管在解析气象现象成因和知识应用方面存在不足，但高中生已经具备了一定的逻辑推理和归纳总结能力。在学习如何将数据转化为信息以及理解信息系统运行原理的过程中，可以通过气象数据监测分析、校园气象系统模拟搭建等实例分析和项目实践，帮助他们将抽象的气象原理和数据逻辑转化为具体的认知，从而加深对现象成因的理解。通过这种"理论学习—实操应用—问题解决"的闭环训练，学生能够逐步突破认知瓶颈，实现从现象识别到系统应用的能力提升，最终将气象知识有效应用于实际生活场景。

（三）学生的情感特征分析

中学生情感丰富、好奇心强烈，面对新奇主题往往能快速产生浓厚兴趣，特别是优化校园生活等贴近自身的创意设想，极易点燃他们的尝试热情与参与积极性。当通过努力成功完成任务时，由此获得的成就感会进一步激发其持续学习的内在动力。但他们在面对困难时，如搭建信息系统遭遇错误，情绪波动较大，容易陷入沮丧和焦虑。

值得注意的是，中学生普遍偏好小组合作的学习模式，期望在交流分享中获得同伴的认同与肯定。基于这些特点，若能营造积极向上的学习环境——既鼓励探索创新以延续学习热情，又通过团队协作缓解挫折情绪，同时借助群体认同强化学习动力，将显著提升学习成效。

四、单元教学设计

（一）单元整体设计思路

本单元采用结构化教学设计思路：首先立足"单元大概念"，搭建理论认知框架；继而锚定核心素养培养需求，明确"单元学习目标"；随后确立"单元教学主题"，聚焦主题，将抽象概念转化为真实场景项目，串联"数据→信息→系统→智慧应用"的逻辑链条。设计三个层层递进的"单元驱动问题"，引导学生逐步探究气象数据如何优化校园环境、提升管理效能，最终形成系统性解决方案。为确保教学目标有效达成，将单元内容划分为三个螺旋上升的递进课时：从气象数据基础认知，到数据分析实践操作，再到校园场景创新应用。每个课时匹配相应的"单元核心知识"，保障教学内容连贯性与知识体系完整。全程融入多元评价机制，通过过程性评价与终结性评价相结合，动态监测学习成效，及时优化教学策略，实现"教—学—评"一体化闭环。最终构建从概念引领到实践应用的完整教学逻辑链，如图4.2所示。

（二）单元大概念

（1）现实世界会产生大量的数据，数据的形式和处理方式多种多样并且不断演变，通过分析和应用数据能够得到信息，进而挖掘和实现数据的价值，数据、信息与知识之间存在着相互依赖且逐步递进的关系。

（2）信息系统是融合多种要素，用于处理信息、支撑决策并广泛赋能各领域的关

| 单元大概念 | 1.现实世界会产生大量的数据，数据的形成和处理方式多种多样并且不断演变，通过分析和应用数据能够得到信息，进而挖掘和实现数据的价值，数据、信息与知识之间存在着相互依赖且逐步递进的关系。
2.信息系统是融合多种要素、用于处理信息、支撑决策并广泛赋能各领域的关键体系，随技术迭代不断升级。
3.基于物联网的信息系统，利用传感器等采集多元数据，通过网络通信技术达成设备间的互联互通与数据交互是驱动产业变革的关键支撑。 |

| 单元学习目标 | 1.感受气象数据对人们日常生活的影响，能描述数据与信息的特征，理解数据、信息与知识的之间的相互关系。（信息意识）
2.了解气象数据采集、分析和可视化表达的基本方法，能够采用多种方式对数据进行计算与预测。知道信息系统的组成，能设计基于物联网的智慧校园气象系统。（数字化学习与创新、计算思维）
3.发现气象数据的价值，理解数据保护的意义，自觉遵守信息法律法规。（信息社会责任） |

持续性评价

单元教学主题　气象数据助力构建智慧校园

单元驱动问题
- 气象数据如何服务生活？
- 如何根据气象数据特点选择最优计算方式？
- 气象数据怎样点亮智慧校园？

单元课时划分
- 气象数据的价值——初识数据（1课时）
- 用气象数据说话——认识计算（1课时）
- 建立校园气象系统——基于物联网的信息系统（2课时）

单元核心知识
- 数据与信息的概念特征
- 数据、信息与知识的相互关系
- 数据的分析、处理与可视化表达
- 信息系统的组成
- 信息系统的工作过程

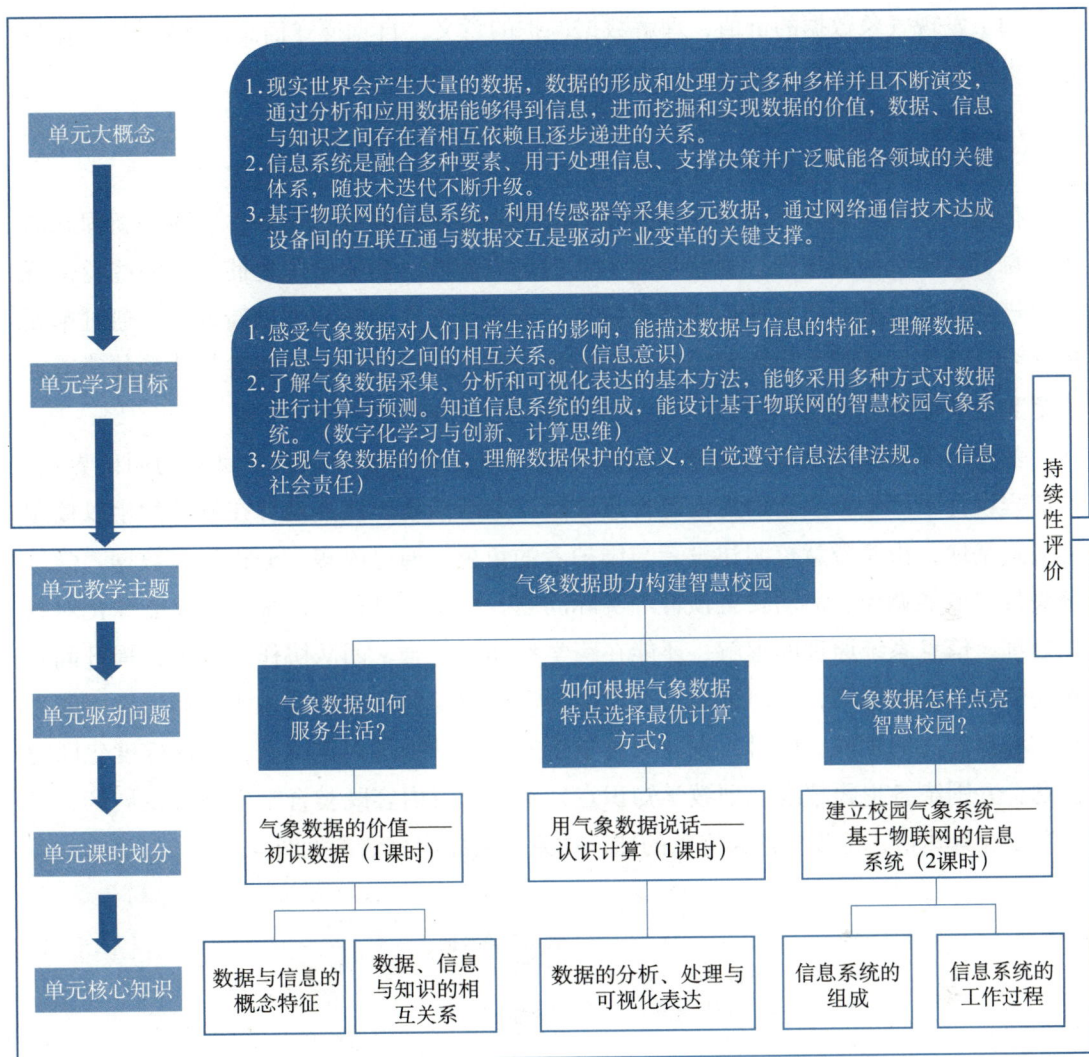

图 4.2　单元整体设计思路

键体系，随技术迭代不断升级。

（3）基于物联网的信息系统，利用传感器等采集多元数据，通过网络通信技术达成设备间的互联互通与数据交互，是驱动产业变革的关键支撑。

（三）单元学习目标

（1）感受气象数据对人们日常生活的影响，能描述数据与信息的特征，理解数据、信息与知识之间的相互关系。（信息意识）

（2）了解气象数据采集、分析和可视化表达的基本方法，能够采用多种方式对数据进行计算与预测。知道信息系统的组成，能设计基于物联网的智慧校园气象系统。（数字化学习与创新、计算思维）

（3）发现气象数据的价值，理解数据保护的意义，自觉遵守信息法律法规。（信息社会责任）

（四）单元主题

在信息技术日新月异的今天，高中校园成为学生探索技术奥秘、实践创新理念的重要舞台。学生们通过细心观察校园生活的点点滴滴，能够敏锐地捕捉到那些亟待技术改进的环节，进而巧妙地运用气象数据，设计出服务于校园的创新方案。通过单元的学习，学生们增强了作为校园主人翁的责任感，为他们负责任地参与社会共建奠定了坚实的基础。

基于对课程标准的深入解读、对单元核心概念的梳理以及教学目标的明确界定，本课程设计了"气象数据助力构建智慧校园"主题活动。该活动旨在鼓励学生以校园为实践基地，扮演智慧校园建设者与维护者的角色，通过收集、分析气象数据，尝试解决校园节能调控、活动安全预警等实际问题。在实践过程中，学生不仅能深化对数据处理、信息系统原理的理解，还能在跨学科知识整合、团队协作攻关中，提升问题解决能力与创新思维，进而推动信息技术与学科教学的深度融合，实现知识应用能力与核心素养协同发展。同时，充分考量学生的认知基础与兴趣特点，设计梯度化课时主题，并围绕各主题精准规划教学知识点，确保学习内容既契合学生最近发展区，又能激发探索热情，逐步构建起完整的知识体系。具体内容请参见图4.3。

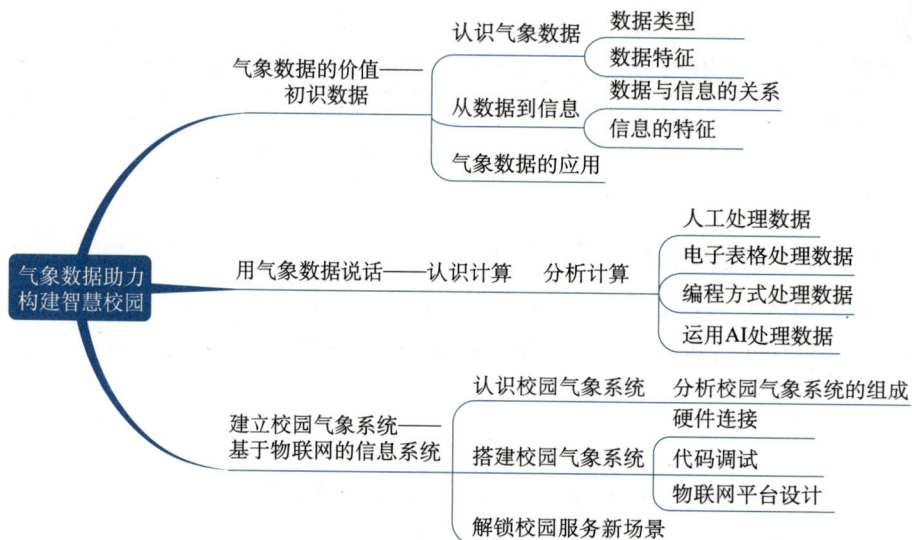

图 4.3　课时主题和知识点

（五）驱动性问题

单元以"气象数据助力构建智慧校园"为核心主题，立足真实校园需求设计递进式活动，引导学生采集和获取多样化的气象数据，运用数字化工具深入分析数据，并通过可视化手段呈现结果，进而深入理解数据的可量化、关联性等本质特征。通过单元驱动性问题"气象数据如何成为智慧校园的'隐形大脑'"，衍生出三个层次分明的课时主题与核心问题，具体如图4.4所示。

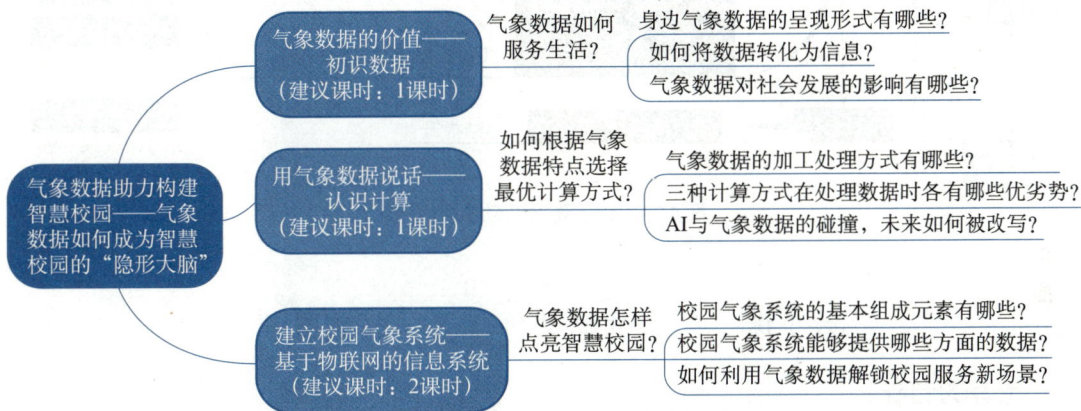

图4.4　"气象数据助力构建智慧校园"问题链

第一课时"气象数据的价值——初识数据"中，探讨的核心问题是"气象数据如何服务生活？"相关的子议题涵盖：身边气象数据的呈现形式有哪些，如何将数据转化为信息，以及气象数据对社会发展的影响有哪些。

第二课时"用气象数据说话——认识计算"的核心问题是"如何根据气象数据特点选择最优计算方式？"相关的子议题包括：气象数据的加工处理方式有哪些，三种计算方式在处理数据时各有哪些优劣势，AI与气象数据的碰撞，未来如何被改写。

第三课时"建立校园气象系统——基于物联网的信息系统"的核心问题是"气象数据怎样点亮智慧校园？"围绕这一主题，相关的子问题涵盖：校园气象系统的基本组成元素有哪些，校园气象系统能够提供哪些方面的数据，以及如何利用气象数据解锁校园服务新场景。

五、课时教学设计

本单元分为三个课时，分别是"气象数据的价值——初识数据""用气象数据说话——认识计算""建立校园气象系统——基于物联网的信息系统"。教学设计严格遵循项目引入—项目分析—项目实施—项目总结四个关键环节。具体教学活动实施框架，如图4.5所示。

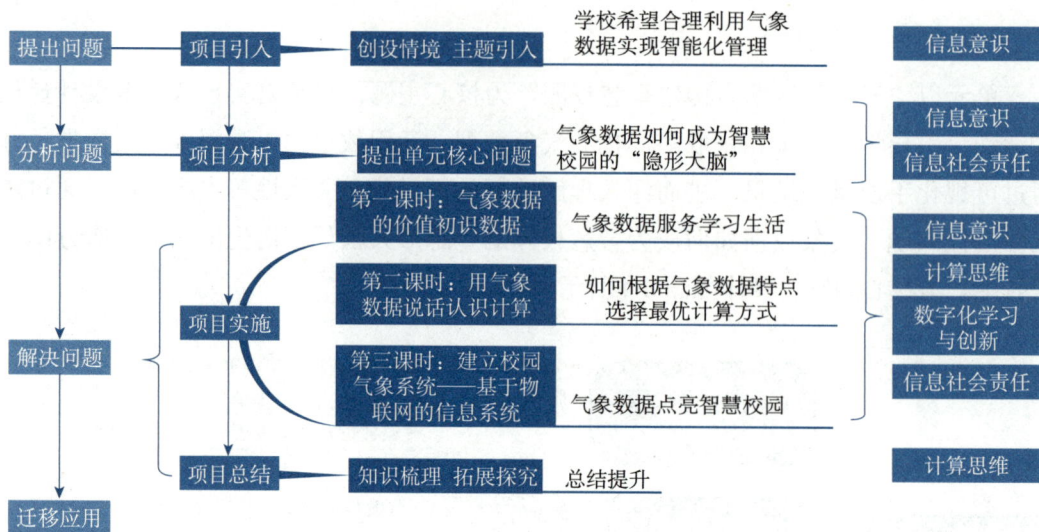

图 4.5　单元教学活动实施框架

第 1 课　气象数据的价值——初识数据

1. 学习目标

（1）关注生活中的气象数据，主动且敏锐地感知其存在及其价值，能够从多样化的数据源准确地获取所需气象信息，并批判性评估这些数据的可靠性和相关性，积极利用气象信息解决实际生活的问题。

（2）能够计算感冒指数，可以将复杂的天气状况抽象为具体的数据指标，通过设计合理的计算步骤（算法），包括数据的选择、公式的运用以及结果的评估，对气象数据进行处理和分析，从而得出具有实际意义的结论（感冒风险程度）。

（3）了解多种数字化工具采集气象数据的方法，能够利用软件工具或平台加工处理数据，在数据分析基础上，探索气象数据背后隐藏的规律和知识。

（4）能够严格遵守法律法规获取和使用气象数据，充分尊重数据的来源和提供者，深刻认识到气象信息对于个人生活、社会发展以及环境保护的重要性，积极将所学气象知识融入日常生活实践。

2. 教学重难点

教学重点：常见的数据类型及其采集方法；数据、信息和知识的相互关系；掌握感冒指数的计算方法及其在生活中的应用价值。

教学难点：理解数据的多种类型；构建感冒指数的计算模型。

3. 教学过程

（1）创设情境，引出项目主题

与日常生活紧密相关的项目能够激发学生积极参与课堂活动，充分调动学生的主观能动性，促进学生的创新思维和深度思考。

探究活动主题：探索气象数据如何赋能智慧校园建设

学校正计划构建一个智慧校园气象站，目的是通过收集气象数据，为师生创造一个舒适的学习环境，并且提升校园管理的效率与智能化水平。请同学们思考，校园气象站通常需要配备哪些设备？这些设备能够收集哪些类型的气象数据？而我们又该如何运用这些数据，以实现校园管理的智能化呢？气象数据主要用于校园的实时监测与预警、优化户外活动安排和环境舒适度管理方面。

气象数据能够实时监测校园内的温度、湿度、风向、降雨量等多种气象参数。当气象条件发生变化时，能够迅速发出预警信息，帮助学校管理部门及时采取措施。借助气象数据，学校能更科学地规划体育活动、集会等室外活动。依据实时的温湿度信息，学校可调节教室设施，优化学习与办公空间的舒适度。此外，通过对土壤湿度和降水量的精确监测，学校能够科学地制定绿化保养和灌溉计划，以提升植物的生长效率，并节约水资源。

设计意图：引导学生从实际需求出发，深入思考气象数据从采集到应用的完整过程，培养学生的问题解决能力，激发他们对科学探究的兴趣，为后续的学习奠定基础。

（2）项目实施，开展探究活动

①激发兴趣，讲解知识。播放一段近期极端天气的视频，引发学生对气象现象的关注和兴趣。接着通过多媒体课件展示的气象数据，如气温、湿度、气压（气压变化与天气状况的关系，例如高压区通常预示晴朗天气，而低压区可能带来阴雨天气）、风速和风向（动态展示风的方向和速度大小，说明其对天气和生活的影响，例如大风天气对出行和户外活动的限制）、降水量等，能够生动地解释这些数据如何影响我们的穿衣搭配、交通出行、户外活动、农业生产、健康状况、能源消费、旅游出游计划以及灾害预防。

教师："我们能否提前采取措施，将极端天气带来的危害降至最低？"引导学生深刻思考气象数据在预测天气变化中的关键作用，旨在点燃学生的学习热情，激发他们探索未知的欲望。接着描述"闷热的夏天，湿度较大且气温较高""寒冷的冬天，伴随着大风降温"等典型天气现象，将抽象的气象数据（如湿度、气温、风速等）与实际的天气信息联系起来，让学生直观感受各种气象数据转变成信息的过程，从而加深对气象数据的理解。

②动手实践，引发思考。将学生分成小组，利用网络气象平台、各种设备仪器（温度计、湿度计、风速风向仪等），以及应用程序，收集当天的气象数据。请同学们认真填写表4.1，在数据采集的过程中，细致观察数据呈现的不同形式，以此深化对数据在个人学习及日常生活中影响力的理解。

教师：巡视各小组，观察学生的操作情况，及时解答学生在数据采集过程中遇到的问题，如网站、仪器或应用程序的使用方法等，确保每个小组都能顺利完成数据采集任务。

学生：采集各种数据，从温度计的刻度读数到卫星云图的动态演变，从风向数据到天气变化的视频呈现，逐渐意识到，数据的形态远不止于简单的数字，它广泛涵盖了文字叙述、图像展示、声音记录及视频呈现等多元化的表现形式。通过对比各种数据的表现形式，理解数据的多维性，为后续的数据处理和分析打下基础。

表 4.1　获取当日气象数据

最高气温	最低气温	湿度	气压	风速、风向	降水量
数据表现形式	数字……				

③实践探究，总结分享。学生在完成探究体验后，教师鼓励他们分享自己的发现，并总结数据与信息之间的区别和联系。

学生1：观察网站上的气象图表，发现气压变化呈现出一种独特的趋势，先是缓慢下降，而后又逐渐回升，这或许与即将到来的天气变化有着紧密的联系。

学生2：使用设备仪器测量数据湿度，发现室内的湿度值在门窗打开后发生了变化，发现教室的通风情况会对室内湿度产生明显的影响。

学生3：发现卫星云图显示城市上空的云层正在逐渐聚集并加厚，结合风向和风速数据，判断未来几小时内可能会出现降雨天气。

教师："刚才收集的数据'气温−3℃，相对湿度77%，东南风3级'，本身说明了什么？它们能直接告诉我们应该如何安排今天的活动吗？"引导学生思考数据与实际生活应用之间的差距。接着提问"当我们说'今天气温较低，建议着厚羽绒服，不宜室外活动'，这就是基于上述气象数据转化而来的信息。信息是对数据进行加工、分析和解释后，赋予了数据意义和价值，使其能够直接指导我们的行动和决策。"通过这个例子，让学生初步理解数据与信息的区别和联系。然后继续提问"天气预报提示明天将有大雪，请行人务必注意保暖和防滑，体弱者建议减少外出。这体现了信息的哪些特征？"

学生：时效性（只对明天的情况有效）、价值性（对市民的出行和安全具有重要指导意义）、共享性（信息可被广泛传播，供多人参考）、载体依附性（信息必须依附于某种载体如文字、声音等才能传递）。

学生结合自身经验发现，经过处理的数据转化为信息，信息再经过提炼和整合，升华为知识。由此对数据、信息和知识的相互关系有了更深刻地理解。

④学以致用，建构知识。在理解了数据和信息之间的区别和联系以后，进一步引导学生思考知识和智慧与它们之间的联系如图4.6所示，并将所学知识应用于解决实际

问题。例如，计算感冒指数，体验如何将气象数据转化为信息，并从这些数据中提炼出对我们有用的知识，进而指导我们的学习和生活。

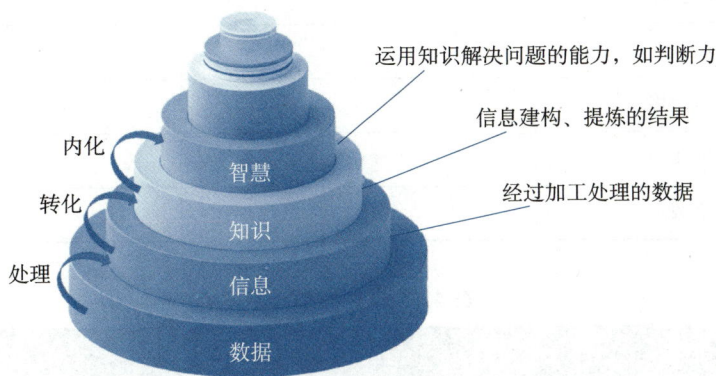

图 4.6 数据、信息、知识和智慧的相互关系

教师：请学生以小组为单位，采集下周任意一天的气象数据，根据表 4.2 中各种气象因素对感冒指数的贡献值和感冒指数计算公式，感冒指数 =24 小时降温幅度（贡献值）+ 气温日较差（贡献值）+ 相对湿度（贡献值）+ 气压（贡献值），计算感冒指数，并把结果填入表 4.3。接着，引导学生将这些数据转化为切实可行的生活指导建议。参考感冒指数的等级划分标准表 4.4，准确判断当天的感冒风险程度，并组织学生探讨在这种特定天气条件下应采取哪些有效的预防感冒措施。

学生：多喝水、注意保暖、适当增减衣物、加强锻炼等。

通过这个过程，让学生体会从气象数据到感冒指数（信息）再到预防感冒知识的转化过程，以及如何运用这些知识指导日常生活，培养学生的知识应用能力和健康生活意识。

教师：组织学生分组探讨如何利用互联网平台，将收集到的气象数据和感冒指数进行实时分享和更新，以帮助更多的人做好预防措施，促进信息的共享与传播，增强社会责任感。

表 4.2 各种气象因素对感冒指数的贡献值

24 小时降温幅度		气温日较差		相对湿度		气压	
数值 /℃	贡献值	数值 /℃	贡献值	数值 /%	贡献值	数值 /hPa	贡献值
<4	0	≤ 7.9	0	>50	0	<1030	0
4～7	5	8～9.9	5	30～50	3	≥ 1030	10
8～10	20	10～12.9	10	<30	6		
>10	30	≥ 13	15				

表4.3　计算下周感冒指数

	数值	贡献值
24小时降温幅度		
气温日较差		
该日相对湿度		
该日气压		
感冒指数		

表4.4　感冒指数等级

等级	指数范围	含义
1级	≤ 6	少发
2级	7～19	较易发
3级	20～30	易发
4级	≥ 31	极易发

⑤培养思维，迁移应用。引导学生进一步思考气象数据在农业、交通等领域的应用，拓宽视野，理解科学数据对社会发展的深远影响，激发学生持续探究的热情。

教师："同学们，我们今天收集了各种气象数据，那大家思考一下，这些数据在农业生产中会有怎样的应用呢？例如气温、降水等因素的变化，会对农作物产生什么样的影响？在交通方面又有什么作用呢？"

学生1："持续低温可能导致农作物遭受冻害，从而影响收成。降雪量的影响亦不可小觑，适量的积雪犹如温暖的棉被，为越冬作物提供庇护；但降雪过量则可能成为农业设施的负担，甚至当厚重的积雪迅速消融时，还可能诱发洪水灾害。"

学生2："冬季的光照时长和强度也会影响作物生长。强风可能会使农作物倒伏，造成机械损伤，而且大风还会加速土壤水分的蒸发，不利于农作物在冬季保持良好的生长状态。"

学生3："在交通方面，像大雾天气，气象数据能提示司机能见度低，开车要减速慢行，防止发生交通事故。下雨天道路湿滑，也能提前预警，提醒驾驶员注意行车安全。"

气象数据在农业生产中助力农民精准选择耕种时机，从而提升作物产量；在交通领域，它则是驾驶员做出明智决策的得力助手；而在能源领域，气象数据更是确定风力发电和太阳能光伏板布局的关键依据。

设计意图：通过项目的实施，学生能够发现数据的多样化表现形式以及与信息、知识之间的联系，能认识到数据、信息和知识是对客观事物感知的三个不同阶段。同时，通过计算感冒指数，学生能够体验数据转化为知识，指导我们生产生活的作用，加深了学生对数据价值的认识。最后引导学生思考气象数据在各行各业的应用，培养其跨学科思维和解决实际问题的能力，进一步激发他们对科学探究的兴趣。本部分设计意图在于将知识构建、技能提升以及思维能力的发展，自然而然地融入任务完成的过程中。

（3）课时拓展延伸

要求学生继续搜集未来一周的气象数据，运用所学知识计算每日感冒指数，并结合家庭成员（儿童、父母、老人）的健康状况，制定详尽的家庭健康防护方案，涵盖饮食调整、作息安排、出行建议及衣物增减等方面，最终以书面报告形式提交。推荐相关学习资源与拓展活动，诸如气象科普书籍等，以及 MOOC 平台上的气象学在线课程，鼓励学生课后深入学习，拓宽气象知识视野。

设计意图：通过这个作业，进一步巩固学生所学知识和技能，培养学生的实践应用能力和家庭责任感，以及自主学习兴趣和科学探索精神，提升学生的综合素养和实践能力，为学生的未来发展奠定坚实的基础。

（4）课时评价

①课前呈现评价方案。在课程开始前，教师制定评价量规表 4.5 并向学生详细介绍评价方案，包括评价目标、内容、方式及各项评价指标所占权重，让学生清楚了解学习要求与努力方向，引导学生积极参与评价过程。

②课中及时评价反馈。在课堂教学过程中，教师依据既定的评价准则，实时观察并记录学生的学习表现。每当完成一个教学环节，如数据收集活动，教师会立即提供简洁且中肯的反馈，既肯定学生的优点，也提出改进建议；在小组讨论之后，教师会组织小组互评，以促进学生之间的交流与反思。

③课后收集记录评价。课后，教师及时整理课堂观察记录、收集学生档案袋资料、批改作业作品，随后，将评价结果细致地录入电子表格中，进行深入的数据分析，以便全面把握学生的学习状况，同时精准识别个体差异根据评估结果，我们会定期制作个性化的评价报告。报告以鼓励性语言为主，明确地指出学生的优点和需要改进的地方，并提供详尽的学习指导，为学生规划一条明确的后续学习路径。

设计意图：通过构建多维度的评价体系，引导学生梳理学习内容及其收获，回顾本节课所学知识，反思学习过程中的不足，确保学生不仅能够掌握知识，而且能够在实际生活中灵活运用，培养他们自我反思和持续学习的习惯。

表4.5　课时评价

评价项目	评价指标			自评
	优秀（5分）	良好（3分）	仍需努力（2分）	
1. 你能否采用多种方式获取气象数据，并判断来源的可靠性和内容的准确性	没有问题	单一渠道	操作困难	
2. 你是否能理解数据和信息的概念和特征	全部理解	部分理解	不能理解	
3. 你是否能利用公式计算感冒指数，准确填写表格	全部正确	部分正确	填写困难	
4. 能够结合气象数据和知识提出气象数据在多个行业的应用思路	没有问题	能自主分析	分析困难	
5. 积极参与课堂讨论，提出至少一个与气象数据相关的问题或观点，能够认真倾听他人意见，积极贡献自己的想法	热情较高	不太积极	较少参与	
评价本节课你的表现				
总结本节课你的收获				
提出你的问题和困惑				

（5）课堂总结

通过本课时的学习，同学们初步认识了气象数据呈现的多样性，大家还亲身体验了收集气象数据的过程，培养了多渠道获取数据的能力。同时，借助感冒指数的计算，明白了如何把原始数据，依据公式转换为对日常生活具有指导意义的信息，进而内化为实用知识，真切领悟到数据与信息、知识间的转化逻辑。此外，还深入探讨了气象数据在各行各业中的广泛应用，使大家深刻认识到数据在跨领域场景中所发挥的强大推动作用。

期望同学们在课后能够主动地将所学知识灵活地运用到实际生活中，以数据思维敏锐地捕捉校园中的各类信息。例如，可以利用天气数据为校园活动的安排提供科学建议，或是积极参与校园环境监测数据的收集与分析工作，共同为构建智慧校园贡献自己的力量。通过这样的实践，不断提升自身的数据素养与综合能力。

第 2 课　用气象数据说话——认识计算

1. 学习目标

（1）通过人工计算、Excel 表格计算和 Python 编程计算气象数据，学会分析问题、拆解问题，将气象数据处理问题转化为可计算的步骤，掌握不同计算方式的优缺点，根据实际情况选择合适的计算方法。

（2）利用 Excel 软件和 Python 编程工具进行气象数据处理，自主探索数字化工具的功能，尝试运用新方法解决数据处理问题。

（3）深刻认识到 AI 与气象数据融合对社会生产生活的影响，洞悉技术变革的核心价值，并积极思考在数据应用于实际场景时所应承担的责任与义务。

2. 教学重难点

教学重点：掌握人工计算、Excel 表格计算和 Python 编程计算气象数据的方法。理解不同计算方式在处理气象数据时的优缺点及适用场景，认识计算在其中的关键作用。

教学难点：运用 Python 编程实现气象数据的计算与分析，理解编程中的逻辑思维和代码实现。引导学生从数据处理的角度深入理解计算的本质，并能将其应用到其他领域的数据处理中。

3. 教学过程

（1）项目实施，开展探究活动

①回顾所学，引发思考。回顾上节课所学的知识点，接着利用学生熟悉的软件启动新的学习环节，引导学生思考这些软件是如何进行数据的收集、处理以及分析的。让学生意识到，这些软件背后所隐藏的是传感器对数据的获取以及对复杂数据处理流程的运用。

教师提示："回顾上一节课，我们已掌握了气象数据的收集方法，并通过计算感冒指数的实践，亲身体验了数据如何一步步转化为有价值的信息。实际上，生活中各类信息系统所呈现的内容，往往都是数据经过计算的结果。例如，大家平时是否使用微信或 QQ 的运动计步功能呢？"展示微信和 QQ 的运动计步界面，以及好友间每日数据的比较。"我们每天的步数数据在这里被记录，并且可以与好友进行比较。那么，你们是否曾经好奇，这些软件是如何精确地捕捉我们的数据，以及如何得出数据比较结果的？其实，天气预报数据的处理逻辑与之相似——从遍布全球的观测站采集原始数据，到生成我们看到的温度曲线图，同样需要经过数值计算和可视化等环节。今天，我们就以真实天气预报数据为样本，拆解数据处理背后的计算逻辑。"

学生：好奇并思考软件采集和处理数据的方式，对接下来探索气象数据处理产生兴趣。

②自主发现，动手计算。基于课前收集的烟台与乌鲁木齐一个月内每日的气温、湿度、气压等气象数据，引导学生尝试亲自动手，使用纸笔进行计算。通过实际操作，让学生体会人工计算的繁琐与易错性，进而理解引入计算工具的必要性。

教师：展示烟台与乌鲁木齐一个月的气象数据。"现在，我们先来尝试手工计算两地的每日温差、最高湿度、最低气压。大家想想，该怎么计算呢？"巡视学生计算过程，给予指导。

学生：思考并回答计算方法，即每日温差是当日的最高气温与最低气温之差，而最高湿度和最低气压则是通过对比具体数值，分别找出湿度的最大值和气压的最小值。

教师："请同学们分享一下每日温差、最高湿度、最低气压的计算结果和过程。接着，请谈谈你们对人工计算方式的看法，以及在计算过程中遇到的困难。最后，通过手工计算这些数据，我们能否归纳出烟台和乌鲁木齐在气温、湿度、气压方面的大致差异？"

学生1："烟台的日温差通常不大，湿度较高，有时甚至超过80%，而气压相对较高。乌鲁木齐的温差普遍较大，早晚温差尤为显著，但湿度普遍较低，最高湿度很少超过60%，气压则相对较低。"

学生2："尽管手工计算所需工具相对简单，但实际操作却既耗时又费力，且容易出错，尤其在处理大量数据时，这一问题更加突出。"

学生3："烟台气候温和湿润，乌鲁木齐则干燥多变。"

③合作探究，突破难点。考虑到人工计算气象数据存在烦琐且易出错的问题，教师引入了Excel表格软件。教师演示如何使用公式计算平均气温，并强调函数使用和参数设置的重要性，然后指导学生进行操作。学生利用Excel中的AVERAGE函数计算了平均气温，使用MAX函数和MIN函数分别计算了最高湿度和最低气压。操作结束后，教师让学生比较手工计算和软件计算的差异，学生们意识到，计算机不仅能显著提升计算效率、减少错误，还能更高效地处理复杂的气象数据，这为他们深入学习数据处理和分析技术奠定了坚实的基础。

教师："接下来，我们将利用Excel表格对烟台和乌鲁木齐过去半年的气象数据进行分析，以探讨两地的气候变化情况。老师为同学们布置了微课任务，请大家以小组合作的形式进行探究：如何运用公式计算每日的温差、平均气温、最高湿度以及最低气压。请同学们动手实践，积极操作，遇到问题时可随时提问。"

学生：仔细观看微课演示，动手操作，尝试使用Excel计算各项数值，逐渐掌握公式的应用。通过对比手工计算与Excel计算的结果，深刻体会工具的高效与精准。

教师：引导学生探索高效展示数据趋势的方法，以清晰呈现烟台与乌鲁木齐的气候特征。在学生充分讨论并提出各自见解后，教师巧妙地启发他们认识到，可视化图表是呈现数据变化的有效途径。

学生1："我认为可以将所有数据详细列出，并对比两地数值的差异，这样能够直观地展现出两地气候的独特特点。"

学生2："我觉得使用折线图来展示数据是较为合适的。折线图能够清晰呈现数据随时间变化的趋势，例如温度和降水量的月度波动。通过这种方式，可以直观地比较两地气候的差异。"

学生3："除了折线图，我认为柱状图同样不失为一种优秀的数据展示方式。通过柱状图，可以直观地对比两地同一时间点的温度或降水量，从而更清晰地揭示它们之间的差异。此外，柱状图的可视化呈现具有更强的直观性与易读性。"

教师："图表能直观展示数据变化趋势和规律，帮助我们快速识别两地气候特征的异同。与单纯数据相比，图表更有助于我们深入理解数据的含义。接着我来演示如何选取关键数据，并通过插入折线图来比较两地的平均气温、日温差、最高湿度、最低气压等重要指标。然后请大家思考：使用 Excel 处理数据相较于手工计算，有哪些优势？"

学生："Excel 不仅能够迅速且精确地将复杂的气候数据转化为易于理解和分析的形式，还能直观地展示数据趋势，帮助我们更深入地理解气候特征。相比之下，手工计算难以达到这种全面分析的效果。"

④实践体验，初识算法。由于传统方法在处理复杂且大量气象数据时存在局限性，因此引入 Python 编程语言以提升数据处理能力。教学中教师先展示一段读取气象数据并计算平均气温的 Python 代码。由于学生编程基础较为薄弱，可能存在理解上的困难，因此采用任务驱动法引导学生运行代码，并通过代码中的注释语句帮助他们理解文件读取、数据分割以及均值计算等关键步骤。随后，学生们对代码进行创新性修改以探索更多的可能性。教师则在一旁提供细致的指导，协助他们解决技术上的难题。总结阶段，学生通过汇报对比 Python 与传统软件的数据处理差异，认识到 Python 在复杂任务中的高效灵活，理解编程基础对于提升工作效率的重要性。

教师："Excel 虽然很方便，但在处理更复杂的数据或自动化任务时，Python 编程能发挥更大作用。老师先给大家展示一段 Python 代码，它可以读取气象数据文件，计算我们所需的数据，并生成图表。"

```
import matplotlib.pyplot as plt
import pandas as pd
python
# 读取气象数据文件，假设文件格式为 csv，第一行为表头
data = pd.read_csv('weather_data.csv')
# 分别获取烟台和乌鲁木齐的数据
yantai_data = data[data['城市'] == '烟台']
```

```
urumqi_data = data[data['城市'] == '乌鲁木齐']
# 计算烟台的每日温差
yantai_data['每日温差'] = yantai_data['最高气温'] - yantai_data['最低气温']
# 计算乌鲁木齐的每日温差
urumqi_data['每日温差'] = urumqi_data['最高气温'] - urumqi_data['最低气温']
# 计算平均气温
yantai_avg_temp = yantai_data['平均气温'].mean()
urumqi_avg_temp = urumqi_data['平均气温'].mean()
# 计算最高湿度
yantai_max_humidity = yantai_data['湿度'].max()
urumqi_max_humidity = urumqi_data['湿度'].max()
# 计算最低气压
yantai_min_pressure = yantai_data['气压'].min()
urumqi_min_pressure = urumqi_data['气压'].min()
# 绘制平均气温对比图
plt.figure(figsize=(10, 6))
cities = ['烟台', '乌鲁木齐']
avg_temperatures = [yantai_avg_temp, urumqi_avg_temp]
plt.bar(cities, avg_temperatures)
plt.xlabel('城市')
plt.ylabel('平均气温')
plt.title('烟台与乌鲁木齐平均气温对比')
plt.show()
# 绘制每日温差对比图
yantai_avg_diff = yantai_data['每日温差'].mean()
urumqi_avg_diff = urumqi_data['每日温差'].mean()
avg_diffs = [yantai_avg_diff, urumqi_avg_diff]
plt.figure(figsize=(10, 6))
plt.bar(cities, avg_diffs)
plt.xlabel('城市')
plt.ylabel('平均每日温差')
plt.title('烟台与乌鲁木齐平均每日温差对比')
plt.show()
```

学生：尝试理解代码逻辑，部分学生提出问题，教师进行解答。

教师："现在，请大家亲自在 Python 环境中运行这段代码，以验证其正确性。如果你希望分析其他气象数据，可以尝试修改代码。如遇到问题，建议同学们相互讨论，共同进步。接下来，我将邀请几位同学分享他们在修改代码后的计算结果、遇到的问题以及相应的解决方案。"

学生 1："运行原始代码后，我获得了烟台和乌鲁木齐的气温对比图。烟台全年平均气温约 12.6℃，乌鲁木齐全年平均气温约 6.6℃。烟台日温差约 5℃，乌鲁木齐日温差约 12℃。我绘制了两市最高和最低气温的平均值对比图。最初，图表中柱状图重叠，不易区分。通过调整柱状图位置（使用列表推导式调整 x 坐标），成功并排显示平均最高和最低气温柱状图，解决了重叠问题。"

学生 2："运行原始代码后，我顺利生成了两座城市的平均气温与温差对比图。图示清晰地显示出，乌鲁木齐的温差显著大于烟台，这一结果与两地独特的气候特点不谋而合。我还尝试了湿度和气压数据的可视化，绘制了平均湿度和气压对比图。在处理这些数据时，我面临了数据缺失或异常的问题，这影响了平均值的计算。为解决此问题，我使用了 dropna() 方法处理缺失值，这次经历加深了我对数据处理和清洗的理解。"

教师："通过编写和调试代码，我们不仅掌握了如何利用数据可视化技术直观地呈现分析结果，还加深了对数据处理过程的理解。现在，大家能否分享一下，使用 Python 编程处理气象数据与刚才使用 Excel 相比，有哪些显著的区别呢？"

学生："Python 具有更强的灵活性和扩展性，能够处理更复杂的数据分析和可视化任务，同时，它支持多样的数据格式，并能实现自动化处理，从而显著提升了数据处理的效率和准确性。然而，Python 代码的编写相对复杂，要求使用者具备一定的编程基础。"

⑤总结对比，权衡利弊。教师指导学生分析人工计算、Excel 表格和 Python 编程在处理气象数据方面的差异。学生们分组讨论了每种方法的优劣和适用场景。教师在讨论过程中给予指导。讨论结束后，各组学生分享了自己的见解，教师随后进行了总结。

教师："我们分别体验了人工计算、Excel 表格计算和 Python 编程计算气象数据的方法，并深入分析了两个地区的气候差异。请大家小组讨论一下，这三种计算方式各自有哪些优缺点，以及在何种情况下适合采用哪种计算方式？"教师巡视各小组，参与讨论并给予引导。

学生：分组讨论后，每组派代表发言，总结三种计算方式的优缺点及适用场景。

学生1："人工计算无须设备支持，灵活便捷，适用于简单的日常计算场景。然而，其缺点是计算速度慢，易出错，尤其在数据量大时，几乎成为灾难。因此，人工计算仅适用于处理基础且数据量小的计算任务。"

学生2："Excel 表格计算非常方便，界面友好且操作简单，易于上手。它提供了许多内置函数和工具，便于快速数据处理和分析。但处理大量数据或进行复杂计算时，Excel 性能可能受限，甚至出现卡顿或崩溃。因此，Excel 更适合处理中等规模数据和常规分析。"

学生3："Python 编程在数据计算方面非常强大，擅长处理复杂任务，且拥有丰富的高效库资源。它开源且社区活跃，但需要一定的编程基础。因此，Python 适合大规模和复杂的数据分析。"

教师："人工计算适用于简单、少量数据的初步分析，但效率低、易出错；Excel 适用于一般的数据处理与分析，操作简单，能快速生成图表辅助分析，适合非专业人员进行常规数据分析；Python 非常适合处理海量且复杂的数据，能够高效地实现自动化任务，并进行专业化的数据分析，但需要一定编程知识，适合专业的数据处理与分析场景。在实际生活和工作中，我们要根据具体的需求和情况，选择合适的计算方式。"

设计意图：本课从学生熟悉的软件应用功能入手，旨在激发他们的好奇心，并为后续学习打下基础。接着以烟台与乌鲁木齐的气象数据对比分析为起点，引导学生从手工计算逐步过渡到软件计算，最终实现编程计算。这一过程不仅让学生深入理解了数据处理、分析和计算的核心原理，还使他们掌握了各种计算工具的特性，并学会了根据具体需求选择合适的工具，从而提高了他们的综合应用能力。

（2）课时拓展延伸

AI 与气象数据的融合正从根本上改变人类应对自然灾害和能源转型的方式。在灾害预警革新中，韩国气象厅开发的"Alpha Weather"系统利用 Transformer 分析雷达数据，38 ～ 42 秒生成 6 小时降水预报，预警精度为 80% ～ 90%；谷歌 MetNet 通过卫星云图实现 1 公里分辨率降水概率预测，在美国山洪测试中提前 32 分钟警报，实现零伤亡；日本于 2025 年启动 AI 气象预测系统，旨在提升台风路径等预报精度。气象 AI 将向全息化（空天地海一体观测）、自主化（自适应优化预测模型）、普惠化（全球覆盖的公共气象服务）方向演进。课后，请学生们围绕如何构建一个功能完善的校园智慧气象站展开讨论，包括硬件选择、数据收集方式、获取数据类型、数据分析等要素。鼓励学生积极提出创新性的方案。

（3）课时评价

①课前呈现评价方案。展示评价量规，并详尽地向学生阐释本节课在信息意识、计算思维、数字化学习与创新以及信息社会责任这四个核心维度上的具体评价标准。例如，在计算思维方面，明确指出能理解不同计算方式优缺点并能正确选择的具体表现等。让学生了解学习目标和方向，清楚自己在课堂学习过程中需要努力的方向。

②课中及时评价反馈。在教学中，密切监控学生的课堂表现，如回答问题的积极度、小组讨论的活跃度和动手操作的主动性。对表现积极且回答质量高的学生给予及时的赞扬，同时，对讨论不够积极的学生，耐心询问其原因并给予热情的鼓励，促使其积极参与。观察学生计算方法和操作技能，对出错的学生提供指导。每个环节后都让学生自我反思并依据评价量规思考表现。小组讨论时，组织互评，评价成员表现，如发表观点的积极性、倾听态度和建议的建设性。

③课后收集记录评价。通过仔细审视学生完成课堂任务的具体表现，全面评估他们对课程知识的掌握程度以及在实际应用中的能力表现。对于表现优异的学生，给予表扬；对于出现错误的学生，则指出其问题并要求其进行改正。课后，学生应填写课时评价表（表 4.6），总结学习过程中的收获与不足。教师依据课堂表现、任务完成情况以及学生的自我评价，对学生进行全面评价。

设计意图：通过构建一个全面、系统的评价体系，对学生在知识掌握、技能运用和态度表现等方面进行全面的评估。评价过程不仅关注结果，更重视学习过程中的表现和成长，旨在激发学生的内在动机，引导他们自我反思和自我调整。通过多元化的评价方式，如自我评价、同伴评价、教师评价等，可以提供更全面的反馈信息，帮助学生从不同角度认识自己的优势和不足，从而制定更有效的学习策略。

表 4.6　课时评价

评价项目	评价指标			自评
	优秀（5分）	良好（3分）	仍需努力（2分）	
1. 你能否手工计算出所需数据	全部可以	部分可以	非常困难	
2. 你能否在 Excel 中利用公式计算出所需数据	全部可以	部分可以	非常困难	
3. 你是否能根据需要绘制图表	绘制组合图表	绘制单一图表	不能绘制图表	
4. 你是否完全理解 Python 代码	完全理解	部分理解	根本不理解	
5. 你能否根据需要修改 Python 代码使其顺利运行	没有问题	有一些问题	没有思路	
6. 你能否根据需要灵活选择三种计算方式	没有问题	部分可以	非常困难	
评价本节课你的表现				
总结本节课你的收获				
提出你的问题和困惑				

（4）课堂总结

今天我们通过分析烟台与乌鲁木齐的气象数据，深入探讨了两地的气候差异。起初，我们采用手工计算，虽然过程烦琐、效率较低，但这一过程帮助我们直观认识数据处理的基础流程，为后续使用工具与编程方法进行复杂运算奠定了认知基础；随后，利用 Excel 表格，我们高效地完成了数据的计算和图表的生成，直观地展示了两地气候的差异；接着，借助 Python 编程，我们实现了更为强大的数据处理和自动化任务。通过学习与实践这三种计算方法，我们深入理解了它们各自的优势与不足，并认识到在实际应用中应根据具体情况灵活选择最适合的方法。同时，我们的视野也得到了拓宽，了解到计算技术在其他领域的广泛应用。请大家在课后填写课时评价表，总结本节课的收获与需要改进的地方。下节课，我们将基于今天所学的内容，进一步探索如何构建校园气象系统。

第3课　建立校园气象系统——基于物联网的信息系统

1. 学习目标

（1）关注校园气象系统中的气象数据，理解这些数据在智慧校园建设中各个环节的关键作用。

（2）通过分析校园气象系统的工作流程，掌握问题分解、抽象和算法设计等方法，学会将复杂的气象数据处理流程简化为具体步骤，并能运用计算思维优化数据处理流程。

（3）通过编程代码实现物联网硬件与软件之间的无缝协作，从而成功构建校园气象系统。

（4）了解校园气象系统采集和传播的气象信息对校园生活和教学秩序的重要影响，树立对信息真实性和准确性负责的意识。

2. 教学重难点

教学重点：校园气象系统的组成结构和工作原理。校园气象系统与智慧校园建设的融合点。

教学难点：理解气象传感器的工作原理以及气象数据的传输和处理机制。

3. 教学过程

（1）项目实施，开展探究活动

①视频导入，引发思考。通过一段生动的智慧校园展示视频，引导学生思考信息技术在其中的关键应用，以及气象系统与智慧校园的紧密关联。鼓励学生发挥想象，设计心目中的校园气象系统，并由此构想智慧校园图景。这将有效激发学生的创新思维，促使其对信息技术与校园建设融合的深度思考。

教师：播放一段智慧校园的视频，引导学生细致观察视频中的每一个细节（例如，智能教室能够依据当前环境自动调整光线和温度，自动化图书馆借还系统如何简化借书与还书流程，以及人脸识别门禁系统如何提高校园安全性和便捷性）。透过这些栩栩如生的画面，智慧校园的便捷与高效一览无余。接下来请学生思考："智慧校园背后依托哪些关键技术支撑？能否举例说明？"

学生："人工智能技术，例如人脸识别门禁系统，就运用了这项技术。此外，物联网也使得校园内的各种设备仿佛实现了互联互通。"

教师："说的好，物联网和人工智能确实是核心要素。那么，气象系统在智慧校园中究竟能发挥怎样的作用呢？我们可以结合日常生活中天气对校园活动的影响来进行深入思考。"

学生1："掌握天气状况，即可预先规划户外活动，及时采取防风防雨措施，保护校园设施，从而降低维修成本。"

学生2："它还能优化校园绿化灌溉，依据气象数据智能调整灌溉时间与水量，有效避免水资源浪费，确保植物茁壮成长。"

学生3："它能根据天气状况自动调节空调温度，依据日照强度智能调控灯光亮度，从而减少电力浪费，实现能源的有效节约。"

教师："的确，气象系统在智慧校园中扮演着至关重要的角色，它能够为我们的校园生活提供大量有价值的信息。接下来，请大家展开想象，设计出你们心目中的校园气象系统，并思考如何利用它来推动智慧校园的建设。请在小组内展开讨论，可以从功能、应用场景等多个角度进行构思。"

学生1："我们希望设计一个校园气象系统，用于收集湿度和降雨数据，从而实现对校园植物的自动灌溉。该系统通过监测湿度和降雨量数据来控制灌溉设备。当空气湿度低于预设阈值且降雨量不足时，系统将自动启动灌溉喷头；而当湿度和降雨量达到设定标准时，喷头将自动关闭。"

学生2："我们打算设计一个校园气象系统，可以收集温湿度、二氧化碳浓度数据，从而实现校园的智能通风调控。当教室温度过高、湿度失衡或二氧化碳浓度超出安全范围时，系统会自动启动通风设备，比如打开窗户、驱动排风扇等，从而有效改善室内空气质量，提升师生的舒适度。"

教师："这些创意都非常出色！它们充分考虑了校园内师生的学习环境健康，通过利用气象系统和相关传感器数据来确保室内环境的质量，进一步彰显了智慧校园以人为本的核心理念。接下来，我将深入剖析相关原理知识，助力你们进一步完善和优化设计方案。通过深入学习气象学原理和传感器技术，你们将掌握如何更精准地收集和处理环境数据的方法，确保系统设计的实用性。"

②讲解原理，明确目标。播放视频讲解气象系统的组成、工作原理以及在智慧校园中的应用，让学生对气象系统有全面的理论认知。从而明确构建系统的具体目标，激发团队合作精神。通过学习，学生们将理解气象数据的采集、处理和反馈机制，掌握传感器与系统的联动原理，从而在设计时注重数据精准性和系统稳定性，确保方案既高效又经济。

教师：播放视频。"气象系统展现为一个庞大且复杂的体系，它主要由观测系统、数据处理系统和预报服务系统三大部分组成。观测系统，例如综合气象观测系统，负责收集、记录和分析各种气象要素的数据，包括温度、湿度、气压、风速、风向、降水量等。这些数据对于气象预报和预警至关重要，它们能够帮助气象学家和气象预报员进行准确的天气预报，及时发布天气预警，从而为人们提供重要的安全和决策参考。这些数据经由传感器与观测设备的精密捕捉，被源源不断地输送至数据处理系统。在那里，先进的计算技术与算法携手，对这些数据展开深度剖析与处理，最终，预报服务系统以天气预报、气象灾害预警等直观形式，将信息精准呈现于我们眼前。谁能说一说常用的气象传感器有哪些？"

学生："风速传感器，能测风速。还有光照强度传感器，能监测日照情况。土壤湿度传感器也很重要，能实时了解土壤墒情。"

教师："这些传感器确实是构建智慧校园气象系统的关键，通过它们收集到的气象数据首先会被传输到数据处理中心。在数据处理中心，这些数据历经质量控制、精细校准与同化优化等一系列严谨工序，旨在确保其准确无误。然后，通过应用 ARIMA 模型等数学模型，并结合历史气象数据与当前气象条件，可以对天气进行更精确的分析和预测。最后，预报服务系统会根据预测结果，以直观、易懂的方式向公众发布天气预报和气象灾害预警等信息。那我们要怎么才能更好地利用气象系统为智慧校园服务呢？"

学生 1："我觉得要加强气象观测系统的建设和维护，确保观测数据的准确性和及时性。还要提高数据处理和预报的准确性，利用更先进的计算技术和算法来提高预报精度。"

学生 2："强化气象信息的传播与服务能力，确保师生能够实时获取精确的气象资讯。同时，我们还应加强气象知识的普及教育，以进一步提升师生对气象系统的认知和应用能力。"

③动手实践，搭建模型。学生们分组进行讨论，将气象学的原理与传感器技术相结合，进一步细化了之前的设计方案。借助所提供的物联网硬件，亲手构建出校园气象系统的模型，实现智慧校园。这一过程不仅将理论知识付诸实践，还通过亲身实践深化了对系统工作原理的认知。

教师："接下来，我们要根据自己的设计思路开始硬件搭建啦。大家看，这是温度传感器、风速传感器等硬件设备，我们先来认识一下它们的接口和功能。（教师拿起温度传感器展示）这个温度传感器的这个接口是用来连接主控板的。现在大家可以动手尝试连接，有问题随时提问。"

学生 1："老师，我们组已经考虑了湿度和降雨量这两个关键因素。我们打算使用湿度传感器和雨量传感器来实时监测环境数据。当空气湿度低于设定的阈值，并且最近一段时间的降雨量不足以满足绿化需求时，系统就会自动开启灌溉喷头进行浇水。我们计划根据校园内主要种植的植物种类和它们的生长需求来设定初始阈值。同时，我们也会考虑季节变化对湿度和降雨量的影响，定期调整这些参数以确保灌溉的精准性。"

学生2："老师，我们组打算在教室和走廊都安装温湿度传感器和二氧化碳浓度传感器，实时收集数据。我们会利用物联网技术将传感器与控制系统实时连接，确保数据能够迅速传输到控制端，从而及时作出响应。一旦教室温度攀升过高、湿度偏离常态或二氧化碳浓度逾越安全线，系统将智能化调控通风设备，诸如自动开窗或启动排风扇。这样不仅能保证教室内空气清新，还能有效预防因环境不佳引起的健康问题。我们还计划通过数据分析，优化通风策略，进一步提升教室环境的舒适度。"

教师："你们可以先搭建系统的硬件部分，包括传感器、控制器和执行器。接着，根据设计图连接各部件，确保接口牢固。各组需即刻行动起来，依据既定分工紧密协作，精心连接传感器、执行器与主控板，确保无误。"

学生1："我们使用湿度传感器、雨量传感器和水泵构建自动灌溉系统。传感器安装在合适位置，确保能准确捕捉数据。传感器数据接入扩展板，主控板实时读取。继电器控制水泵，主控板根据传感器数据和预设逻辑决定是否灌溉。达到条件时，主控板发送信号激活水泵，开始灌溉。"

学生2："我们组也已经选择好了温湿度传感器、二氧化碳浓度传感器、控制器和通风设备。我们会尽快完成硬件搭建。控制器与通风设备连接无误后，进行初步测试，验证系统响应的及时性和准确性。"

老师："很好，同学们。记得在搭建过程中注意安全，并及时记录遇到的问题和解决方案。待全部完成后，我们将共同分享并深入探讨各组的实践成果。"

④编写代码，调试运行。在课堂上，教师向学生展示了光线传感器自动采集与执行的代码示例，并逐步讲解了代码逻辑，引导学生理解每一步的作用。接着，教师鼓励学生根据实际需求对代码进行改编，并提醒他们确保自己搭建的硬件与软件能够协同工作。随后，教师播放 MQTT 协议的讲解视频，介绍该协议的基本概念，并着重讲解了其在智慧校园气象系统中的应用。教师鼓励学生结合所学的代码知识与 MQTT 协议，尝试探索一些创新应用，以此提升自身的实践能力。

教师："硬件搭建好了，现在我们进行软件调试。请大家打开气象数据采集软件，进行参数设置。在此过程中，我们将利用 MQTT 协议，这是一种专为物联网设备设计的轻量级消息传输协议，它能够高效地在设备之间传输数据。例如，在我们校园气象系统中，传感器数据通过 MQTT 协议可以高效地传输到数据处理中心。接下来，视频将向大家展示软件调试的具体步骤以及如何配置 MQTT 协议，重点强调在软件中正确设置 MQTT 服务器的地址和端口是确保数据稳定传输的关键。"

学生："老师，我设置好参数了，但是软件显示连接不上服务器，我这边数据采集断断续续的，不稳定。"

教师："你需要检查网络连接稳定性，确保 MQTT 服务器地址与端口配置正确无误，并核实传感器与主控板连接牢固，以排除潜在硬件故障。"

学生1："我们小组设计了校园绿化自动灌溉系统。初始阶段，系统采用预设的土壤湿度与降雨量阈值，通过 MQTT 协议实时接收传感器数据：当土壤湿度低于阈值且降雨量不足时，软件向灌溉设备发送开启指令；反之则关闭。但在调试中发现，系统未能按预期运行。经排查后意识到：设定阈值时需综合考虑植物特性与区域气候条件，且需在系统运行中根据实时反馈动态调整参数。"

学生2："我们小组设计了智慧校园通风调控系统。初期，系统通过软件设定教室温湿度和二氧化碳浓度的舒适区间，利用 MQTT 协议传输传感器数据。一旦数据超出预设范围，软件便自动向通风设备发送开关指令，以期实现智能化调控。然而在试运行时，系统出现通风过度或响应延迟的情况，未能达到理想的调控效果。经过反复排查和分析，我们发现问题在于：舒适区间设定仅参考理论值，未充分结合教室实际人员密度和使用场景；同时，软件控制逻辑存在部分漏洞，导致指令发送滞后。为此，我们重新调整舒适区间参数，纳入实时人员数据作为动态变量，并对控制逻辑代码进行优化，反复测试通风设备的连接稳定性与运行状态。最终，系统实现了精准、高效的通风调控。"

⑤展示成果，交流反馈。各小组展示他们搭建的校园气象系统，阐述智慧校园模型的实现路径及优化方案，分享设计思路和实践经验。通过交流互动，各组能够发现潜在问题并共同完善设计方案，从而有效培养学生的表达能力和团队协作能力。在此过程中，教师将给予专业的点评和指导。

教师："现在请各小组展示你们的设计模型，分享一下设计思路、搭建过程中遇到的问题以及解决方法。哪个小组先来？"

学生小组1："我们小组精心设计的气象系统，能够实时精准地采集温度、湿度以及风速等关键数据，并通过直观的软件界面清晰地展示在屏幕上。在搭建系统的过程中，我们遭遇了传感器数据不准确的难题，经过细致排查，发现是由于接口松动所致，重新紧固接口后，系统恢复了正常运作。"

教师："很好，能及时发现并解决问题。其他小组有什么建议或者想法吗？"

学生小组2："我们建议在软件界面上增设数据对比分析模块，以便用户能更直观地洞察气象数据的变化趋势，从而提升数据的利用率。我们小组在项目搭建过程中遇到了报警设备与控制模块之间的兼容性问题。通过更换适配性更强的控制模块，成功解决了这一问题。目前，系统运行稳定，但在阈值设定的精准性方面仍有待进一步提升。"

教师："大家针对阈值设定精准度的问题，有什么好的建议吗？"

学生小组3："可以多收集一段时间的数据，然后用数据分析的方法来确定更准确的阈值。我们组在软件调试中，教室传感器数据传输出现延迟现象，疑为信号干扰所致，需深入排查具体原因。"

教师："针对数据传输延迟问题，大家能否思考一下可能的原因及解决方案？让我们共同探讨，集思广益。"

学生小组4："也有可能是数据传输线路太长或者中间有遮挡物，可以检查一下线路，或者增加信号放大器。"

设计意图：本次教学设计致力于构建递进式教学体系，通过理论知识与实践操作的有机整合，激发学生探索智慧校园与气象系统融合的热情。教学过程中注重培养学生两方面核心能力：一是强化信息意识，引导其敏锐捕捉气象数据在智慧校园建设中的关键作用；二是培育创新素养，鼓励学生运用信息技术知识提出独特的创意解决方案。教学实施流程依次展开：首先以智慧校园与气象系统的关联激发学生好奇心，引导思考两者联系；接着系统传授气象系统与智慧校园的融合原理，帮助学生建构知识体系；然后通过项目实践为学生提供运用知识的机会，培养创新思维、动手能力与团队协作精神；最后通过思想碰撞与经验分享促进学生表达能力提升，同时引导其在反思中改进学习成果。

（2）课时拓展延伸

引导学生思考如何将校园气象系统的数据与智慧校园的更多场景融合。例如，与校园安全系统、能源管理系统以及校园日常活动等相结合。气象系统能在恶劣天气条件下及时发出预警信号，自动触发通知机制，确保师生迅速知晓并采取安全措施。在高温天气来临前，系统会提前启动或增加空调的使用频率；而在低温天气时，则会自动优化供暖系统的运行，提高效率。系统还能根据实时天气状况，智能调整冷藏和冷冻设备的运行参数，既节约能源，又确保食材的新鲜与品质。在晴朗的日子里，可以更多地安排户外运动或集会；而在雨天或寒冷天气时，转为室内活动。还可以根据天气预报调整食材的采购和菜单，在高温天气时增加易保存食材的采购量，低温天气时增加热菜供应，这样不仅可以满足师生的口味需求，还能减少食材的浪费。

设计意图：通过展示气象系统的多样化应用，拓宽学生的视野，激发他们的创新思维，并引导他们从更广阔的视角探索气象数据的应用潜力。这种跨学科的综合应用不仅让学生深入理解气象数据的重要性，还能在实际操作中增强他们解决问题的能力，巩固所学知识。最终构建出一套完善的智慧校园气象应用方案，为校园的可持续发展作出贡献。

（3）课时评价

①课前呈现评价方案。如表4.7所示，确立明确的评价标准和预期目标，确保学生清晰理解学习成果的衡量方式。例如，评价方式综合自评、互评和教师评价，全面评估学生在知识掌握、实践操作和创新能力等方面的表现。同时，着重强调过程性评价的关键作用，密切关注学生在项目实施全过程中的参与度和实际贡献，详细记录他们在团队协作中的具体表现。

②课中及时评价反馈。观察学生在小组讨论、硬件搭建、软件调试等环节中的表现，包括参与度、团队协作能力、问题解决能力、动手操作能力等。采用教师评价、学生自评和互评相结合的多元评价方式，及时给予反馈和指导。这种多维度的评价体系，既能全面勾勒出学生的成长轨迹，又能有效激发学生的内在学习动力和创新潜能。同时，教师可以根据反馈及时调整教学策略，确保教学质量和效果的最大化。

③课后收集记录评价。通过学生提交的设计方案、对延伸拓展问题的思考总结以及课堂表现的综合评价，评估学生对知识的掌握程度、应用能力和创新思维的发展情况。收集评价数据后，将进行深入的系统分析，精心编制详尽的学生成长档案，为后续实施个性化教学提供坚实依据。同时，鼓励学生反思总结，以增强自我认知，推动持续的进步。通过这种闭环评价机制，确保教学目标的达成，助力学生全面发展。

设计意图：采用过程性评价和多元评价相结合的方式，全面、客观地评估学生的学习过程和学习成果。在课程开始前，我们精心设定评价目标，引导学生明确学习的方向；在课程进行中，我们细致入微地提供实时反馈，敏锐地发现学习的不足之处，并给予个性化的指导。同时，我们搭建互动的桥梁，促进学生之间的智慧碰撞与交融；课程结束后，我们认真总结学习成果，为后续教学提供参考，激励学生继续学习。

表 4.7　课时评价

评价项目	评价指标			自评
	优秀（5分）	良好（3分）	仍需努力（2分）	
1. 你能否描述校园气象系统的各部分组成?	没有问题	描述不全	不太清楚	
2. 你能否参与小组合作完成智慧校园气象系统的设计	全程参与	部分参与	没有参与	
3. 你能否参与小组合作完成智慧校园气象系统的搭建运行	全程参与	部分参与	没有参与	
4. 对于完善智慧校园系统你是否有好的建议	有很多想法	有常规建议	没有想法	
评价本节课你的表现				
总结本节课你的收获				
提出你的问题和困惑				

（4）课堂总结

同学们，今天我们这节课共同探索了气象系统如何赋能智慧校园。首先，我们从智慧校园的实际应用场景入手，看到了气象数据在智能环境调控、节能管理等方面发挥着怎样关键的作用。接着，我们深入了解了气象系统的组成和工作原理，并重点探讨了它在智慧校园中的具体应用方式。在动手实践的初步探索环节，大家都尝试着将传感器技术、数据传输协议等知识融入校园场景的设计中。虽然搭建的还只是实验模型，但大家展现出的创新思路非常好地体现了"理论联系实际"的灵活运用能力。

最后要提醒大家的是：接下来的课程，我们将通过更复杂的项目设计和搭建，进一步锻炼大家的动手能力、解决问题的思维以及团队协作精神。大家的设计方案和实践操作过程都将作为我们过程性评价的重要依据。课后请大家抽时间回顾复习今天学习的内容，继续思考如何优化和完善你们小组的设计方案，保持对气象科技的关注和探索热情！

第二节　算法与程序设计——开发简易自动售货机

一、课标内容解读

《普通高中信息技术课程标准（2017年版2020年修订）》对本单元的内容要求如下。

（1）从生活实例出发，概述算法的概念与特征，运用恰当的描述方法和控制结构表示简单算法。

（2）掌握一种程序设计语言的基本知识，使用程序语言设计实现简单算法。通过解决实际问题，体验程序设计的基本流程，感受算法的效率，掌握程序调试与运行的方法。

算法不仅存在于计算机科学中，也普遍存在于日常生活中。人们往往会应用算法或者算法思维解决生活中遇到的各种问题。因此，从生活经验出发，分析生活中的算法，可以帮助学生更好地理解算法的概念和特点。通过引入贴近生活的实例，能够激发学生的共鸣，点燃他们的求知欲，进一步开阔其思维空间，从而有效提升学习效果。在这部分学习中，理解算法的概念与特征是重点，而使用适当的描述方法和控制结构来表达简单算法是难点。

程序设计语言是实现算法和解决问题的重要手段。通过分析问题并用计算机语言设计算法来解决问题，对学生的逻辑思维训练至关重要，本单元的设计目的是培养学生能够使用程序设计语言编写程序解决简单的问题。通过本单元的学习，学生们将深入理解程序设计语言的基本语法，亲身体验程序实现算法的全过程，并熟练掌握调试和优化程序的各种技巧。课程的目标不是让学生系统地掌握专业知识成为软件开发者，而是通过体验计算机解决问题的过程，培养学生的计算思维，理解各种由程序驱动的数字化工具的工作方法，处理好人与技术工具的关系，成为合格的数字化公民。

二、单元知识点

本单元的知识要点包括计算机解决问题的一般过程、算法的描述以及程序设计语言的基本知识，包括输入和输出语句、数据类型、赋值语句、运算符与表达式、选择结构语句、循环结构语句以及常用系统函数和自定义函数，如图 4.7 所示。

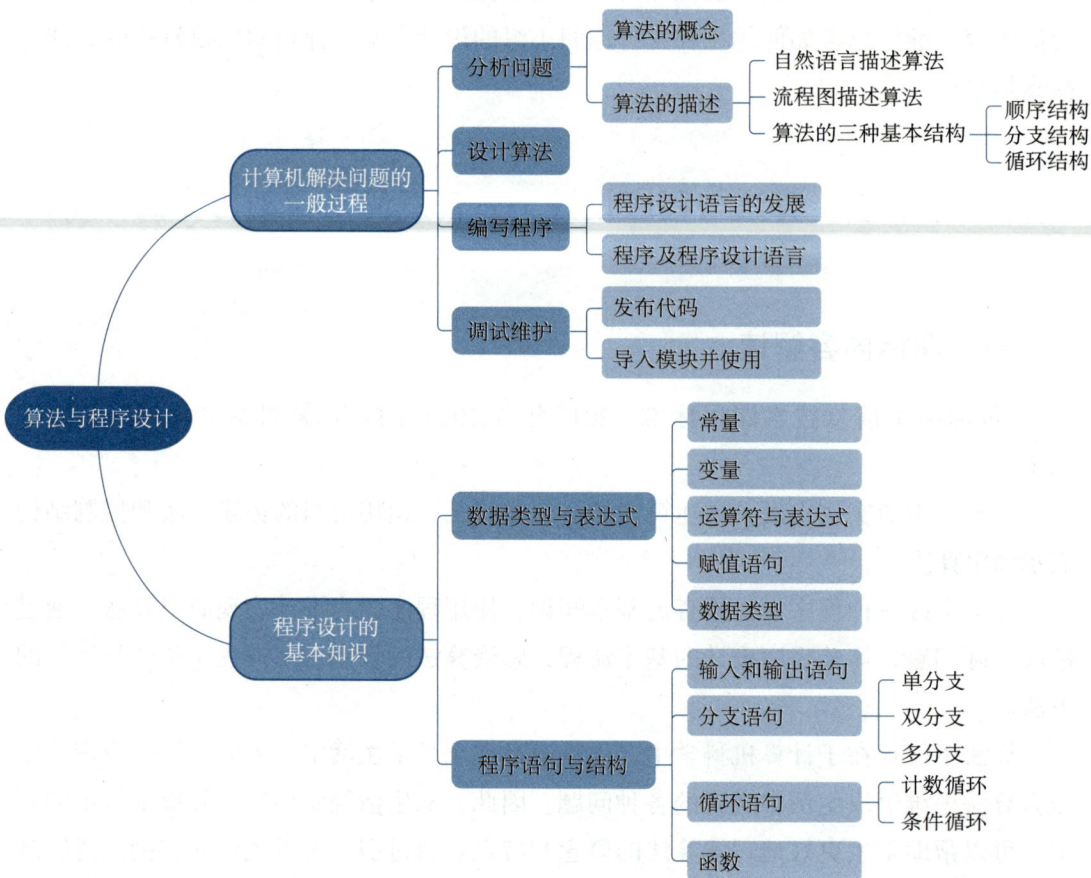

图 4.7　单元知识点思维导图

（一）计算机解决问题的一般过程

计算机解决问题的过程是人们为了让计算机更好的解决问题而与计算机配合的过程。人们首先按照计算机能够理解和执行的方式分析和拆解问题，根据拆解后的问题设计解决方法，也就是算法，并将其描述出来，最后用代码控制计算机按照指令执行，根据执行结果不断调试直至问题解决。

（二）做出判断的分支

编写程序代码通常会涉及输入输出、数据类型、条件判断及运算符应用。input() 函数用于获取用户输入数据，将值动态存入变量——变量是内存存储单元的命名标识，print() 函数则用于输出常量、变量或表达式结果，实现人机交互。不同的数据类型决定了这些数据的运算方式，不同类型的数据间进行运算前需将其转换成相同的数据类型。Python 程序通过 if 语句实现分支结构。进一步地，关系运算符用于决定关系表达式两侧数据的比较方式，并生成布尔值，从而决定分支结构的程序走向。

（三）周而复始的循环

程序设计中的循环结构驱动通常由 for 循环与 while 循环实现，二者分别适用于不同场景。for 循环通过遍历一个有序对象逐项处理数据，常用于已知循环次数的任务；while 循环则基于条件动态控制执行流程，适用于不确定次数的持续操作。列表作为动态存储多元素的有序集合，可以通过 append() 追加元素、del 语句删除元素；通过直接索引赋值（如 list[0] = 10）修改元素。

（四）可以复用的代码

Python 的模块化编程依托自定义函数与模块文件实现代码复用与组织优化。通过 def 关键字定义函数可封装特定功能逻辑，支持参数传递与返回值输出，并通过局部变量限定作用域，避免全局命名冲突。函数作为独立单元，可通过反复调用提升代码复用率。通过创建模块文件可以将函数、变量或类集中存储，利用 import 语句实现跨文件调用。模块化设计不仅增强代码可维护性，更能够区分模块的独立运行与外部引用场景，构建清晰高效的代码架构。

三、学情分析

（一）学生的知识结构分析

经过第一单元的学习，学生已初步掌握数据处理和计算的概念，并体会到计算机在处理数据上的显著优势。尽管学生们已经具备了一定的计算机操作和理解能力，但大多数人尚未真正踏入编程的大门。因此，本单元需在既有基础上，引领学生逐步体验编程实践。

（二）学生的认知发展水平分析

在初中学习的基础上，高中生的自我意识明显增强，面对挑战时，高中生展现出更强的独立思考能力，他们会逐步分析问题并寻求解决方案。然而，考虑到学生在编程基础和认知水平上的多样性，课堂活动应更加聚焦于启迪学生思维，以促进其全面发展。

（三）学生的情感特征分析

学生们对新知识怀揣着强烈的好奇心，特别是对程序语言的学习。若能在课前通过引入趣味性的案例进行引导，将更能点燃他们的学习热情，促使他们更加专注而认真地投入到学习中。

四、单元教学设计

（一）单元整体设计思路

本单元以开发简易自动售货机为主题，从宏观的"单元大概念"出发，探讨如何运用计算机科学领域的思想方法解决问题，为整个教学内容打下坚实的基础。接着明确"单元教学主题"，专注于利用程序设计简易自动售货机，通过解析自动售货机的基本工作流程，体验程序设计的逻辑性与严谨性，掌握程序设计的基本知识。单元整体设计思路如图4.8所示。通过"单元驱动问题"提出的计算机如何工作、计算机如何做出判断、计算机如何多次处理同一问题、计算机如何更高效灵活地利用代码四个具体问题，引导学生思考如何运用程序设计知识构建更加便捷、完善的自动售货机系统，激发学生的学习热情。然后进行"单元课时划分"，将教学内容精心规划为四个课时，每课时均设定了清晰明确的教学目标。从初步探索自动售货机运作的奥秘，到深入钻研顺序与分支结构构建购物逻辑的精髓，再到熟练掌握列表与循环机制高效管理商品库存，我们循序渐进，最终引入函数与模块的高级理念，旨在进一步优化自动售货机的程序架构，显著提升其运行效能。并在"单元核心知识"部分梳理出编程及其在自动售货机开发中应用的关键概念，确保教学内容的逻辑性和系统性。最后设置"评价"环节，用于评估学生的学习成效。

（二）单元大概念

人们在利用计算机解决问题时，通常会先思考解决问题的方法和步骤，并将其描述出来，也就是设计算法，然后用合适的程序设计语言将算法在计算机上表达出来，计算机就能按照人们设计的程序进行高速、准确的自动化处理，从而帮助人们解决问题。

单元大概念：人们在利用计算机解决问题时，通常会先思考解决问题的方法和步骤，并将其描述出来，也就是设计算法，然后用合适的程序设计语言将算法在计算机上表达出来，计算机就能按照人们设计的程序进行高速、准确的自动化处理，从而帮助人们解决问题。

单元学习目标：
1.学会根据实际问题设计和表示算法，并运用程序设计语言实现算法，并将算法思想迁移应用到其他实际问题的解决中。（信息意识）
2.能够分析并判断日常生活中遇到的问题，熟练掌握解决问题的多种途径。（计算思维）
3.面对复杂任务，能够运用形式化方法准确描述问题，选择合适的控制结构设计算法，并有效进行问题纠错。（计算思维）
4.利用数字资源和工具对学生的学习过程和资源进行有效的管理，实现问题的创造性解决。（数字化学习与创新、计算思维）
5.对信息技术产生的新事物具有积极的学习态度，能够运用一定的技术保障信息安全。（信息社会责任）

持续性评价

单元教学主题：开发简易自动售货机

单元驱动问题：
- 计算机如何工作？
- 计算机如何做出判断？
- 计算机如何多次处理同一问题？
- 计算机如何更高效灵活地利用代码？

单元课时划分：
- 第一课时：您好，欢迎光临——自动售货机的工作流程
- 第二课时：快乐购物——顺序与分支
- 第三课时：管理自动售货机——列表与循环
- 第四课时：优化自动售货机——函数与模块

单元核心知识：
- 计算机解决问题的过程
- 顺序结构与分支结构的实现
- 列表的使用及循环结构的实现
- 程序的优化

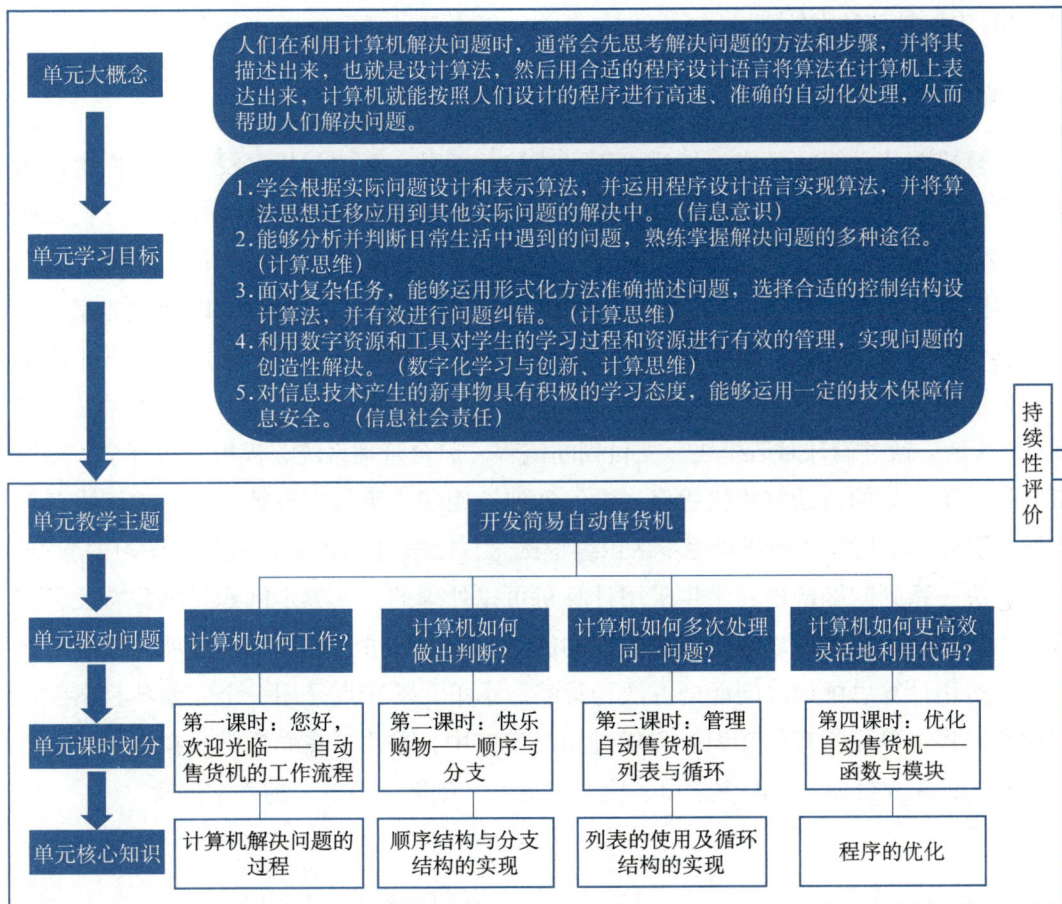

图 4.8　单元整体设计思路

（三）单元学习目标

了解计算机解决问题的过程，能够根据实际问题，设计并描述简单算法，掌握 Python 语言的基本知识，利用 Python 语言实现简单算法，解决实际问题，提高学生用计算机领域的思想和方法解决实际问题的能力，以此培养学生的计算思维。

（1）学会根据实际问题设计和表示算法，并运用程序设计语言实现算法，并将算法思想迁移应用到其他实际问题的解决中。（信息意识）

（2）能够分析并判断日常生活中遇到的问题，熟练掌握解决问题的多种途径。（计算思维）

（3）面对复杂任务，能够运用形式化方法准确描述问题，选择合适的控制结构设计算法，并有效进行问题纠错。（计算思维）

（4）利用数字资源和工具对学生的学习过程和资源进行有效的管理，实现问题的创造性解决。（数字化学习与创新、计算思维）

（5）对信息技术产生的新事物具有积极的学习态度，能够运用一定的技术保障信

息安全。（信息社会责任）

（四）单元主题

计算机与移动终端已成为生活中不可或缺的工具，算法与程序浸润在我们生活的各个方面，从出行路线规划到烹饪食谱的制定，再到电子产品的智能控制，它们之所以能够帮助人们处理各种复杂的事情，主要借助于其中功能各异的程序。例如，我们每天早上利用地图软件规划出行路线，烹饪时遵循特定的烹饪食谱，以及智能家居系统根据传感器数据和用户设置自动控制家居设备，这些都是算法和程序在日常生活中的具体应用。在本章的学习中，我们以"设计开发自动售货机"项目活动为主题，如图 4.9 所示，通过设计对话模块、支付判断流程、后台管理系统、模拟销售环节，直至最终设计出完整的自动售货机程序，学习如何运用编程手段实现算法并有效解决各类问题，引导学生从零基础开始逐步认识编程概念，以学习 Python 语法作为学习的起点，通过解决一系列问题链培养学生采用计算机可以处理的方式界定问题、抽象特征，综合运用各种信息资源形成问题解决方案的能力，进而促进计算思维的发展，使学生熟练掌握运用计算思维解决问题的方法与策略。本单元的特点是用一个完整项目案例贯穿全章，将本单元所有的知识要点融进项目实践中，采用"在做中学、在教中学"的教学模式，深入贯彻"实践中学习、应用中提升、创新中发展"的教学理念。

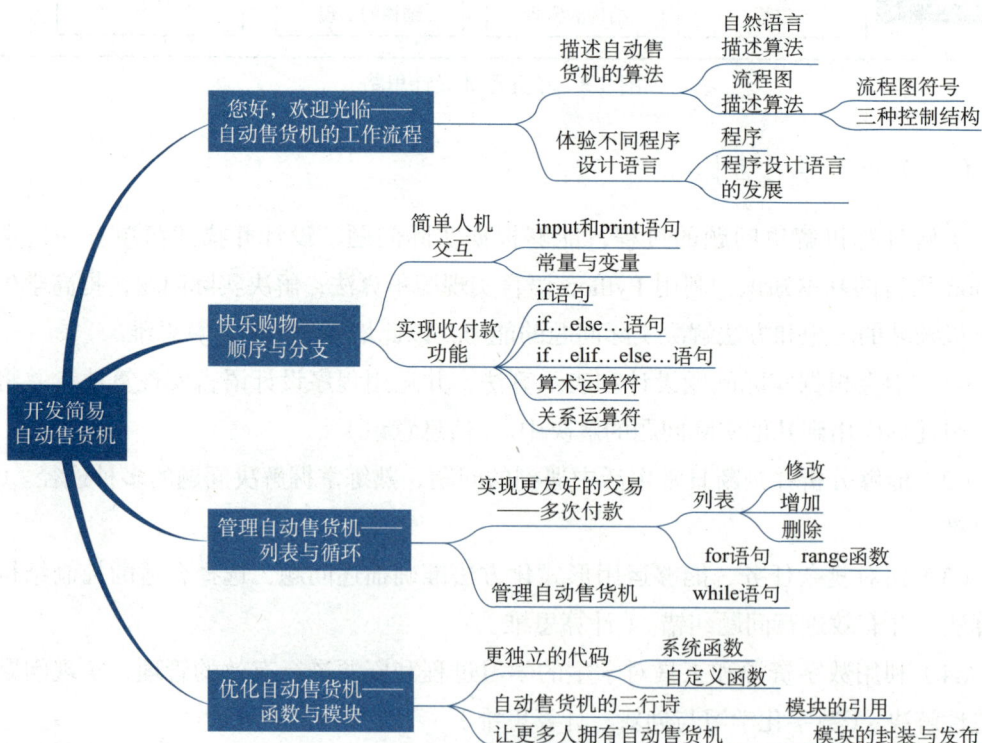

图 4.9　课时主题和知识点

（五）驱动性问题

我们身边充斥着各种各样的程序，这些程序驱动着大大小小的硬件设备为我们的生活带来便利，大到航空航天，小到生活娱乐，我们的生活俨然被程序所包围，所以了解程序的运行法则，学会掌控程序已经成为现代社会的一项必备技能。

本单元旨在通过思考程序如何设计，到最终实现一个功能完善的"自动售货机系统"一步步培养学生运用计算机科学领域的思维方式分析问题，拆分问题，解决问题的能力，并借由 Python 语言程序设计的学习培养学生的信息意识和计算思维。

本单元犹如一场探索之旅，从"自动售货机"的奥秘出发，一步步揭开其工作原理与运行流程的面纱，最终引领学生们向着构建一个功能强大的"自动售货机系统"这一目标迈进，在项目实施过程中，学生们将如匠人般精心雕琢，运用计算机科学领域的思维方式，一步步分析问题、拆分问题。本单元问题链路如图 4.10 所示。本单元第一课时"您好，欢迎光临——自动售货机的工作流程"的核心问题是"计算机如何工作？"然而，这个问题过于宽泛，难以激发学生的深入思考，因此，我们将其细化为三个更具体、易于理解的小问题：自动售货机究竟是如何运作的？我们该如何清晰描述这一运作流程？以及，计算机是如何像魔术师一样理解和执行那些神秘的算法的呢？以此引导学生逐步理解计算机之所以能解决问题时，人们将设计好的算法用程序设计语言在计算机上表达出来，让计算机按照程序执行指令。第二课时"快乐购物——顺序与分支"的核心问题是"计算机如何做出判断？"相关子问题是：在自动售货机的工作流程中，当顾客选择商品并支付后，系统会根据顾客支付的金额与商品售价进行比较。如果顾客输入的金额与商品售价一致，售货机会执行出货机制，将商品推出至取货口。若顾客支付的金额大于商品售价，系统将进行找零操作，然后出货。当顾客支付的金额不

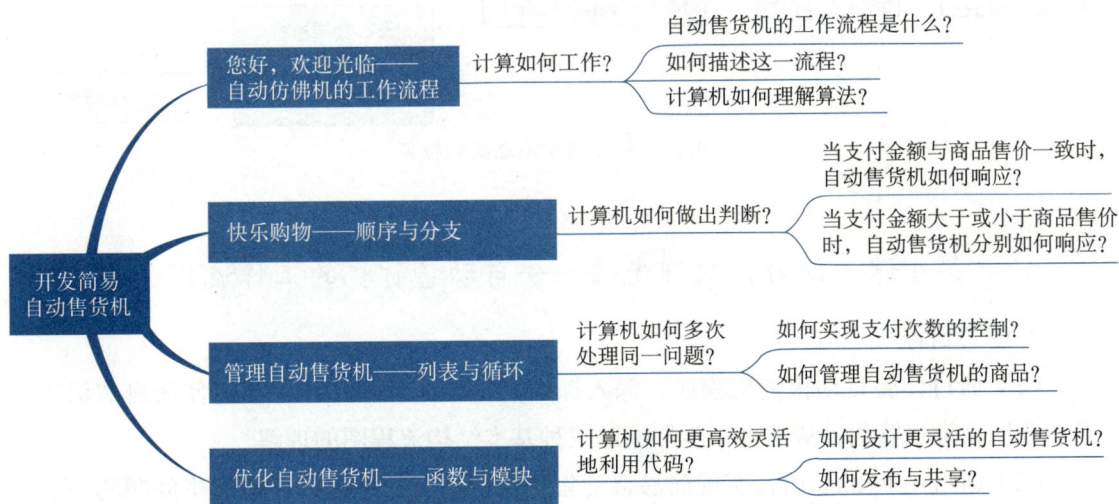

图 4.10　"开发简易自动售货机"问题链路

足以购买商品时，系统会自动提示顾客补足差额，直至金额与商品售价相等，之后才会进行出货处理。第三课时"管理自动售货机——列表与循环"的核心问题是"计算机如何多次处理同一问题？"相关子问题是：如何实现支付次数的控制？如何管理自动售货机的商品？第四课时"优化自动售货机——函数与模块"的核心问题是"计算机如何更高效灵活地利用代码？"相关子问题是：如何设计更灵活的自动售货机？如何发布与共享？

五、课时教学设计

本单元遵循计算及解决问题的一般过程进行设计，分为四个课时，分别是"您好，欢迎光临——自动售货机的工作流程""快乐购物——顺序与分支""管理自动售货机——列表与循环""优化自动售货机——函数与模块"。

单元教学活动实施框架如图 4.11 所示。

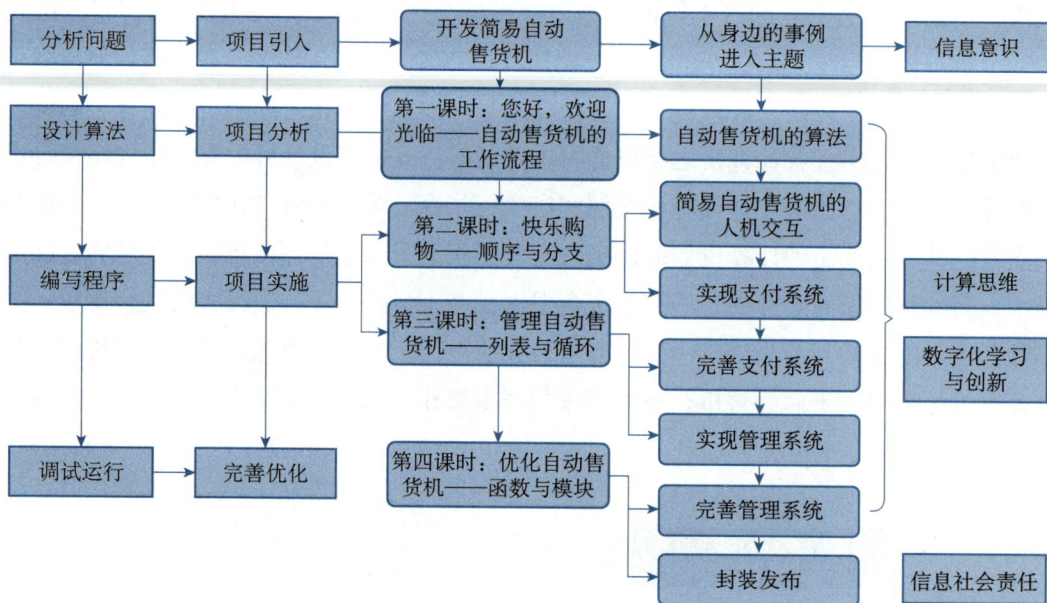

图 4.11　单元教学活动实施框架

第 1 课　您好，欢迎光临——自动售货机的工作流程

1. 学习目标

（1）通过体验自动售货机程序，深入探讨其工作流程，并学习如何使用自然语言及流程图来描述算法，从而进一步加深对三种基本结构流程图的理解。

（2）通过用 Python 语言实现简易自动售货机的研究，掌握计算机解决问题的一般过程，熟悉 Python 语言的开发环境，了解程序设计语言的发展。

（3）在项目活动中体验数字化学习过程，感受利用数字化工具和资源的优势。

2. 教学重难点

教学重点：算法的表示及算法的三种基本结构。

教学难点：能够使用流程图表示算法。

3. 教学过程

（1）创设情境，引出项目主题

科技的飞速发展使得自动化程序日益渗透到我们生活的方方面面，不仅极大地节省了人力成本，更为我们的日常生活带来了前所未有的便捷。诸如各式各样的商业自动化设施遍布大街小巷，无论是售卖饮料零食等日常用品，还是提供纯净水灌装服务，乃至变身抓娃娃机、电动摇摇车等娱乐设施，它们无时无刻不在满足着居民的需求，无论昼夜交替，四季更迭。

探究活动：自动售货机的工作原理是什么？

教师："自动售货机往往被放置在人流量较大且消费者有即时购买需求的场所，比如在办公楼的走廊、学校教学楼的过道、医院的候诊区、地铁站的出入口等地点。这些地点方便消费者在需要的时候能够快速找到并购买商品。以校园里的售货机为例，同学们在感到饥饿或者口渴时，只需要刷一刷饭卡就可以迅速购买到食物和饮料，满足身体即时的能量需求，那么，自动售货机是如何运作的呢？"

教师打开教学案例"自动售货机演示.exe"，界面如图 4.12 所示。邀请学生通过体验"自动售货机"程序，感受自动售货机工作的流程。学生操作程序，思考并讨论自动售货机的工作原理。

设计意图：通过有趣且合理的课堂引入，高效地激发学生的求知欲，使他们迅速沉浸于贴近生活的情境中。模拟自动售货机演示程序的设计，旨在让学生通过直观体验，深入理解计算机处理问题的机制与流程，为后续问题的思考奠定坚实基础。

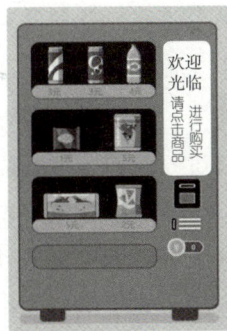

图 4.12 "自动售货机"演示界面

（2）项目实施，开展探究活动

①任务驱动，引出新知。自动售货机作为我们日常生活中常见的一种自动化设备，厘清自动售货机的工作流程有助于学生进一步理解计算机解决问题的过程。

教师："刚才我们用一个小程序体验了使用自动售货机购买商品的全过程。通过体验你能总结出自动售货机的工作流程吗？它是如何完成一次完整的销售任务的？"

学生1："先选商品，然后付款。"

学生2："第一步选择商品，第二步付款，第三步取走商品。"

教师："很好，同学们已经可以很好地总结我们使用自动售货机的流程了，然而，本单元的目标是深入理解计算机如何解决问题，我们将通过探索自动售货机的工作流程来实现这一目标。那么，有没有同学愿意尝试从机器的角度出发，总结机器与人类共同协作完成商品销售的整个流程呢？"

教学活动：教师请学生以小组合作的方式提炼售货机工作流程并补全表4.8。

表4.8　自动售货机工作流程

环节	顾客的动作	售货机的行为
等待	无	展示欢迎语及操作说明
购物	点击商品对应的按钮	展示售价，并请顾客投币
结算	支付	记录支付金额，并判断是否与商品售价相等
	取货，结束交易	如果支付金额等于售价：＿＿＿＿＿＿
	找零，取货，结束交易	如果支付金额大于售价：＿＿＿＿＿＿
	退款，结束交易	如果支付金额小于售价：＿＿＿＿＿＿

教师："通过刚才的学习，我们已明确自动售货机需完成的任务，并顺利迈出了设计自动售货机的第一步——分析问题。这也是计算机解决问题的第一步。接下来，我们的任务是找到一种方式，将这些流程在计算机上得以实施，简易自动售货机的实现便指日可待。所以计算机解决问题的第二步是设计算法，也就是明确地告诉计算机每一个流程环节的具体实现方法和步骤。"

梳理小结：算法是解决问题的方法和步骤。自动售货机的工作过程就代表着一种算法。实际上，算法在我们的日常生活中无处不在，面对各类问题和任务，我们需要通过一系列思考和操作来解决问题，这一过程正是算法的实现。

②进阶探索，深挖巩固。在我们的日常生活中，算法无处不在，它们以各种形式融入我们的行为和决策过程中。譬如，在规划出行路线之际，我们往往在不经意间便运用了算法的智慧。当我们计划从家前往一个未知的目的地时，首先会思考并选择多种交通方式，诸如步行、乘坐公交、搭乘地铁或是骑行等。接着，我们会根据目的地的距离、路况、时间紧迫程度等因素，对这些交通方式进行评估。这个评估过程就像一个算法，我们给每个交通方式设定一些评价指标，比如步行可能因为距离太远而被排除，公交可能会因为换乘次数太多而得分不高，地铁可能因为直达且用时较短而成为首选。正是凭借这种类似算法的思维方式，我们才能最终锁定一条最为理想的出行路径。可以发现解决问题的过程就是算法实现的过程。本环节设计了2个基础任务和2个延伸活动，让学生可以渐进式地掌握知识，同时在挑战任务中巩固对知识的理解与掌握，提高解决问题的能力，运用已学的算法与流程图知识，将算法步骤与流程图符号意义对应起来，为下一个任务奠定基础。

教师："对于设计自动售货机这样的项目，在问题梳理完毕后，我们需构思恰当的解决方案，即算法，并需详尽无遗地阐述该算法，确保计算机的每一步操作都目标清晰、处理方式明确。同时，也应顾及所有参与设计或对该项目感兴趣的人士，使他们能轻松理解计算机执行此算法时的运作流程。"

基础任务 1：使用自然语言描述算法

教师：请学生结合表 4.9 将任务一中梳理出的流程转换成计算机的视角，用自然语言的形式描述出来。

表 4.9　自然语言描述算法

环节	解决的问题	解决的步骤
等待	显示导购内容	输出欢迎语及操作说明
购物	获取顾客选择的商品	输入选购物品序号
	展示售价，并提示投币	输出商品名、售价及支付导语
结算	获取顾客的支付金额	输入支付金额
	判断支付金额是否与商品售价相等	如果相等，则掉落商品
		如果不相等，则判断支付金额是否大于商品售价
	如果不相等，则判断支付金额是否大于商品售价	如果大于售价，则交付商品并找零
		否则提示支付有误，退出交易

延伸活动：将问题延伸至生活中的"算法"，鼓励学生发现并描述身边的算法；教师给出正确的算法描述，点评学生的描述结果。例如，交通信号灯的控制算法？洗衣机的算法？

梳理小结：用自然语言描述算法符合我们的表达习惯，所以往往是我们理解算法的第一步。

基础任务 2：使用流程图描述算法

教师：请学生在用自然语言描述自动售货机算法的基础上，再尝试用流程图描述算法。引导学生在书中寻找流程图符号，并根据其作用对应写在表 4.10 中。

表 4.10　流程图符号

程序框	名称	功能
	起止框	表示算法的开始和结束
	处理框	表示执行一个步骤
	判断框	表示要根据条件选择执行路线
	输入输出框	表示需要用户输入或由计算机自动输出的信息
	流程线	指示流程的方向

延伸活动：能否将算法步骤与流程图符号进行匹配？尝试将每一个步骤都用流程图符号描述出来，完成表 4.11，为下一个任务奠定基础。

表 4.11　算法与流程图对应表

算法步骤	流程图符号
输出欢迎语及操作说明	输出欢迎语及操作说明
输入选购物品序号	输入选购物品序号
输出商品名、售价及支付导语	
输入支付金额	
如果相等，则掉落商品	
如果不相等，则判断支付金额是否大于商品售价	
如果大于售价，则交付商品并找零	
否则提示支付有误，退出交易	

梳理小结：流程图也称为程序框图，它是算法的一种图形化表示方法。与使用自然语言描述算法相比，用流程图描述算法形象、直观、更容易理解。面对复杂的算法，直接编写代码往往困难重重。因此，我们可以利用流程图作为工具，首先清晰地勾勒出算法的逻辑框架，然后再根据这个框架，有条不紊地编写程序代码。

③学以致用，实践建构。本环节设计了 1 个基础任务和 1 个延伸活动，让学生可以在任务 2 的基础上进一步巩固流程图的知识点，同时在练习与挑战中感悟三种程序控制结构在算法描述中的作用。

基础任务：如何将任务 2 中零散的流程图模块拼凑成一个完整的流程图？

教师：请同学们打开教学素材，尝试根据任务 2 中用自然语言描述的算法步骤，补全自动售货机工作流程，如图 4.13 所示。

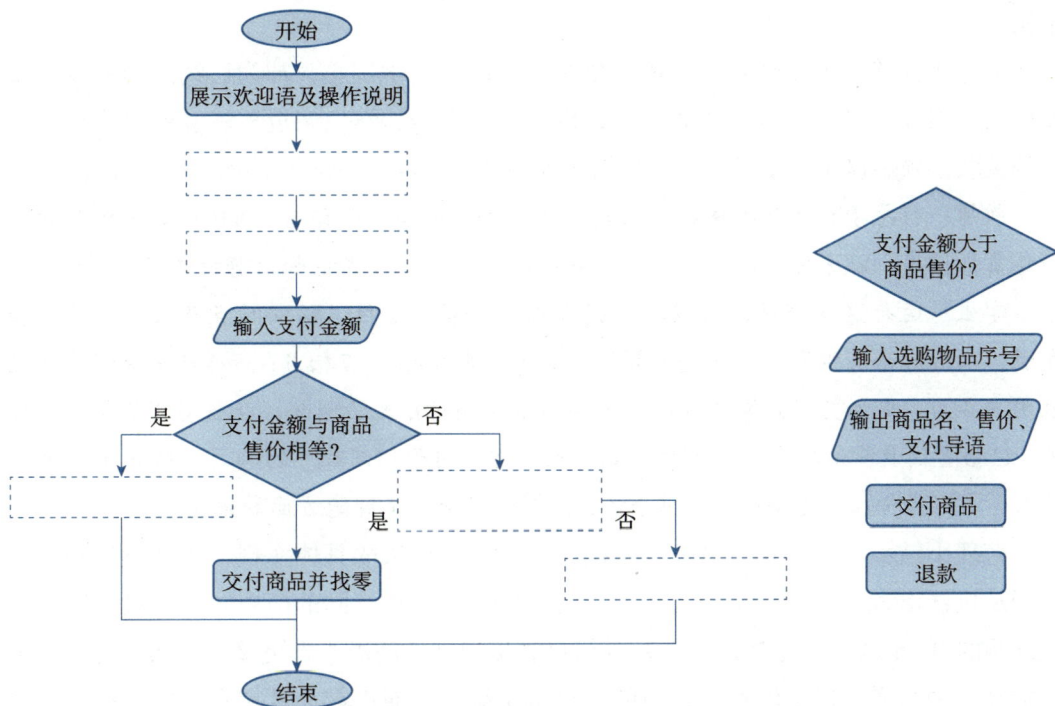

图 4.13　补全自动售货机流程图

教师将引导学生综合运用流程图符号来精准表达算法，同时，通过巧妙运用判断框和流程线，启发学生形象地描绘出分支结构和循环结构的逻辑脉络。

梳理小结：算法的三种基本结构是顺序结构、分支结构和循环结构，如图 4.14 所示。这三种控制结构是构建任何复杂流程图的基础，它们可以组合使用来表示更复杂的算法和过程。教师给出完整、正确的流程图，点评学生的流程图。明确算法设计的多样性。

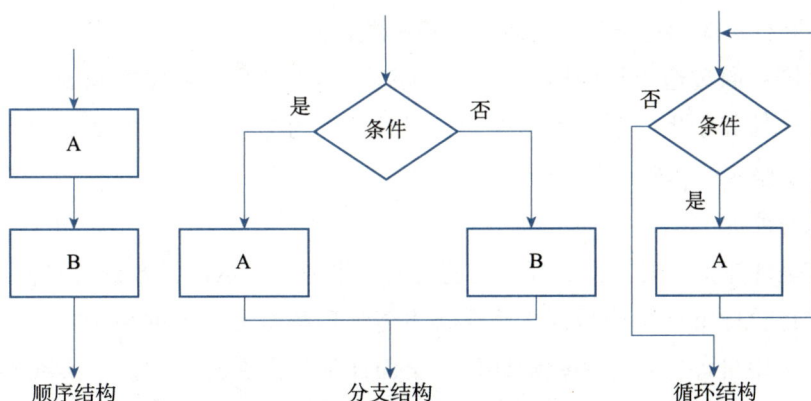

图 4.14　流程图的三种基本结构

延伸活动：自行设计一个简单的自动售货机算法模型，确保包含算法的三种基本结构。

④实操体验，内化吸收。此环节虽非本节课的教学核心，却为后续课程铺设了重要桥梁，因此仅设计了一项体验活动，旨在通过实践让学生亲近算法并感受算法与代码的关联，领略程序的奥秘，并初步掌握程序设计语言、编辑及编译的基础知识。

教师：引导学生体验不同程序设计语言（如 Python、C 语言、VB 语言）编写的自动售货机程序，以深化对算法与程序关系的理解，探讨计算机如何解析并实现算法。

学生：运行这些程序，比较其运行方式、代码简洁性、语法特点及性能差异。会发现，Python 语言编写的程序更为简洁，运行效果与 C 语言相当；而 VB 语言程序则拥有用户界面，更为美观且操作直观，但编写难度相对较大。例如，在自动售货机的编程中，C 语言因其简洁、高效、可移植等特点，常被用于控制程序的编写，而 Python 则因其易学易用的特性，适合用于数据分析、机器学习和人工智能方面的应用。

梳理小结：算法是程序设计的基础，而程序是算法的具体实现。程序设计语言经历了从机器语言、汇编语言到高级语言的发展过程。在不同的历史时期，机器语言由二进制的 0、1 代码指令构成，能被计算机直接识别。高级语言更接近自然语言，并不特指某一种语言，也不依赖于特定的计算机系统，因而更容易掌握和使用，通用性也更好。

设计意图：通过本课程的学习，学生不仅能够掌握简易自动售货机的基本工作原理和编程方法，还能理解算法的表示方法和计算机解决问题的一般过程。通过任务驱动和小组合作，学生在实践中巩固了知识，提高了解决问题的能力。课后作业和拓展学习活动，旨在进一步加深学生对算法和程序设计语言的理解，同时激发他们的学习兴趣和探索精神。

（3）课时拓展延伸

思考自动售货机程序中的语句与流程图之间的对应关系？输入输出框分别对应哪些语句？判断框对应哪些语句？处理框对应哪些语句？

设计意图：通过这个延伸思考，进一步启发学生算法与程序之间的关系，将思考延伸至课外，培养学生的独立探索能力，提升学生的综合素养和实践能力，为后续课程的开展奠定坚实的基础。

（4）课时评价

①课前呈现评价方案。在课程开始前，向学生清晰展示评价方案，如表 4.12 所示，确立明确的评价标准和预期目标，确保学生清晰理解学习成果的衡量方式。例如，评价方式综合采用自评、互评和教师评价，全面评估学生在知识掌握、实践操作和创新能力等方面的表现。具体而言，学生需能够精确阐述自动售货机的工作机制，运用自然语言描述并结合流程图来展示算法，同时熟练掌握三种基本结构的流程图绘制。同时，强调过程性评价的重要性，关注学生在项目实施过程中的参与度和贡献度，记录

他们在团队协作中的表现，尤其是如何使用数字化工具进行学习和交流。过程性评价不仅关注学习过程，而且重视非预期结果，通过反复性、及时性、交互性的考核与反馈方式，在共同建构的过程中提升学生的学习投入度和学习效果。此外，过程性评价有助于提升学生的学习兴趣和积极性，因为学生可以看到自己的努力和进步被认可和重视。

②课中及时评价反馈。在课堂上，观察学生在小组讨论、程序设计、代码调试等环节中的表现，包括参与度、团队协作能力、问题解决能力、动手操作能力等。采用教师评价、学生自我评价与同伴互评相结合的多元化评价体系，以确保反馈的及时性和有效性，为学生提供有针对性的指导。例如，在学生尝试用 Python 语言实现简易自动售货机的过程中，教师可以依据算法教学设计的目标和内容安排，观察学生对算法的理解程度，以及如何将算法转化为代码。例如，通过让学生编写排序算法或查找算法的代码实例，教师可以评估学生对算法概念的掌握和编程技巧的应用。通过这种多维度的评价体系，不仅能够全面反映学生的成长轨迹，还能有效激发学生的学习动力和创新能力。同时，教师能依据反馈迅速调整教学策略，确保教学质量与成效最大化，尤其针对如使用流程图展示算法等难点，给予精准指导。

③课后收集记录评价。通过学生提交的程序代码、对自动售货机工作流程的总结以及课堂表现的综合评价，评估学生对知识的掌握程度、应用能力和创新思维的发展情况。收集评价数据后，将进行深入分析，构建全面的学生成长档案，为后续的个性化教学奠定坚实基础。例如，分析学生在程序设计中的创新点和不足之处，以及他们在描述算法时的准确性。同时，鼓励学生反思总结，以增强自我认知，推动持续的进步。通过这种闭环评价机制，我们得以确保教学目标的圆满达成，进一步推动学生的全面发展，特别是在掌握计算机解决问题的一般流程和熟悉 Python 语言开发环境上取得显著进步。

设计意图：采用过程性评价和多元评价相结合的方式，全面、客观地评估学生的学习过程和学习成果。在课前，我们明确设定评价目标，确保学生对学习方向有清晰的认识；在课堂上，通过实时反馈，我们敏锐地识别学生在学习过程中的问题和不足，提供个性化的指导，并鼓励学生间的积极互动；课后，我们对学生的学习成果进行全面的总结和评估，为未来的教学提供参考，并激励学生持续进步。通过这种评价机制，帮助学生更好地理解自动售货机的工作流程，掌握算法的表示方法，以及熟悉 Python 语言的开发环境，感受数字化学习的优势。

（5）课堂总结

本课开篇通过体验自动售货机程序，探讨了自动售货机的工作流程，包括等待、购物、结算等环节。学生学习了如何使用自然语言和流程图描述算法，进一步理解了顺序结构、分支结构和循环结构三种流程图的基本结构。学生通过项目活动亲自构建

表4.12　课时评价

评价项目	评价指标			自评
	优秀（5分）	良好（3分）	仍需努力（2分）	
1. 能够准确地描述生活中的算法	全部可以	部分可以	非常困难	
2. 能够用流程图描述算法	自行设计算法绘制流程图	可以根据算法绘制流程图	不能绘制流程图	
3. 能够理解程序是一组操作指令或语句序列，是计算机执行算法的操作步骤	完全理解	部分理解	不能理解	
4. 能够将算法步骤与流程图进行匹配	可以完全匹配	可以部分匹配	不能匹配	
评价本节课你的表现				
总结本节课你的收获				
提出你的问题和困惑				

了自动售货机的算法流程图，并在实践环节运行了用多种不同程序设计语言编写的自动售货机程序，直观领略了各语言的特点与魅力，同时熟悉了 Python 的开发环境，并对程序设计语言的发展脉络有了初步了解。

第2课　快乐购物——顺序与分支

1. 学习目标

（1）通过设计自动售货机的对话功能，了解顺序结构语句，掌握顺序结构语句的一般格式和使用方法。

（2）通过设计自动售货机的支付系统，了解分支语句，掌握分支语句的一般格式和使用方法。

（3）在问题求解中学会使用顺序结构和分支结构解决实际问题，感受计算机程序在提高问题解决效率中的作用。

2. 教学重难点

教学重点：掌握赋值语句和 if 语句的正确使用方式。

教学难点：通过流程图设计解决支付问题的方案，并编程实现以验证其可行性。

3. 教学过程

（1）衔接引入

上节课我们初探了程序世界，并且通过体验自动售货机程序感受了不同程序设计语言编写的程序，知道了程序是算法的具体实现，是用某种编程语言编写的指令序列。那么这堂课开始我们尝试从最简单的顺序结构和分支结构入手，一步步迈进程序设计的大门。

（2）项目实施，开展探究活动

①任务驱动，引出新知。自动售货机的基本功能是与顾客进行交互，即输入与输出。在程序设计中，数据的输入输出同样是最基本的操作。因此，本环节旨在通过简单案例，让学生体验输入与输出的关系，感受编程语言如何控制计算机，并在人机交互中深入理解 Python 程序语言的语法规则。同时，本环节也将正式开启简易自动售货机的开发之旅，自动售货机分为两个功能模块：销售系统和管理系统，本节课的目的是完成简易自动售货机的第一个功能部分——销售系统。销售系统又分为两个部分：选择商品和支付结算，其中选择商品的功能由输入和输出语句实现。

教师：请学生运行 Python 编写的自动售货机代码"快乐购物 -1"文件，感受程序的运行过程。对比运行结果与程序语句的对应关系，找出输入输出语句对应的运行结果，对比这两种语句的异同。并思考以下问题。

（1）input 语句与 print 语句的格式为什么不一样？

（2）print 语句的参数有什么特点？

```python
product=[(' 可乐 ', 3.0),(' 雪碧 ', 3.0),(' 巧克力 ', 5.0),(' 薯片 ', 6.0),(' 面包 ', 5.5)]
print(" 欢迎光临无人售货机！以下是我们的商品列表：")
for item in product: print(item)
choice=int(input(" 请输入您想购买的商品序号 "))
product_name, product_price= product[choice-1]
print(" 您选择的商品是 ",product_name," 请付款 ",product_price," 元 ")
money=float(input(" 请支付相应金额 "))
```

学生 1："input 语句用于获取用户输入的内容。"

学生 2："print 语句可以将特定的内容打印到屏幕上，多个内容之间需要使用逗号分隔。"

总结讲授：在 Python 程序设计语言中，数据输入通过 input() 函数来实现，用户输入的内容存储到内存中，所以需要在内存中开辟一个存储空间，为了便于调用，需要给这个空间取一个名字，也就是变量名，变量名是对内存中存放数据的存储单元的一种标识，而存储单元中实际存放的数据被称为变量的值。将 input() 函数获得的用户输入存入变量的过程叫赋值。变量在程序运行过程中值允许改变，与之相反的值始终保持不变的量称为常量。数据输出可通过 print( ) 函数来实现，print( ) 可以输出常量、变量或表达式等，也可输出文本。

②思考纠错，查漏补缺。本环节通过一个纠错案例让学生进一步感受 input( ) 函数的执行特点，同时引导学生发现，计算机为了能够更精准地处理问题需要定义不同的数据类型，如表 4.13 所示。本环节是对上一环节的补充，也是为学生进一步学习数据类型做好铺垫。

表 4.13　常见数据类型

数据类型	说明
整型（int）	整型通常被称为整形或整数。在 Python 中，整型数没有限制大小
浮点型（float）	浮点型由整数部分与小数部分组成，浮点型也可以使用科学记数法表示，如 2.5e2 =2.5 × 102=250
字符串（str）	字符串是以单引号或双引号括起来的任意文本，如 'abc' "123" 等。字符串的索引从 0 开始，–1 为从末尾开始的位置
列表（list）	列表是写在方括号 "[ ]" 之间、用号分隔开的元素列表。例如，list1=['中' , 'Guo' ,2025,3.14]。列表的数据项不需要具有相同的类型。与字符串的索引一样，列表索引从 0 开始
元组（tuple）	元组与列表类似，但元组中的元素不能修改。元组使用 "( )" 创建，并使用逗号隔开。例如，tup1=('中' , 'Guo' ,2025,3.14)。元组与字符串类似，可以被索引且下标索引从 0 开始，–1 为从末尾开始的位置，也可以进行截取
字典（dictionary）	字典是无序的对象集合。与列表的区别在于：列表是有序的对象集合。字典当中的元素是通过键来存取的，而不是通过偏移存取。字典用 { } 标识，它是一个无序的 "键（key）：值（value）" 对集合。例如，students = { '小英':80, '小华':98, '小文':72}。字典中的键必须使用不可变类型。在同一个字典中，键必须是唯一的

教师："请同学们在计算机上输入以下指令并运行。观察运行结果，并尝试进行修正。"

```
a=5
b=input("请输入一个整数")
c=a+b
print(c)
```

学生："程序运行报错，显示'不支持操作类型为整数和字符串'。将 input(" 请输入一个整数 ") 语句改成 int(input(" 请输入一个整数 ")) 就可以正常运行了。"

教师："不论用户输入什么类型的数据，input( )函数的返回结果都是字符串，如果需要可将其转换为相应的类型再处理。为了便于数据的表示与处理，Python提供了很多数据类型，常用的数据类型如下表所示。一般而言，不同类型的数据间是无法直接进行运算的。"

③探索突破，建构知识。本环节是本节课的教学重点和难点，也是开发简易自动售货机销售系统的第二个部分：支付结算。自动售货机进行支付结算需要判断收款金额与商品价格之间的大小关系，也就是分支结构。本环节中需要教师引导学生在分析中领悟if语句和分支结构之间的对应关系，并学会使用if语句来实现分支结构。

教师："在解决问题的过程中，常常需要对事物进行判断和选择。请同学们思考一下，自动售货机在交易过程中可能会遇到哪些不同的收款情况？并请在导学案中补全每种情况对应的流程图。"

学生1："顾客的支付与商品售价相等。"

学生2："还可能出现支付金额不足和超出的情况。"

教师："同学们分析得很好，在导学案中我们用流程图中的分支结构实现了自动售货机判断收款情况的功能。程序设计中，主要使用条件语句（if语句）来实现分支结构。if语句在使用中较常使用单分支语句和双分支语句。"

（a）单分支语句

```
if 条件:
    语句或语句组
```

（b）双分支语句

```
if 条件:
    语句或语句组
else:
    语句或语句组
```

探索与实践：启动并运行程序文件"快乐购物-2.py"，细致观察其代码逻辑，从中探寻规律，进而依据自动售货机V1的基础，着手实现功能更为完善的自动售货机V2。

自动售货机V1功能简述：系统判断用户输入的金额，当该金额与所选商品售价完全吻合时，视为购买成功，并输出交易完成的相应提示语。

自动售货机V2功能升级：系统继续判断用户输入，若金额与商品售价相符，则交易成功，并显示交易完成提示。若用户输入金额超出商品售价，则系统将自动计算找零，并与交易完成提示一并输出给用户。

```
# 自动售货机 V1 单分支结构
product = [('可乐', 3.5), ('雪碧', 3.2), ('巧克力', 4.5), ('薯片', 6.0), ('面包', 5.5)]
print("欢迎光临无人售货机，以下是我们的商品：")
print(product)
choice = int(input("请输入您想购买的商品序号"))
product_name, product_price = product[choice-1]
print("您选择的商品是 ", product_name, "请付款 ", product_price, "元 ")
money = float(input("请支付相应金额"))

if (money-product_price) == 0:
    print("应付 ", product_price, "元 ", "实收 ", money, "元 ", "请取走商品，欢迎
下次光临！")

# 自动售货机 V2 双分支结构
product = [('可乐', 3.0), ('雪碧', 3.0), ('巧克力', 5.0), ('薯片', 6.0), ('面包', 5.5)]
print("欢迎光临无人售货机，以下是我们的商品：")
print(product)
choice = int(input("请输入您想购买的商品序号"))
product_name, product_price = product[choice-1]
print("您选择的商品是 ", product_name, "请付款 ", product_price, "元 ")
money = float(input("请支付相应金额"))

if round(money - product_price, 2) == 0:
    print("应付 ", product_price, "元 ", "实收 ", money, "元 ", "交易成功！请取走商品，
欢迎下次光临！")
else:
```

总结讲授：在上述例子中，money-product_price 构成了一个表达式，该表达式的作用是通过运算符对一个或多个数值数据进行算术运算，这些运算符中既有标准的算数符号用来执行标准的数学运算，比如加、减、乘、除，也有被赋予特殊含义的符号用来执行特定的运算，比如幂、整除、取模等。运算符作为进行特定运算的标记，指明了对操作数所执行的具体运算类型。常见的运算符如表 4.14 所示。

表 4.14　算数运算符

算术运算符	+	–	*	**	/	//	%
功能	加	减	乘	幂	除	整除	取模

分支语句 if 里的条件（money-product_price）>0 一般称为关系表达式，关系表达式通过关系运算符两个或多个数据组合起来进行比较，关系表达式成立时值为真（True），不成立时值为假（False），对于数值比较是按照数值的大小来比较他们的关系的，常用的关系运算符如表 4.15 所示。

表 4.15　关系运算符

关系运算符	==	>	>=	<	<=	!=
功能	等于	大于	大于或等于	小于	小于或等于	不等于

④进阶挑战，攻克难点。总结任务二中 if 条件语句的使用方法，请查阅资料或通过 AI 学习多分支语句的语法结构与应用场景。利用多分支语句升级自动售货机程序，让自动售货机能够完成（a）用户输入与商品售价一致；（b）用户输入大于商品售价；（c）用户输入小于商品售价三种情况的判断，并对每种情况输出相对应的回复。

```python
product = [('可乐', 3.0), ('雪碧', 3.0), ('巧克力', 5.0), ('薯片', 6.0), ('面包', 5.5)]
print("欢迎光临无人售货机！以下是我们的商品列表：")
for item in product: print(item)
try:
    choice = int(input("请输入您想购买的商品序号（1-{}): ".format(len(product))))
    if choice < 1 or choice > len(product):
        raise ValueError
except ValueError:
    print("输入无效，请输入 1 到 ||之间的数字。".format(len(product)))
    exit()
product_name, product_price = product[choice-1]
print("您选择的商品是 ", product_name, " 请付款 ", product_price, " 元 ")
money = float(input("请输入投币金额 "))
if (money-product_price) == 0:
    print("应付 ", product_price, " 元 ", " 实收 ", money, " 元 ", " 请取走商品 ")
elif(money-product_price) > 0:
    print("应付：", product_price, " 元 ", " 实收：", money, " 元 ",
            "找零：", money-product_price, " 元 ", " 请收好零钱，取走商品 ")
else:
    print("应付：", product_price,"元 "," 实收：",money," 元 "," 请继续支付：",
-(money-product_price),"元 ")
```

设计意图：通过本节课的学习，学生不仅能够掌握顺序结构和分支结构语句的使用方法，还能通过实际编程实践，理解计算机程序在解决实际问题中的作用。通过任务驱动和小组合作，学生在实践中巩固了知识，提高了解决问题的能力。课后作业和拓展学习旨在帮助学生进一步深化对顺序结构和分支结构的理解，激发学生的学习兴趣和探索精神。

（3）课时拓展延伸

目前的自动售货机程序在处理顾客的输入小于商品售价这一情况时，是否合理？有没有改进空间？如何改进？假如改进的话，需要使用什么程序结构？

设计意图：通过提出实际问题，引导学生主动思考程序的合理性和局限性，培养他们发现问题的能力。鼓励学生思考改进方案，激发他们的创新思维和解决问题的能力。引导学生需要从多种视角出发，思考如何优化程序，使其更加人性化和高效。

（4）课时评价

①课前呈现评价方案。在课程开始前，教师向学生详细阐述本节课在信息意识、计算思维、数字化学习与创新、信息社会责任这四个维度的具体评价标准。以计算思维为例，明确告知学生正确运用 input()、print() 函数以及 if 语句时应展现出的具体行为表现。这一举措使学生能清晰地把握学习目标与方向，明确课堂学习中需致力达成的各项任务。

②课中及时评价反馈。教师应密切关注学生在课堂上的表现，诸如回答问题的踊跃程度、参与操作实践的积极性以及动手操作时的主动性。对于积极且高质量回答问题的学生，及时给予表扬；对于讨论不够积极的学生，主动询问原因并加以鼓励。在指导学生设计自动售货机的对话与支付功能时，需密切关注他们遇到的难题与错误，并提供具体而有针对性的辅导。每个教学环节结束后，教师应引导学生根据评价量规进行自我审视，思考并评估自己的表现。

③课后收集记录评价。课程结束后，通过观察学生在课堂任务中的完成情况，细致评估他们对课程知识的深入掌握程度及实际应用能力。对于表现优异的学生，应给予充分的认可与赞扬；而对于出现错误的学生，则需耐心指出问题，并鼓励他们积极面对并改正。同时，学生需要填写课时评价表（表 4.16），总结自己在学习过程中的收获与不足。教师则综合课堂表现、任务完成情况以及学生的自我评价，对学生进行全面评价。

设计意图：构建全面、系统的教育评价体系，旨在从知识掌握、技能运用、态度表现等多个维度对学生进行全方位评估，确保评价的科学性、公正性和有效性。评价过程不仅重视结果，更关注学生在学习过程中的表现与成长，以此激发学生的内在学习动机，引导他们进行自我反思和自我调整。通过采用自我评价、同伴评价、教师评价等多元化的评价方式，能够提供更丰富的反馈信息，帮助学生从不同视角认识自身的优势与不足，进而制定更有效的学习策略。此外，还能帮助学生更好地理解顺序结构和分支结构语句的运用，体会计算机程序在提高问题解决效率方面的作用，以及掌握如何运用流程图设计解决支付问题的方案并通过编程加以验证。

（5）课堂总结

在本节课中，学生通过设计自动售货机的支付系统，深入学习了顺序结构和分支结构语句的使用方法。通过一系列精心设计的任务驱动和实际的编程实践活动，学生们不仅熟练掌握了输入输出语句的格式与功能，还深刻理解了变量和赋值的基本概念，以及各类数据之间复杂而有趣的运算规则。在分支结构的学习中，学生通过分析自动售货机支付结算的场景，学会了使用 if 语句实现单分支、双分支和多分支结构，能够

表 4.16　课时评价

评价项目	评价指标			自评
	优秀（5分）	良好（3分）	仍需努力（2分）	
1.能够灵活地运用 input 语句与 print 语句进行输入与输出	全部可以	部分可以	非常困难	
2.理解变量与常量并可以正确命名变量	全部可以	部分可以	非常困难	
3.认识常用的数据类型并能进行转换	全部可以	部分可以	非常困难	
4.掌握 if 语句的使用方法	全部掌握	部分掌握	没有掌握	
5.掌握 if…else…语句的使用方法	全部掌握	部分掌握	没有掌握	
6.掌握各类运算符与表达式的使用方法	全部掌握	部分掌握	没有掌握	
评价本节课你的表现				
总结本节课你的收获				
提出你的问题和困惑				

处理顾客输入金额与商品售价的关系，并输出相应的提示信息。在课堂上，学生们热情高涨，积极参与讨论和编程实践活动，展现出对编程学习浓厚的兴趣与热爱。教师通过及时的点评和指导，帮助学生理解难点内容，并鼓励学生通过查阅资料和使用 AI 学习进一步拓展知识面。课后，学生们将着手编写一个支付功能完备的自动售货机程序，并大胆尝试运用循环结构对程序进行优化，以期巩固所学知识，进一步提升自身的编程能力。

第 3 课　管理自动售货机——列表与循环

1.学习目标

（1）通过完善自动售货机的结算系统了解循环的基本概念，掌握 for 循环的语法格式和使用方法。

（2）通过开发自动售货机的管理系统，掌握列表的功能和常见操作。

（3）通过进一步优化管理系统，了解 while 循环的一般格式和使用方法。

（4）在问题求解中能够灵活应用列表存储有序数据，并能尝试使用循环解决实际问题，感受计算机程序在提高问题解决效率中的作用。

2. 教学重难点

教学重点：理解循环语句的工作原理，掌握循环语句的语法格式。

教学难点：应用循环结构完善自动售货机的结算系统和管理系统。

3. 教学过程

（1）衔接引入

通过本单元前两节课的学习，学生已经学会了使用流程图描述算法，并且已经掌握了输入输出语句和简单的 if 判断结构，能够使用 input、print 和 if 语句搭建简单的自动售货机框架模型。然而，由于技术限制，这个简易售货机仍存在诸多不合理之处，因此本节课我们将利用新知识来进一步完善售货机程序。

（2）项目实施，开展探究活动

①分组探索，学习新知。回顾前面提出的问题，目前的自动售货机在处理顾客的输入小于商品售价这一情况时是否合理？有没有改进空间？如何改进？假如改进的话，需要使用什么程序结构？显然，当付款不足时直接结束交易显得不合情理，这种处理方式会让设备显得生硬且缺乏人情味，极大地影响了用户体验。更友好、更正确的处理方式是提醒用户支付金额不足，再次输入付款金额。

教师："同学们，还记得我们上一节课使用 if 语句设计出了具有收款功能的'自动售货机 V3.0'吗？在上节课结束时有同学发现这一版本的自动售货机有一点小问题，我们发现目前版本的自动售货机没有办法完成多次付款。请同学们思考并提出更加合理的补充付款方案，运用已有知识绘制流程图，并完成表 4.17 的填写。"

表 4.17　付款功能优化方案

我的方案	实现多次补款功能的流程图

教师："我看到了两种方案，一种是在分支结构中继续进行嵌套，进一步判断，这种方式确实是一种可行的方案，同时还充分利用了我们所学的知识；还有一种方案创新地用到了循环结构，对比可以发现，循环结构把计算机程序需要周而复始地重复同样的步骤打包进了一个相对独立的结构中，大大简化了我们的流程图。在使用循环结构的各种方案中，我还发现两种不同的思路，我想请两位同学分别阐述一下这两种支付方式的设计意图。"

学生1："我使用循环结构让顾客可以一直付款，直到支付金额等于或者大于商品售价时，交付商品并退出交易。"

学生2："我规定了支付次数，也就是判断顾客的支付次数是否达到上限，比如3次，一旦达到了，就结束交易。"

教师："显然，我们面前展现的是两种截然不同的支付逻辑。同学们，你们认为哪一种支付方案在实际操作中更具可行性，更能满足我们的需求呢？现在，请大家分组进行深入探讨，同时打开桌面上的导学资源文件夹，利用其中的资料，尝试将你们小组认为最具可行性的方案付诸实践。"

②总结对比，查漏补缺。学生通过上一环节的操作实践，体悟导学案中 for 循环解决方案和 while 循环解决方案，可以掌握 for 语句和 while 语句的简单使用和一部分基础的语法，但是要深度掌握和理解还需要教师更加细致深入地讲解和示范。

教师："我看见很多同学都已经实现了自己的付款方案。有的同学选择了 for 语句，有的同学选择了 while 语句。在接下来的 5 分钟里，请同学们交换体验彼此的程序，并思考两个问题：for 语句和 while 语句分别实现什么效果？它们可以彼此替换吗？"

学生1："for 语句可实现重复一定次数的循环。while 语句不在乎循环次数，只要条件满足就可以一直循环下去。"

学生2："我认为在付款功能中适合使用 for 循环，限制支付次数，这样可以避免顾客不停地小额付款，导致售货机长时间被占用。"

学生3："for 语句与 while 语句在功能上是不可相互替代的，否则就没有单独设置这两种循环的必要了。"

学生4："我认为可以相互替换。同样都是循环，只要添加合适的限定条件，它俩应该是能实现相同效果的。"

学生5："如同学1所说，for 循环与 while 循环各有特点和用途，应该视场景需求使用，在特定条件下它们应该是可以互相替代的。"

教师："同学们总结得很好，在很多情况下，for 循环和 while 循环可以相互替代，但需要根据具体需求选择合适的循环方式。如果需要遍历一个已知的序列，或循环次数已知且固定，优先使用 for 循环。如果循环条件复杂或需要动态控制循环次数，优先使用 while 循环。"

③升级完善，迁移运用。通过前面的学习，本项目已经完成了售货机完整的销售系统功能。但是一个完整的售货机不应该只有销售系统，还应该配套有管理系统。管理系统的核心功能是维护更新售货机中的商品信息。教师引导学生思考自动售货机的管理需求，针对学生观点进行分析并鼓励创新。

教师："到此为止，我们已经实现了一个简易自动售货机，它可以与顾客进行交互，可以实现收款和找零。然而，我们的探索之旅并未止步，因为一个完整的自动售货机还须具备商品管理的核心功能。请同学们思考一下售货机的管理系统应该有哪些功能，记录在表 4.18 中。"

表 4.18　自动售货机的管理功能

自动售货机的管理功能模块	具体任务
修改商品信息	修改商品价格 修改商品名称
增加商品	
删除商品	
……	

在本案例中，商品是以列表的形式存储在变量 product 中的，在管理自动售货机时，对商品的删除、增加、修改都是对列表进行操作。教师详细讲解了列表的使用方法，通过清晰的表格（表 4.19）列出了具体语法结构，并辅以程序示例，直观展示了列表的删除、增加及修改等操作的实际效果。

表 4.19　Python 中列表的常见操作

功能	程序实现
修改	product[2]=(" 奶糖 ",2.0) # 修改列表第 3 个元素的值为"奶糖"，售价 2.0 元，注意列表索引号从 0 开始
增加	product.append((" 橙汁 ",3.5)) # 在列表尾部添加一个数据元素 " 橙汁 "，售价 3.5 元
删除	del product[1] # 删除列表的第二个元素
输出	print (product) # 输出列表

程序示例：

```
product = [('可乐', 3.0), ('雪碧', 3.0), ('巧克力', 5.0), ('薯片', 6.0), ('面包',
```

```
5.5)]
    del product[1]   # 删除列表的第二个元素
    product.append(("橙汁", 3.5))   # 在列表尾部添加一个数据元素"橙汁"，售价 3.5 元
    product[2] = ("奶糖", 2.0)   # 修改列表第 3 个元素的值为"奶糖"，售价 2.0 元，注意列
表索引号从 0 开始
    print(product)   # 输出列表
```

运行结果：

```
[('可乐", 3.0), ('巧克力', 5.0), ('奶糖', 2.0), ('面包', 5.5), ('橙汁', 3.5)]
```

学生打开程序"管理自动售货机_1"，根据所学内容补全程序"管理自动售货机_1"中商品管理部分的代码。

```python
# 自动售货机管理系统
if identity == "admin":
    print("已进入管理员系统")
    manage = input("输入 rev 修改商品参数，输入 add 增加商品，输入 del 删除商品")
    if manage == "del":
        remove=int(input("请输入需删除的商品索引号"))
        del product[remove-1]
        print("更新后的产品列表: ", product)
    elif manage == "add":
        # 提示用户输入产品名称和价格
        product_name = input("请输入产品名称: ")
        product_price = float(input("请输入产品价格: "))
        # 将用户输入的产品信息添加到列表中
        product.append((len(product)+1, 'element1', 'element2'))
        # 打印更新后的产品列表
        _____
    elif manage == "rev":
        product_id = int(input("请输入需修改的商品索引号"))
        product_name = input("请输入产品名称: ")
        product_price = float(input("请输入产品价格: "))
        product[product_id] = [product_name, product_price, 其他相关信息（如
库存量等，根据实际需求添加）]
        print("更新后的产品列表: ", product)
    else:
        print("输入无效，已退出管理系统")
```

④思考实践，触类旁通。通过上一环节自动售货机在完整的购物系统的基础上增加了商品管理功能，然而，由于 if 语句的逻辑结构，商品管理员每次对商品列表 product 进行操作后，系统即会退出管理界面。显然这与环节①中只能进行一次支付的情况完全一致，现在又到了学习者分析问题并选择解决方案的时候了。

教师："请同学们思考为什么管理员只能进行一次操作？刚才所学的两种循环结构哪一种适合解决这一漏洞？"

学生：利用导学案进一步学习 while 循环的特点及语法，打开"管理自动售货机 .py"，尝试借助 while 循环解决管理员只能进行一次管理操作的漏洞。

部分代码如下：

```
# 自动售货机管理系统
if identity == "admin":
    print("已进入管理员系统")
    while True:
        manage = input("输入 rev 修改商品参数，输入 add 增加商品，输入 del 删除商品，输入 esc 退出系统")
        if manage == "del":
            del product[int(input("请输入需删除的商品索引号"))]
            print("更新后的产品列表: ", product)
        elif manage == "add":
            # 提示用户输入产品名称和价格
            product_name = input("请输入产品名称: ")
            product_price = float(input("请输入产品价格: "))
            # 将用户输入的产品信息添加到列表中
            product.append((len(product)+1, product_name, product_price))
            # 打印更新后的产品列表
            print("更新后的产品列表: ", product)
        elif manage == "rev":
            product_id = int(input("请输入需修改的商品索引号"))
            product_name = input("请输入产品名称: ")
            product_price = float(input("请输入产品价格: "))
            product[product_id] = [product_id, product_name, product_price]
            print("更新后的产品列表: ", product)
        elif manage == "esc":
            break
        else:
            print("输入无效")
    print("已退出管理系统")
```

设计意图：通过实际编程任务，学生不仅学习 for 循环和 while 循环的使用方法、列表的基本操作。通过对比和讨论，学生理解了不同循环结构的适用场景，提高了编程能力。通过分析和改进自动售货机的结算系统和管理系统，学会了如何发现问题并提出解决方案。

（3）课时拓展延伸

请学生进一步思考：现在的自动售货机代码还有什么可改进的地方吗？能否实现购物系统与管理系统的共同工作？在实际的软件开发工作中不同的功能模块往往会分包给不同的部门实现，那么如何解决不同部门之间不同功能模块协同开发的问题？这些模块包如何最终协同完成项目任务？

设计意图：提出这两个思考问题，旨在引导学生全面思考程序功能模块的协同机制，融入实际软件开发的模块化理念，激发学生探索精神与创新思维，为后续课程奠定坚实基础，同时锤炼学生的工程思维与实践技能。这些问题不仅巩固了学生的知识基础，还显著提升了他们的综合素养与实际应用水平。

（4）课时评价

①课前呈现评价方案。在课程开始前，教师介绍本节课信息素养的目标要求包括了解循环语句（for 循环和 while 循环）的工作原理，并能正确使用循环语句解决实际问题的具体表现等。评价方式涵盖自评、互评及教师评价，全面考查学生在知识理解、实践操作及创新能力上的综合表现。同时，强调过程性评价的重要性，关注学生在项目实施过程中的参与度和贡献度，记录他们在团队协作中的表现，让学生清楚了解学习要求与努力方向，引导学生积极参与评价过程。

②课中及时评价反馈。在教学中，密切监控学生的课堂表现，如回答问题的积极性、小组讨论的活跃度和动手操作的主动性。对积极且高质量回答的学生给予表扬，对讨论不积极的学生询问原因并鼓励参与。观察学生在完善自动售货机结算系统和管理系统时的计算方法和操作技能，特别是如何使用循环语句和列表进行编程。对出错的学生提供指导，帮助他们理解循环语句的语法格式和逻辑。每个环节后都让学生自我反思并依据评价量规思考表现。小组讨论时，组织互评，评价成员表现，如发表观点的积极性、倾听态度和建议的建设性。

③课后收集记录评价。通过审视学生完成课堂任务的表现，评估他们对课程知识的掌握程度及应用能力。例如，检查学生编写的代码是否正确实现了自动售货机的结算系统和管理系统，是否能够灵活应用列表存储有序数据，并使用循环结构解决问题。对于表现优异的学生，给予表扬；对于出现错误的学生，则指出其问题并要求其进行改正。课后，学生应填写课时评价表（表4.20），总结学习过程中的收获与不足。教师依据课堂表现、任务完成情况以及学生的自我评价，对学生进行全面评价。

设计意图：通过构建一个全面、系统的评价体系，对学生在知识掌握、技能运用和态度表现等方面进行全面的评估。评价过程不仅关注结果，更重视学习过程中的表现和成长，旨在激发学生的内在动机，引导他们自我反思和自我调整。采用多元化的评价方式——包括自我评价、同伴互评及教师点评等，能够全方位地为学生提供反馈，有助于学生从不同视角审视自身长处与短板，进而制定更为有效的学习策略。此外，还能协助学生深入理解循环语句的运行机制，熟稔其语法结构，并学会运用循环结构来优化自动售货机的结算与管理系统，从而深切体会到计算机程序在提升问题解决效率方面的巨大作用。

表 4.20　课时评价

评价项目	评价指标			自评
	优秀（5分）	良好（3分）	仍需努力（2分）	
1. 能熟练使用列表	完全可以	部分可以	非常困难	
2. 能对列表进行建立、插入、修改和删除等操作	全部可以	部分可以	非常困难	
3. 能使用 for 循环解决计数循环问题	完全可以	部分可以	非常困难	
4. 能使用 while 循环解决条件循环问题	完全可以	部分可以	非常困难	
评价本节课你的表现				
总结本节课你的收获				
提出你的问题和困惑				

（5）课堂总结

本课分为三个主要环节，分别完成了自动售货机的支付功能的完善，和管理系统的设计与完善。学生通过完善自动售货机的结算系统，了解循环的基本概念，掌握 for 循环的语法格式和使用方法。通过开发自动售货机的管理系统，掌握列表的功能和常见操作，了解 while 循环的一般格式和使用方法。随后教师组织学生讨论当前管理系统存在的问题，引导学生将所学知识融会贯通，提出了使用 while 循环解决这一问题的方案。通过修改代码，实现了管理员可以多次操作的功能，进一步巩固了 while 循环的使用。通过本节课的学习，学生不仅掌握了循环结构和列表操作的基本知识，还通过实际编程任务，提高了编程能力和问题解决能力。课后拓展问题进一步引导学生思考更复杂的编程任务，为后续学习做好准备。

第 4 课　优化自动售货机——函数与模块

1. 学习目标

（1）通过用自定义函数分别实现自动售货机的结算系统和管理系统，了解函数的作用，掌握函数的定义和调用方法，掌握导入和使用模块的方法。

（2）通过解决复杂问题，形成"自顶向下，逐步细化"的思想，增强数字化分享的意识，能在虚拟社会中与其他成员安全负责任地交流。

2. 教学重难点

教学重点：函数的定义及调用，模块的设计、导入和使用。

教学难点：利用"自顶向下，逐步细化"的程序思想解决实际问题。

3. 教学过程

（1）衔接引入

到本节课为止，我们在设计并编程实现简易自动售货机的过程中已经可以利用计算机科学领域的思维方式思考并解决问题，并且学会了 Python 程序设计语言的基本语法能够编写简单的程序完成项目。本节课我们将通过完善优化自动售货机项目来体验一个项目从代码实现到打包发布的完整流程。

（2）项目实施，开展探究活动

①回顾问题，引出新知。思考第三课提出的问题，目前的自动售货机每次运行只能完成一项工作，那么有没有办法可以让自动售货机持续运行，并在运行过程中实现购物系统与管理系统协同工作？在实际的软件产业中，不同的业务功能往往会分包给不同的部门实现，那么如何解决软件不同功能模块的开发问题？

教师："在软件开发过程中，面对不同的功能和被多次使用的代码，开发者往往通过自定义函数来提高代码复用率和可维护性。每个函数负责一个具体功能，然后通过函数调用将这些功能组合起来，形成完整的程序逻辑。还可以将特定任务的代码模块化，将复杂程序分解成简单、可管理的代码块。请同学们打开文件"自动售货机 -1.py"，观察代码，尝试将销售系统和管理系统两个部分用两个自定义函数分别实现。学习自定义函数的语法结构，尝试将购物系统和管理系统分别放进两个自定义函数中。"

```
def 函数名（参数）：
    语句或语句组
    return 返回值
```

总结讲授：在程序设计中，当某段代码需频繁调用或具备独立逻辑时，我们常通过创建自定义函数，将其构建为可复用且易于管理的模块，从而消除代码冗余，增强代码的可读性和可维护性。

②观察案例，扩宽认知。打开文件"自动售货机 -2.py"，运行并观察代码，比较其与"自动售货机 -1.py"的区别，感受函数之间通过相互调用来协作完成自动售货机的管理与销售功能，体会以函数作为独立功能单元进行程序设计的优势和灵活性。

教师："不同的自定义函数的组织方式可以实现不同的运行效果。请同学们体验下面的程序，并比较这个程序与我们刚才设计的程序之间的异同。"

```
    product = [(1, '可乐', 3.0), (2, '雪碧', 3.0), (3, '巧克力', 5.0),
               (4, '薯片', 6.0), (5, '面包', 5.5)]
    def display_products(products):
        print("欢迎光临自动售货机")
        print("序号\t品名\t\t价格（元）")
        print("-" * 30)
        for product_id, product_name, product_price in products:
            print(f"{product_id}\t{product_name}\t\t{product_price:1f}")
        print("-" * 30)
        return
    def admin_system(products):
        print("已进入管理员系统")
        while True:
            manage = input("输入rev修改商品参数，输入add增加商品，输入del删除商品，
输入esc退出系统：").lower()
            if manage == "del":
                product_id = int(input("请输入需删除的商品序号："))
                del products[product_id-1]
                print("更新后的产品列表：", products)
            elif manage == "add":
                product_name = input("请输入产品名称：")
                product_price = float(input("请输入产品价格："))
                products.append((products[-1][0] + 1, product_name, product_
price))
                print("更新后的产品列表：", products)
            elif manage == "rev":
                product_id = int(input("请输入需修改的商品序号："))
                product_name = input("请输入产品名称：")
                product_price = float(input("请输入产品价格："))
                products[product_id - 1] = (product_id,  # 更新商品信息，保持ID一致
                                          product_name, product_price)
                print("更新后的产品列表：", products)
            elif manage == "esc":
                print("已退出管理系统")
                break
            else:
                print("输入无效")
        display_products(product)
        return
    # 定义购物系统函数，接收可用商品列表作为参数
    def shopping_system(available_products):
        while True:
            choice = input("请输入您想购买的商品序号，或输入admin进入管理员系统：")
            if choice.lower() == "admin":
                admin_system(product)
            else:
                try:
        choice = int(choice)
except ValueError:
    print("输入无效，请输入数字序号或admin")
    continue  # 捕获值错误，提示用户输入无效并继续循环
```

```
                if 1 <= choice <= len(products):
                    product_id, product_name, product_price = products[choice
- 1]
                    print(f"您选择的商品是 {product_name} 请付款 {product_
price} 元")

                    money = 0.0
                    for i in range(3):
                        money += float(input(f"请输入投币金额（当前已支付:
{money:1f} 元）: "))

                        if money >= product_price:
                            if (money - product_price) == 0.0:
                                print(f"应付 {product_price} 元，实收 {money}
元，请取走商品")
                                break
                            else:
                                print(
                                    f"应付: {product_price} 元，实收: {money}
元，找零: {money - product_price} 元，请收好零钱，取走商品")
                                break
                        else:
                            print(
                                f"应付: {product_price} 元，实收: {money} 元，请
继续支付: {-(money - product_price)} 元")
                    if money < product_price:
                        print("支付超出最大次数，结算失败，请取走货币。")
                    else:
                        print("谢谢惠顾，欢迎下次光临！")
                else:
                    print("输入无效，请重新输入")
                display_products(product)
        return

    # 主程序
    display_products(product)
    shopping_system(product)
```

学生: "这个程序也采用了自定义函数的方式，但不同的是，这个案例在自定义的 shopping_system 中引用了 admin_system 函数和 display_products 函数，使得主程序更加精简，也让自动售货机的功能更强大更灵活了。"

教师: "函数之间合理的嵌套不仅可以减少代码，还可以使程序变得更加强大灵活。自定义函数逻辑分离的特性，让代码组织更加条理清晰，便于不同功能间的相互调用，从而显著提升了系统的可操控性。函数内部的相互调用，能够让程序在运行过程中灵活穿插执行不同任务，不仅大幅降低了编写难度和代码量，还进一步丰富了程序的功能并提升了使用体验。同学们不妨尝试运用函数间的嵌套引用技巧，来优化自己的代码结构。"

③体验封装，实现共享。在学会了函数使用的基础上，通过一个体验案例进一步

感受模块化的程序设计，从而认识模块在 Python 中的作用和意义。

教师："请同学们打开桌面上的"四行代码"案例。根据导学案的指引，用引入模块的方式实现"四行代码"写出自动售货机程序。"

```
import vem
product = [(1, '可乐', 3.0), (2, '雪碧', 3.0), (3, '巧克力', 5.0), (4, '薯片', 6.0), (5, '面包', 5.5)]
vem.display_products(product)
vem.shopping_system(product)
```

教师："这个 vem.py 文件就是一个模块文件。此时我们就可以通过 import 语句将 vem 模块导入程序调用这三个函数了。更进一步地，我们推出了 vem 模块，旨在惠及更广泛的受众，让更多人能从我们的工作中受益。请同学们打开桌面上的"发布共享"文件夹，阅读里面的资料，参照相关步骤进行代码发布。鼓励同学们在同桌之间互相交换并体验各自发布的模块，共同感受模块共享的乐趣与便捷。"

设计意图：在教学实践中，学生通过动手实践，将购物系统和管理系统封装成独立的函数模块，并通过函数调用实现程序的完整功能，类似于参考资料1中用 JavaScript 实现购物车功能的封装方法。学生切身体会到了函数在提高代码复用性和可维护性方面的重要性。在此基础上设计"自动售货机 -1.py"和"自动售货机 -2.py"的代码比较环节，让学生可以体会函数之间相互调用的协作方式，理解了模块化设计的优势。最后通过"四行代码"案例，体验了模块的封装与共享，掌握了如何使用 import 语句导入模块，并理解了模块化设计在代码复用和团队协作中的重要性。

（3）单元拓展延伸

提出问题：你见过无人超市吗？请思考一下无人超市涉及哪些功能？分别如何实现？你将如何设计一个无人超市？

设计意图：通过本单元最后一个问题让学生深化知识理解，促进知识迁移。通过提出"无人超市"的设计问题，引导学生将本节课所学的函数、模块化设计以及"自顶向下，逐步细化"的思想迁移到一个更复杂的实际场景中。同时，无人超市的设计要求学生全面考量多个功能模块的协同运作，这一过程能够有效锻炼学生的问题分析、分解及解决能力。此外，它作为一个开放性问题，不存在既定的解决方案，鼓励学生充分发挥想象力，创造出别具一格的设计方案。

（4）课时评价

①课前呈现评价方案。在课程开始前，教师向学生介绍本节课的评价方案，帮助学生明确学习目标和评价标准，如表4.21所示。本节课的重点是函数的定义与调用，以及模块的设计、导入和使用。学生需要掌握如何通过自定义函数实现自动售货机的

结算系统和管理系统，并理解"自顶向下，逐步细化"的程序设计思想。

②课中及时评价反馈。在课堂教学过程中，教师将观察学生是否积极参与讨论，是否能够提出有价值的建议，是否能够有效地倾听他人的观点。监控学生在编程实践中的表现，重点关注学生在定义函数、调用函数、设计模块和使用模块时的正确性和效率。对于出现错误的学生，教师将提供针对性的指导，帮助他们理解问题所在并找到解决方案。

③课后收集记录评价。课后，教师将根据课堂观察记录评估学生的课堂表现，评估学生在小组讨论、编程实践等环节中的表现，包括参与度、团队协作能力、问题解决能力等。分析学生的自我评价和小组互评，了解学生对自己和小组成员的评价，从中发现学生的优势和不足。

设计意图：本节课的评价体系旨在采用全面且系统的评估手段，深入剖析学生在知识掌握、技能应用以及态度展现等多维度上的表现。评价过程不仅关注结果，更重视学习过程中的表现和成长，旨在激发学生的内在动机，引导他们自我反思和自我调整。通过多元化的评价方式，如自我评价、同伴评价、教师评价等，为学生提供更全面的反馈信息，帮助他们从不同角度认识自己的优势和不足，从而制定更有效的学习策略。同时，本节课的学习将助力学生深刻领悟函数的定义与调用之道，熟练掌握模块的设计、导入及使用技巧，并灵活运用"自顶向下，逐步细化"的程序设计理念，有效解决实际难题，进而提升学生的数字化学习能力和编程造诣。

表 4.21 课时评价

评价项目	评价指标			自评
	优秀（5分）	良好（3分）	仍需努力（2分）	
1. 了解什么是代码复用，以及代码复用的意义和优势	全部了解	部分了解	非常困难	
2. 掌握函数的定义方法，以及如何调用函数实现代码的复用	完全掌握	部分掌握	非常困难	
3. 了解模块的概念，以及如何导入和使用模块实现代码的复用	完全理解	部分理解	不能理解	
4. 能够理解知识共享的重要性，并能熟悉和遵守版权协议	完全可以	部分可以	非常困难	
评价本节课你的表现				

（续表）

评价项目	评价指标			自评
	优秀（5分）	良好（3分）	仍需努力（2分）	
总结本节课你的收获				
提出你的问题和困惑				

（5）课堂总结

在本节课中，通过实施自动售货机项目，学生不仅学习了函数的定义与调用、模块的设计与使用，还通过实践掌握了"自顶向下，逐步细化"的程序设计方法。学生能够理解并应用 Python 编程，实现自动售货机的控制功能，从而加深了对程序设计思想的理解。通过实践，学生体会到了函数和模块化设计在提高代码复用性和可维护性方面的重要性，为后续学习更复杂的编程知识打下了坚实的基础。同时，通过模块的封装与共享，学生认识到了团队协作和代码共享的价值，为未来的项目开发和合作奠定了基础。

第三节 数据的管理和应用——数据赋能校园科技节

一、课标内容解读

《普通高中信息技术课程标准（2017版2020年修订）》对本单元的内容要求如下。

（1）在具体感知数据与信息的基础上，描述数据与信息的特征，知道数据编码的基本方式；

（2）结合案例，了解数据采集途径的多样性，能利用适当的工具对数据进行采集和分类；

（3）结合生活实际，理解数据结构的概念，认识数据结构在解决问题过程中的重要作用；

（4）通过解决实际问题，深入理解字符串、队列、栈等线性表的概念及其基本操作，并能够熟练编程实现这些操作；

（5）认识到信息系统应用过程中存在的风险，熟悉信息系统安全防范的常用技术方法，养成规范的信息系统操作习惯，树立信息安全意识。

课程标准强调要采取贴近学生现实生活的典型案例，引导和鼓励学生经历生活中各类数据的采集、管理和组织应用。学生能够在特定的信息情境中，根据业务数据的实际需求，灵活运用多种途径和数字化工具进行数据的有效采集，通过学习各种类型的数据在计算机中的存储原理，了解数制、数字化的概念和编码的意义。随后，通过真实问题的解决对数据结构的思想和方法有初步的认识，并且能够根据问题需要选用合适的数据管理工具来管理数据，最后探讨在数据管理和应用过程中存在的各种风险，学习数据保护的常用方法，增强信息安全意识。这一部分的教学目标是让学生理解数据编码的意义，感受数据结构在解决问题时的作用，能够选用合适的数据管理工具对数据进行管理，通过案例增强学生的数据应用能力和信息安全意识。

根据课程标准，学生应在真实问题情境中设计并规划一个信息系统，涵盖从数据采集到软件编程的全过程。这样的实践机会，能让学生亲身体验数据的采集、存储、管理及应用全过程，深入理解数据编码的意义、数据结构的高效性，并学会选用合适的工具管理数据，采用科学的方法保护数据安全。学生能全程亲身体验数据如何采集、计算机内部如何进行存储，到如何选取合适的数据结构解决问题、如何采用数据管理工具管理数据，最后要对设计出来的系统进行数据保护，完整构建起对信息系统运作闭环的认识，为后续更加复杂的学习奠定基础。

二、单元知识点

根据课标要求，对教材内容进行梳理与重组，确定本单元知识点包括数据编码、数据的组织结构、数据的管理和应用、数据的加密和解密，如图 4.15 所示。

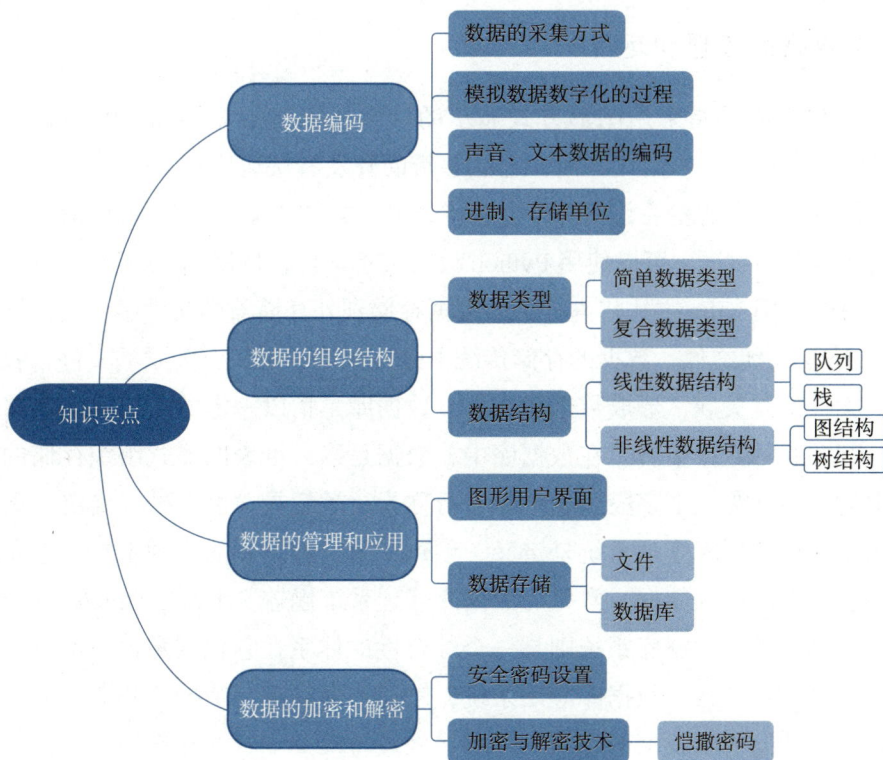

图 4.15　单元知识点思维导图

（一）数据编码

编码，简而言之，就是通过预先设定的规则，将文字、数字等对象转化为计算机能够识别和存储的数值形式。将模拟声音数据转换为数字数据的这一过程称为数字化，分为采样、量化和编码三个步骤。计算机外部的各种形式的数据经过编码后，都以二进制的形式存储在计算机中。文本数据是用来表示一定意思的一系列字符，包含字母、数字、标点符号和汉字等。

（二）数据的组织结构

大部分程序设计语言定义了两类数据类型：简单数据类型和复合数据类型。数据结构，是指由具有特定关系的数据元素所组成的集合，这些元素之间按照一定的逻辑结构相互关联。线性数据结构中，除首元素没有前趋元素、尾元素没有后继元素外，其他元素都只有一个前趋元素和一个后继元素。线性表中数据元素之间是一对一的关系。队列是一种线性结构，它的元素只能在一端依次添加（进队），另一端依次删除（出队），类似于生活中的排队具有先进先出的特点。栈也是一种线性结构，它的元素只能在一端依次添加和删除，具有先进后出的特点。树结构是一种具有层次关系的非线性结构，数据元素之间是一对多的关系。图结构由节点（顶点）和连线（边或弧）组成，每个节点都可以与其他节点通过边相连，形成多对多的数据关系。

（三）数据的管理和运用

图形用户界面是指采用图形方式显示的计算机操作用户界面，Python 语言中的 tkinter 模块用于实现图形用户界面，它能够帮助开发者快速构建 GUI 应用程序。文件是存储在外存设备中的相关数据的集合。将数据以文件的形式存储到外部存储设备中，可以更持久地存储数据。可以使用 Python 读写文本文件，使用 open 函数把外存储器的文本文件打开，用 write 方法将内存中的数据存储到外存储器的文件中，文件操作结束时用 close 方法关闭文件。数据的存储传统上是使用单独的没有关联的文件，我们也可以将这些文件建立关联，形成数据库文件。数据库是指以一定的组织方式存储在计算机中的相互关联的数据集合。在数据库中，数据是以二维表的形式组织存储的，称为表。表中的一列称为一个字段。表中的一行称为一条记录。可以唯一确定一条记录的字段称为主键。数据库管理系统是定义、创建、维护数据库的一种工具。它允许用户管理和控制数据库中的数据。常见的数据库管理系统涵盖 Sybase、Oracle、MySQL 及 Access 等多种类型。数据库系统则是一个综合性的体系，它包括数据库本身、数据库管理系统及其开发工具、数据库应用系统，以及负责管理、维护这些资源的数据库管理员和用户，共同实现数据的存储、管理、处理与维护。Python 作为一种强大的编程语言，能够方便地用于访问数据库。

（四）数据的加密与解密

密码是指用来核对用户 ID 以验证用户就是本人的一组字符。创建安全密码的一般技巧包括设置更长的密码，尽量使用复杂字符组合而成的密码，不要使用敏感信息作为密码，不要使用现有词语搭配生成密码。加密就是将原始信息（数据）隐匿起来，使其在缺少特殊信息（数据）时不可读。原始信息（数据）称为明文，加密后的信息（数据）称为密文。将密文还原成明文的过程称为解密。加法密码又称为移位密码。在加法密码算法中，明文中的所有字母都在字母表上向后（或向前）按照一个固定数目进行偏移后被替换成密文。恺撒密码是加法密码的典型代表。

三、学情分析

（一）学生的知识结构分析

高中生在学习本课前，已经具备了一定的知识基础。他们学习过数据的概念，知道数据有不同的类型，具备一定的 Python 编程能力、电子表格使用经验，但对于数据如何在计算机中存储还不够了解，也很少使用数据库来管理和分析数据。

对于数据结构他们几乎从未接触过，知识储备有限，因此，他们需要构建一个全面而系统的知识体系，以填补这一知识空白。

（二）学生的认知发展水平分析

从小学到中学阶段，学生的思维方式逐渐从具象转向抽象。他们对直观、可视化的信息具有敏锐的捕捉能力，当涉及抽象的数据概念和复杂的逻辑关系时，他们的理解能力可能会遇到一些挑战。在学习数据结构时，需要借助贴近学习生活的实例，将抽象的知识具体化。尽管如此，这个阶段的学生拥有旺盛的好奇心和高涨的学习热情，已经具备了初步的逻辑推理和归纳总结能力。只要引导得当，他们有能力应对复杂的认知挑战。

（三）学生的情感特征分析

中学生情感丰富且好奇心强烈，对于新奇的主题往往能迅速产生浓厚的兴趣。尤其是那些旨在为校园科技节赋能的应用设想，更能点燃他们尝试的激情和参与的热情。成功完成小任务所带来的成就感，能够有效地激发他们继续深入学习的动力；然而，一旦遭遇难题，例如在编写抽奖程序时出现错误，他们也容易感到沮丧和焦虑。此外，学生们倾向于小组合作的方式，通过交流和分享来寻求彼此间的认同感。为此，营造一个充满正能量的学习氛围，无疑会极大地提升学习效果。

四、单元教学设计

（一）单元整体设计思路

围绕数据与校园科技节的内容进行系统性规划。首先从宏观的"单元大概念"入手，阐述数据的采集方式、在计算机中的存储方式、数据结构的含义、提高数据管理效率的方法和保护数据安全的方法，为整个教学内容奠定理论基础。接着确定"单元教学主题"，聚焦于校园科技节中数据的运用场景，体现了教学的实用性和时代感。其次通过"单元驱动问题"提出的四个具体问题，引导学生思考数据在不同场景下的作用，激发学生的学习兴趣。然后进行"单元课时划分"将教学内容具体到四个课时，每个课时有明确的教学重点，从理解并掌握校园科技节数据的编码原理到使用合适的数据结构去高效地解决参观路线推荐问题，再到使用合适的工具来管理数据实现抽奖程序的设计，最后针对密码引起的安全问题进行数据加密与解密的学习，引导学生树立数据保护的意识，让学生进一步认识数据，了解数据的价值。并在"单元核心知识"部分梳理出关键知识点，确保教学内容的连贯性和完整性。"评价"贯穿于教学的始终，用于检验学生的学习成果。从理论到实践，形成了一个完整的教学体系，如图4.16所示。

（二）单元大概念

不同类型的数据有不同的采集方式，并且都是被表示成二进制存储在计算机中，为了高效地解决问题，需要依据数据间的关系建立合适的结构，并且借助文件和数据库系统高效地管理数据，能够分析生活中的安全问题，具备一定的数据安全防护能力。

（三）单元学习目标

（1）能够依据校园科技节活动开展的需求，使用恰当的方法收集相应数据，能够理解数据编码的作用，了解文件和数据库文件的作用，能够有意识地使用数据库对数据进行管理，能够判断和规避数据安全风险。（信息意识）

（2）理解文本、音频等数据的编码机制，掌握进制转换的方法；明晰数据结构的功能和基本特性，能够针对具体问题选择合适的数据结构，熟悉文件和数据库文件的基本概念，根据任务需求灵活选用软件管理数据，并深入理解数据加密和解密的原理。（计算思维、数字化学习与创新）

（3）能够分析生活中由密码引起的安全问题，理解对数据进行保护的意义，知道对数据进行保护的基本方法。（信息社会责任）

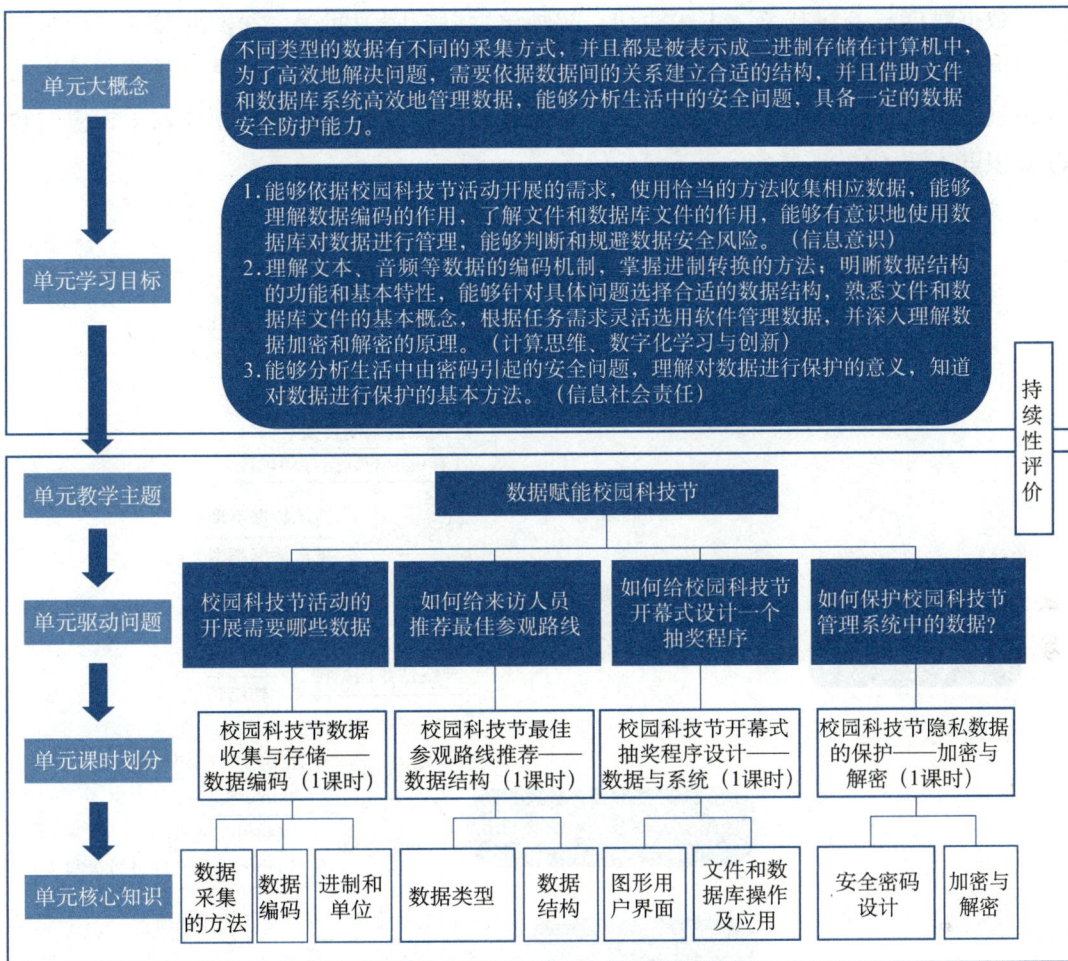

单元大概念：不同类型的数据有不同的采集方式，并且都是被表示成二进制存储在计算机中，为了高效地解决问题，需要依据数据间的关系建立合适的结构，并且借助文件和数据库系统高效地管理数据，能够分析生活中的安全问题，具备一定的数据安全防护能力。

单元学习目标：
1. 能够依据校园科技节活动开展的需求，使用恰当的方法收集相应数据，能够理解数据编码的作用，了解文件和数据库文件的作用，能够有意识地使用数据库对数据进行管理，能够判断和规避数据安全风险。（信息意识）
2. 理解文本、音频等数据的编码机制，掌握进制转换的方法；明晰数据结构的功能和基本特性，能够针对具体问题选择合适的数据结构，熟悉文件和数据库文件的基本概念，根据任务需求灵活选用软件管理数据，并深入理解数据加密和解密的原理。（计算思维、数字化学习与创新）
3. 能够分析生活中由密码引起的安全问题，理解对数据进行保护的意义，知道对数据进行保护的基本方法。（信息社会责任）

持续性评价

单元教学主题：数据赋能校园科技节

单元驱动问题：
- 校园科技节活动的开展需要哪些数据
- 如何给来访人员推荐最佳参观路线
- 如何给校园科技节开幕式设计一个抽奖程序
- 如何保护校园科技节管理系统中的数据？

单元课时划分：
- 校园科技节数据收集与存储——数据编码（1课时）
- 校园科技节最佳参观路线推荐——数据结构（1课时）
- 校园科技节开幕式抽奖程序设计——数据与系统（1课时）
- 校园科技节隐私数据的保护——加密与解密（1课时）

单元核心知识：
- 数据采集的方法
- 数据编码
- 进制和单位
- 数据类型
- 数据结构
- 图形用户界面
- 文件和数据库操作及应用
- 安全密码设计
- 加密与解密

图 4.16　单元整体设计思路

（四）单元主题

随着信息科技的日新月异，校园科技节如雨后春笋般涌现于众多学府之中，不仅为学子们的学业生活增添了斑斓色彩，更为那些怀揣科技梦想的同学们搭建了一个闪耀的舞台。以"校园科技节"为引子，既贴近学生日常学习的脉搏，又紧随时代进步的浪潮。数据，这一无形之财，正悄然渗透至我们生活的每一个角落。从每日的线上交谈到购物抉择，无不留下数据的足迹。而各大网站，犹如智慧的猎手，通过对这些数据的细致剖析，进行个性化的推荐，从而挖掘出巨大的商业价值。然而，这把双刃剑在带来便利的同时，也暗藏着个人信息泄露、电信诈骗等风险。所以知道如何采集数据、数据如何在计算机中进行存储、如何组织数据能够更高效地解决问题、如何选用恰当的工具管理数据以及如何保护我们个人的数据尤为重要。

在深入解读课程标准、梳理单元核心概念以及明确单元教学目标的基础上，设计了"数据赋能校园科技节"主题活动，鼓励学生以校园为起点，深度地参与学校组织的校园科技节活动。随后，考虑到学生的实际学习状况，设计了一系列既符合学生认知发展水平又能够激发他们兴趣的课时主题。然后针对每个课时主题规划了相应的教学知识点（图 4.17）。

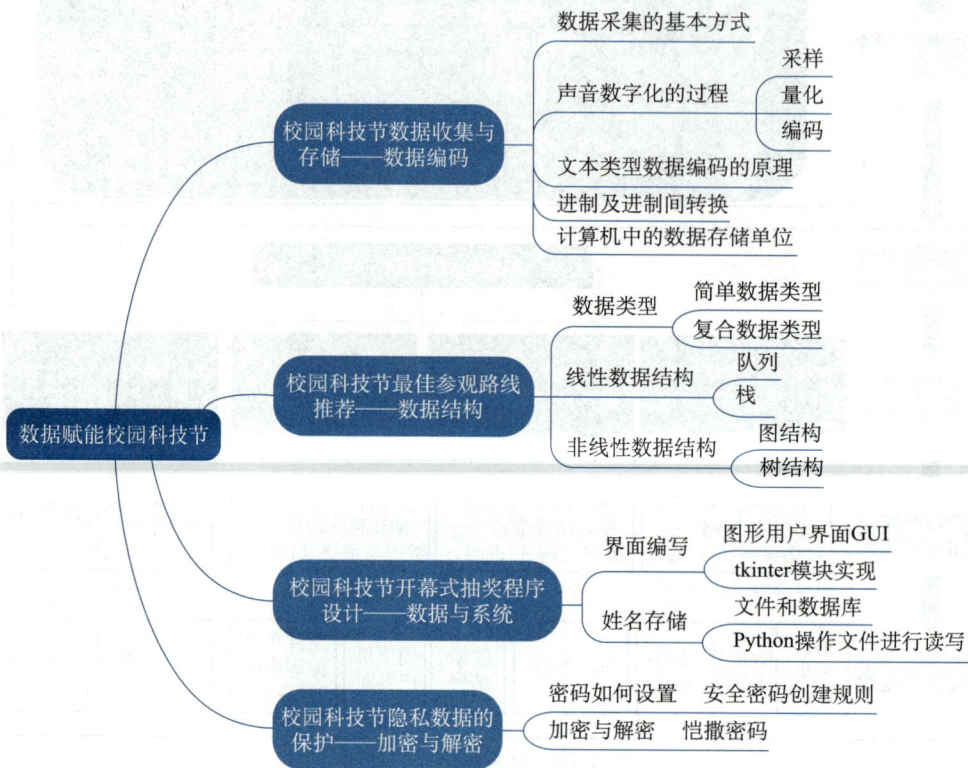

图 4.17　课时主题和知识点

（五）驱动性问题

单元以"校园科技节数据的应用"为核心主题，旨在引导学生通过一系列精心设计的活动，涵盖采集校园科技节需要的数据、学习不同类型的数据的编码原理、在校园科技节参观路线推荐中学习各种数据结构的使用场景、通过文件和数据库来管理来访人员数据从而进行抽奖程序的设计，最后由密码泄露事件来学习加密和解密，从而使学生了解保护数据的方法。通过单元驱动性问题"探究校园科技节数据的应用"，引入了本主题下的各个课时，如图 4.18 所示。

第一课时"校园科技节数据收集与存储——数据编码"中，探讨的核心问题是"校园科技节需要哪些数据？"相关的子问题包括校园科技节需要的数据如何采集？不同类型的数据（声音、文本）如何编码？什么是进制及进制间如何转换？计算机中的数据存储单位有哪些？

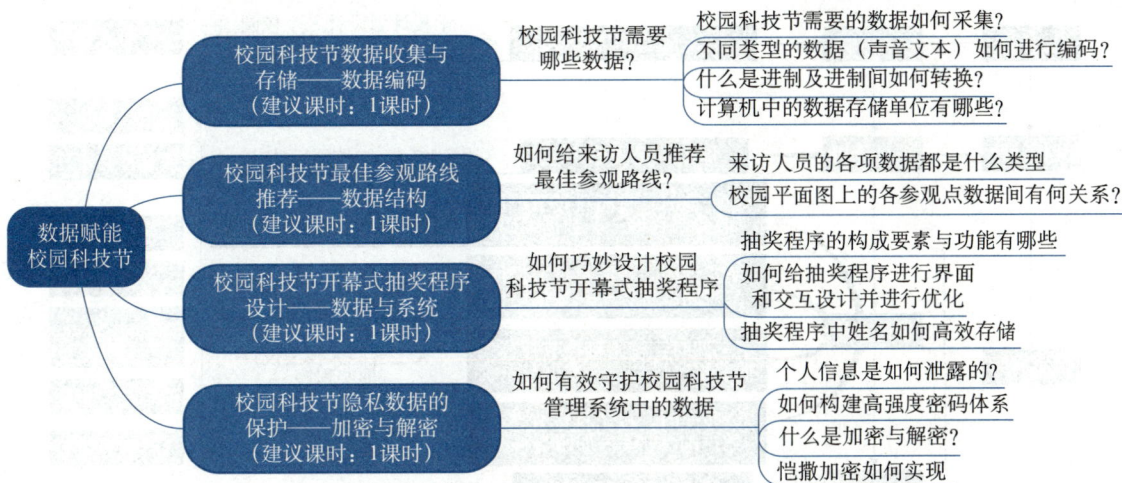

图 4.18 "数据赋能校园科技节"问题链路

第二课时"校园科技节最佳参观路线推荐——数据结构"的核心问题是"如何给来访人员推荐最佳参观路线？"相关的子问题包括来访人员的各项数据都是什么类型？校园平面图上的各参观点数据间有何关系？

第三课时聚焦于"校园科技节开幕式抽奖程序设计——数据与系统"，其核心议题为"如何巧妙设计校园科技节开幕式抽奖程序？"其子议题涵盖抽奖程序的构成要素与功能、界面与交互设计的优化策略，以及姓名数据的高效存储方式。

第四课时则深入探讨"校园科技节隐私数据的保护——加密与解密"，其中心议题为"如何有效守护校园科技节管理系统中的数据？"相关子议题包括个人信息泄露的途径、如何构建高强度密码体系、加密与解密的基本概念，以及恺撒密码的具体实现方法。

五、课时教学设计

本单元分为四个课时，分别是"校园科技节数据收集与存储——数据编码""校园科技节最佳参观路线推荐——数据结构""校园科技节开幕式抽奖程序设计——数据与系统""校园科技节隐私数据的保护——加密与解密"。采用项目引入—项目分析—项目实施—项目总结四个环节构思教学活动，如图 4.19 所示。

第 1 课 校园科技节数据收集与存储——数据编码

1. 学习目标

（1）了解开展校园科技节所需的各类数据采集的基本方法，并且能够在实际问题的解决中进行运用。

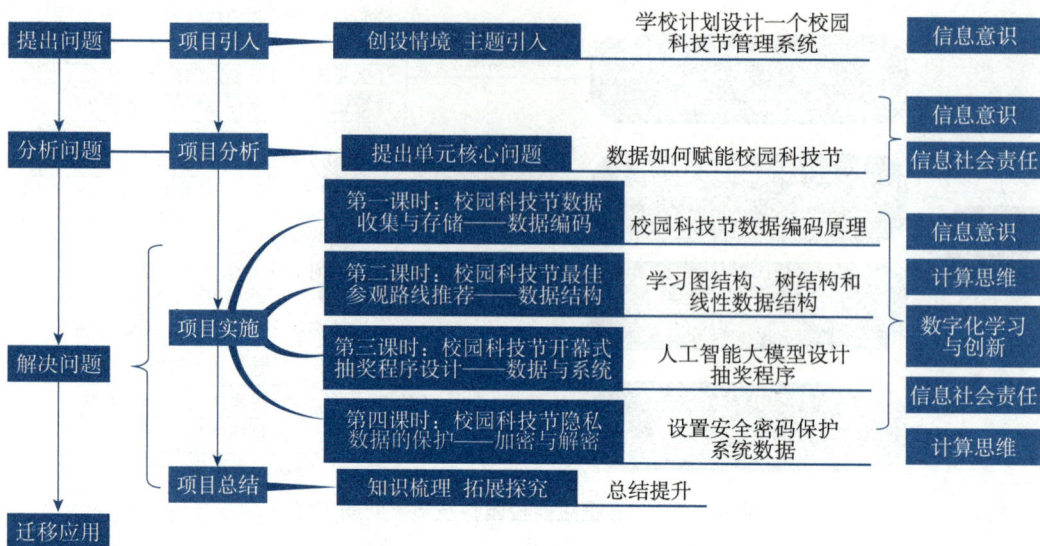

图 4.19　单元教学活动实施框架

（2）理解校园科技节所需音频、文本类型数据编码的过程。

（3）理解数据编码的意义，能够说出生活中的编码，并且能够对常见问题进行编码。

（4）知道什么是进制以及进制间转换的方法，并且能够灵活运用。

（5）知道计算机中数据存储的单位有哪些，能够在日常生活中进行辨别与应用。

2. 教学重难点

教学重点：理解音频、文本类型数据编码的过程。

教学难点：理解数据编码的意义，能够说出生活中的编码，并且能够对常见问题进行编码。

3. 教学过程

（1）创设情境，引出项目主题

采用贴近学生学习生活的例子鼓励学生参与校园科技节的筹备，引导学生思考需要做哪些工作能够使校园科技节更高效地开展，通过分析学生的想法，引导学生进入项目主题。

探究活动：数据如何赋能校园科技节

为了确保校园科技节的圆满高效开展，学校计划面向同学、家长和校友广泛征集祝福语录，增添科技节的温馨氛围；同时邀请各校老师和家长参加科技节开幕式，共同见证这一活动。此外，为了能高效管理，学校将设计一套校园科技节管理系统，具备来访人员信息管理、参观路线查询以及开幕式抽奖等功能。请同学们思考，学校需要哪些数据、这些数据该如何采集，采集后又该如何进行存储和管理，从而使我们的校园科技节更好地开展呢？

　　为顺利开展校园科技节，学校需收集两类重要数据：祝福语录和来访人员信息。祝福语录融合了音频与视频元素，精心打造校园科技节的开场预热视频，旨在点燃现场氛围，为活动增添无限活力。来访人员信息则包括姓名、车牌号、手机号、是否就餐以及性别，这些数据如同坚实的基石，支撑着学校高效规划车辆停放、就餐服务及抽奖活动，同时也为校园科技节管理系统的构建提供了不可或缺的支撑。校园科技节管理系统将面向学校各部门开放使用，以便全面了解来访人员情况，如人数统计、就餐需求和开车与否等信息，从而实现精准服务。此外，该系统还将为来访人员提供参观路线查询服务，确保其能够便捷地游览校园。同时，系统更能在开幕式上大放异彩，通过抽奖环节，为活动增添一抹趣味与互动性，让现场氛围更加热烈。通过这样的系统，学校不仅能够为本届科技节提供有力支持，还能为后续的校园科技节积累经验，提供参考依据。随着系统的持续使用和反馈收集，学校将不断完善系统功能，进一步为校园科技节赋能，使其成为提升活动体验和管理效率的重要工具。

　　设计意图：引导学生从实际需求出发，思考开展校园科技节需要的数据都有哪些，并且如何收集，让学生经历数据从采集、存储到应用的系列过程，培养学生的问题解决能力，激发他们的学习兴趣。

　　（2）项目实施，开展探究活动

　　①兴趣激发，问题引入。教师播放校园科技节视频，让学生结合生活实际思考祝福语录和来访人员信息都要采集哪些数据、为什么采集这些数据、用什么工具进行采集，引导学生进行规划，完成数据采集任务。

　　教师：播放以往校园科技节的视频，提出问题"为了丰富同学们的学习生活，目前学校正在筹备校园科技节，打算征集祝福语录和邀请同学们的家长以及各校老师来参观，请问需要采集哪些数据，这些数据的形式都有哪些，需要用什么设备采集？"请同学们分小组讨论，并记录在表格里，如表 4.22 所示。

表 4.22　校园科技节数据采集表

需要采集的数据	表现形式	采集该数据的工具
姓名	文本	键盘
性别	文本	键盘
身份证号码	文本	键盘
车牌号	文本	键盘
是否就餐	文本	键盘
电话	数字	键盘
祝福语录	声音、视频	摄像机、声音传感器

学生：分组讨论需要采集的数据都有哪些、表现形式和需要的工具是什么，记录并分享。

学生1："我认为有的人喜欢露脸，有的人不喜欢，所以祝福语录可以是音频也可以是视频。采集到这些数据可以用手机录音录像，再专业点的可以用摄像机。"

学生2："需要采集来访人员的姓名、联系方式以备后续联络，同时需了解他们是否驾车及车牌号，便于学校车辆管理。这些数据均为文本形式。采集时，可使用键盘输入，如手机或电脑键盘。"

学生3："校园科技节开幕式时，邀请校外人员可能会影响食堂供餐安排。因此，需了解来访人员是否用餐及其性别，以便大致估算餐量。这些信息可以通过问卷进行收集。"

通过参与这些活动，学生们了解到数据采集的形式多样，且不同形式的数据需要采用不同的采集方法，并且需借助相应的工具进行采集。

②动手实践，原理探究。通过让学生自己录制音频形式的祝福语录，引导学生学习声音数字化的过程。通过让学生填写问卷、展示问卷收集到的数据，引导学生了解什么是文本类型的数据，通过 ord() 函数实践，进一步学习文本类型的数据是如何编码的。

教师："现在请同学们录制一段音频，来表达对校园科技节的祝福。请大家打开计算机上的 Audition 软件来录音，软件的使用见资料。"

学生：学习软件使用方式，录制祝福语录。

教师："同学们已经录制好了祝福的音频，并且已经保存成了一个音频文件。那声音是如何存储到计算机中的？我们刚才其实经历了声音数字化的过程。声音其实是模拟数据，而存储到计算机中的数据是一种数字数据，观察图 4.20 和图 4.21，请同学们说一说模拟数据和数字数据的区别。"

学生："观察两幅图片后，讨论模拟数据与数字数据的差异。会发现，模拟数据的波形光滑，随时间连续变化，而数字数据的波形则不光滑，随时间的变化呈现不连续性。"

教师："数字数据其实可以由模拟数据转换而来，这一过程我们称为数字化。首先，请同学们认真观看关于声音数字化的视频，并在观看后尝试总结声音数字化的主要步骤。"

学生：观看视频，得出声音数字化的步骤是采样（按照一定的时间间隔从信号中取一个瞬时值）、量化（将采样点按照四舍五入规则取整）、编码（把量化得到的整数转化为二进制）。

教师："上面的活动已经进行了祝福语录的采集，同学们课下可以发动亲友采集更多的语录。现在我们来采集来访人员信息。学校已经完成了问卷设计，现在需要发给

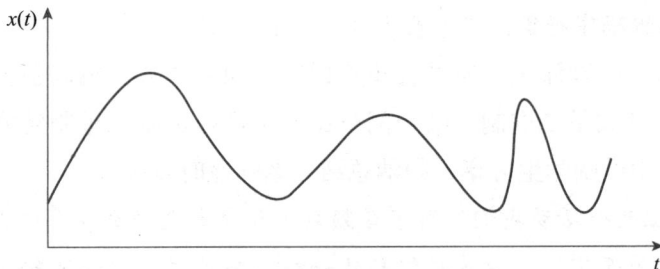

图 4.20 模拟数据波形图

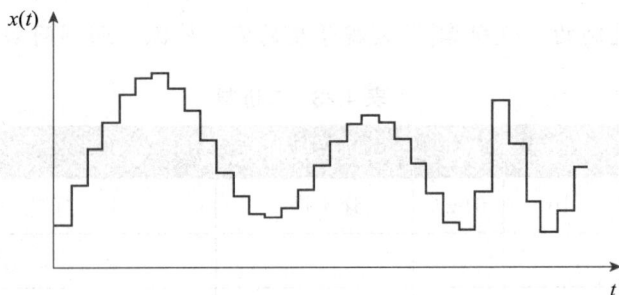

图 4.21 数字数据波形图

同学们进行预填写，检查是否有问题。"

学生：打开问卷进行预填写，检查问卷是否有问题。

教师：提供一份已经下载好的数据，并请同学们仔细观察问卷上的数据，思考这些数据究竟属于何种类型。"这些数据其实是文本类型的数据（文本类型的数据是用来表示一定意思的一系列字符，包括字母、符号、数字和汉字等）。那么文本类型的数据在计算机中又是如何存储的呢？打开 Python，使用 ord( ) 函数，依次输出 ord('A')、ord(' 校 ')、ord('!')，说说你发现了什么。"

学生："每一个文本类型的数据都对应了一个数字。"

教师："其实文本类型的数据也不能直接在计算机中存储，给每个文本类型的数据一个整数值，就可以存储在计算机中了，这个过程称为编码。常用的文本数据的编码有 ASCII 码和 Unicode 码。ASCII 码，即美国标准信息交换码，其标准字符集涵盖了 128 个字符，包括大小写英文字母、标点符号、数字以及特殊符号，例如大写字母 A 的 ASCII 码值为 65。但 ASCII 码主要解决美国文字的编码问题，为了解决我国的编码问题，我国制定了多个汉字编码方案，例如 GB 2312—1980、GBK 和 GB 18030—2022。这些方案不仅确保了与早期标准的兼容性，而且收录的汉字数量也逐渐增多。特别是 GB18030—2022，它收录了多达 87887 个汉字，成为我国计算机系统必须遵循的基础性标准之一。但如果每个国家都使用自己的编码方案，那么就没办法互相交流，我们下载文件时出现的乱码问题往往就是这个原因，于是出现了 Unicode 字符集，是全球可以共享的编码字符集，能够表示很多国家的文字。"

③自主学习，原理深化。通过音频数据编码和文本数据编码引导学生思考数据在计算机中的存储形式是二进制，结合网络搜索来进行进制、进制转换和存储单位的学习。在这个过程中鼓励学生分享，归纳总结，老师适时点拨。

教师："以上两个活动我们了解了音频数据和文本数据都要通过编码才能存储在计算机中。编码，简而言之，便是将信息从一种形态或架构巧妙地转变为另一种形态或架构的过程，而编码后的数据在计算机中存储的形式都是二进制，而我们日常使用的是十进制，此外常用的还有十六进制和八进制，请大家结合已有经验和上网搜索完成表 4.23，总结出进制的一般规律。"巡视学生的完成情况，遇到问题及时讲解。

表 4.23　二进制

数制	基数	数字	进位规则	权值
十进制	10	$0\sim9$	逢十进一	$10^{n-1}, 10^{n-2}, \cdots, 10^0$
二进制				
八进制				
十六进制				
R 进制				

学生："R 进制的基数是 R，数字有 0 到 R-1，进位规则是逢 R 进一，权值有 R^{n-1}，R^{n-2}，$\cdots$，R^0。"

教师："我们日常使用的是十进制，而计算机内部是二进制，十进制如何转二进制，二进制如何转十进制，不同进制间转换的一般规律又是什么呢？在 Python 中可以使用什么函数把十进制转换为二进制？请同学们以小组为单位，通过网络搜索进行学习。"

学生：小组合作，完成进制转换部分的学习。将十进制非负整数转化为 R 进制数，采用的是"除 R 取余"的巧妙方法；而将 R 进制非负整数变回十进制数，则需运用"按权展开求和"的精准法则。可以使用 bin() 函数把十进制数转换为二进制数。

教师："恭喜同学们了解了进制及其转换，不过，你们是否知道，在计算机中存储我们采集的数据是需要占用一定空间的？那么，有谁能告诉我，如何查看自己刚刚录制的音频文件占用了多少空间呢？请同学们上网搜索了解如何查看计算机中文件的大小，比特（bit）、字节（Byte）、KB、MB、GB 这些存储单位及其之间的关系，以及它们可以用来表示什么。"

学生：上网搜索，了解查看计算机文件大小的方法。小组讨论计算机的最小存储单位是比特（bit），即二进制数的一位，可能是 1 也可能是 0，接下来是基本的存储单位字节（Byte），1 字节等于 8 比特，1KB=1024B，1MB=1024KB，1GB=1024MB。一般一个很小的文件大小用字节表示，大一点的文件用 KB 表示，手机拍的照片用 MB 表示，U 盘的容量用 GB 表示。

教师："恭喜大家，了解了计算机的存储单位。在文本中，英文字母一般用一个字节来表示就可以，但是汉字一般要用两个字节来表示，大家知道为什么吗？这是因为 1 个字节包含 8 位，能够表示从 0 到 255 的数字范围。结合我们之前学习的文本编码原理，英文字母的编码采用的是 ASCII 码，而标准的 ASCII 码总共有 128 个，因此，一个字节就足以表示一个英文字母。然而，由于常用的汉字数量庞大，需要更多的位数来表示，通常使用两个字节，但也存在使用更多字节的情况。"

设计意图：本课旨在以贴近学生生活的校园科技节数据采集任务为切入点，引导学生主动思考在实际情境中需要收集哪些数据以及使用何种工具，从而激发学生积极参与课堂讨论和规划，增强课堂的互动性和参与感。在课程推进过程中，首先安排学生录制音频形式的祝福语录，然后学习声音数字化的过程，操作与理论结合使学生能够更容易接受相关知识。随后，通过测试问卷的正确性以及展示同学们填写后的数据，讲解文本数据的编码方式，学生不会感到陌生，活动也容易开展下去。最后，进一步讲解进制及其转换以及计算机的存储单位等知识，帮助学生构建完整的知识体系。整个学习过程以数据采集为主线，通过提出问题引发学生的思考，逐步引导学生深入学习原理，不仅帮助学生掌握知识，还有效促进了学生计算思维的发展，使学生在实践中学习，在思考中进步。

（3）课时拓展延伸

让学生分小组继续了解生活中的编码，给出三个选题"祝福语录中的视频如何编码""日常生活中经常扫的二维码如何编码""校园科技节来访人员登记的车牌号如何编码"，每个小组选择其中一个进行了解并以书面报告的形式进行提交。

设计意图：通过这个作业，进一步拓展学生对编码的了解，明白编码在生活中应用的意义，同时巩固这节课所学的知识，培养学生小组合作的能力以及自主学习的兴趣，从而提升学生的综合素养和实践能力。

（4）课时评价

①课前呈现评价方案。在课程开始前，教师制定评价量规表 4.24 并向学生详细介绍评价方案，包括评价目标、内容、方式及各项评价指标所占权重，确保学生能够清晰理解学习的具体要求与努力的方向，从而激励学生主动参与到评价过程中来。

②课中及时评价反馈。课堂教学中，教师依据预设的评价标准，实时观察并记录学生的学习情况，每当一个教学环节如"文本类型数据编码"学习完毕后，立即对学生的表现作出简短而精准的点评，既肯定成绩也提出改进意见；小组讨论后，组织小组互评，促进交流反思。

③课后收集记录评价。课后，教师迅速整理课堂观察记录，收取学案并批改作业作品。随后，将评价结果录入电子表格，开展数据分析，以全面掌握学生整体学习状况和个体差异。依据评价结果，教师定期向学生提供个性化评价报告。报告以鼓励性语言为主，清晰指出学生的优点与不足，并附上具体的学习建议，助力学生规划后续学习方向。

设计意图：在教育改革的推动下，多维评价体系被广泛应用于小学数学、课堂教学效果评估以及小学英语阅读教学中，旨在全面、客观地评价学生的学科素养和学习成果。例如，多维评价体系在小学数学素养评价中，不仅关注学生的考试成绩，还强调评价的多元化、动态化和过程性，有助于丰富和发展我国数学教育评价理论。在课堂教学效果评估中，多维评估方法能够揭示现有评价体系的问题，为教育改革和教学实践提供理论支持和实践指导。此外，多维度评价策略在小学英语阅读教学中的应用，能够激发学生学习的积极性，提高学生的英语阅读水平，培养他们良好的阅读习惯和思维品质。

表 4.24　课时评价

评价项目	评价指标			自评
	优秀（5分）	良好（3分）	仍需努力（2分）	
1. 你是否知道来访人员各项信息和祝福语数据采集的基本方法	全部可以	部分可以	非常困难	
2. 你能否描述出声音数字化的过程	全部可以	部分可以	非常困难	
3. 你能否说出文本类型数据的编码方式	全部可以	部分可以	非常困难	
4. 你能否实现不同进制间的转换	全部可以	部分可以	非常困难	
5. 你是否能说出计算机的存储单位有哪些？	全部可以	部分可以	非常困难	
6. 你能否说出生活中的编码有哪些	全部可以	部分可以	非常困难	
评价本节课你的表现				
总结本节课你的收获				
提出你的问题和困惑				

（5）课堂总结

在本课时中，同学们深入探索了校园科技节涉及的不同类型数据的采集与处理技巧。我们认识到，每种数据类型都有其独特的采集方式。在课堂上，同学们亲自对自己的声音进行了采集，并深入了解了声音数字化的完整过程。同时，我们还学习了文本数据的编码方式，掌握了进制的概念以及不同进制之间的转换方法，并且熟悉了计算机存储单位的种类。通过这些学习，同学们更加深刻地理解了数据编码的重要意义。

希望同学们在课后能够将所学知识灵活运用到实际生活中，主动关注并探索生活中各种编码的应用。无论是常见的二维码、车牌号，还是隐藏在日常生活中的其他编码形式，都值得我们去深入了解和思考。通过这样的实践活动，同学们不仅能够巩固课堂上学到的知识，还能进一步拓宽视野，深刻体会到编码在生活中的广泛存在及其不可或缺的重要作用。

第2课 校园科技节最佳参观路线推荐——数据结构

1. 学习目标

（1）通过回顾分析上节课收集到的来访人员的各项数据的类型，知道什么是简单数据类型和复合数据类型，并且能够分辨生活中的简单数据类型和复合数据类型。

（2）通过"最佳参观路线推荐"情境、阅读资料和在纸上画出路线图，知道什么是图结构、树结构，以及它们在生活中的运用。

（3）通过分析最佳的参观路线数据元素间的关系知道什么是线性数据结构，通过食堂打饭排队和餐盘的摆放拿取知道什么是栈和队列，并能举例说明栈和队列在生活中的应用。

2. 教学重难点

教学重点：能够根据最佳参观路线的情景任务了解图结构、树结构和线性数据结构的特点及应用。

教学难点：能够理解什么是数据结构，区分不同问题情境该使用哪种数据结构，并能够根据实际问题进行运用。

3. 教学过程

（1）项目实施，开展探究活动

①游戏引入，回顾复习。教师首先向学生们展示来访人员的相关数据，进而引导他们回顾并深入理解基本数据类型的特点及其在实际场景中的应用。紧接着，我们借助一系列饶有趣味的互动游戏，检验学生们的复习成效，以此点燃他们学习的热情。随后，我们深入探讨复合数据类型的奥秘，旨在帮助学生们更加透彻地把握各类数据的运用之道。

教师：上节课我们通过问卷收集到了来访人员的信息，包括姓名、性别、联系方式、车牌号和是否就餐等，那这些数据的类型都是什么呢？大家点击电脑桌面上的游戏进行回答，完成得越快，对得越多，排名越靠前。

学生：完成数据类型测试小游戏。

教师：恭喜同学们完成游戏！前面的课程中我们学习过整型（int）、浮点型（float）、字符串（str）、布尔（bool），这些数据类型称为简单数据类型，不能再分解成更小的数据类型，我们还学习过列表，它称为复合数据类型，复合数据类型由简单数据类型或者复合数据类型组成。

②新知讲解，编程实践。通过校园科技节参观路线推荐和学生阅读资料，结合学习生活中的实例，学生可以学习图结构、树结构和线性数据结构（队列和栈）。图结构的实现涉及无向图、有向图、加权图等概念，以及如何通过 Python 编程绘制图结构并找出最短路线。树结构在编程中具有广泛应用，如文件系统、数据库索引、网络路由等，通过学习这些数据结构的特点，学生可以理解各自的优势，并通过编程实践体会解决问题的高效性。

教师："分类管理数据，如同为信息世界筑起一道道清晰的脉络，使得数据的运用变得得心应手。然而，零散的数据如同散落的珍珠，难以焕发其应有的光彩。因此，我们需要将数据巧妙地组织起来，编织成一张张紧密相连的知识网，以便更高效地进行操作和管理。譬如，在做课间操时，我们常常有序地排队通过教学楼大门，试想，若众人一拥而出，出门的效率定会大打折扣。那么，数据的组织方式究竟有哪些奥秘呢？这自然与数据结构息息相关。接下来，我们就一同探索数据结构的世界。"

教师："上节课我们进行了校园科技节祝福语录采集和来访人员数据采集的工作，为了使参观者有更好的体验，这节课我们将要为来访人员设计出一条最佳的校园参观路线。请同学们根据校园示意图设计参观路线。我们将校园中的每一处参观点视为一个数据元素。试想，若从北门启程，又将有多少条参观路线可供选择呢？请大家在学案上尽情描绘。然后阅读资料进行讨论，在画出的路线图中，数据元素之间存在怎样的关系，数据的组织方式是哪种？一般会在哪些场景中应用？"

学生：在学案上画出学校的参观路线，然后由一位同学在教学 PPT 上画出。通过阅读资料了解图结构。资料：图结构是由一组节点（称为顶点）和一组节点间的连线（称为边或弧）构成的一种数据结构。在图结构中，每一个顶点都能与其他顶点通过边紧密相连，形成数据元素之间错综复杂的多对多关系。例如：物流运输示意图、铁路路线图、城市道路图、网络数据图。利用图结构我们可以解决物流中的很多问题，如道路网络分析、车辆运营安排等。

教师："接下来，我们尝试用 Python 创建一个图结构。请同学们根据步行时间图，用 Python 编译器打开"创建图 .py"文件，并补充中间的问号区域，如图 4.22 所示。"

```
import networkx as nx
from networkx.algorithms import shortest_path
import matplotlib.pyplot as plt

# 创建图对象
G = nx.Graph()

# 添加节点
nodes = ['H', ????]
for node in nodes:
    G.add_node(node)

# 添加边及其相应的距离或成本
edges = [('H', 'A'), ('H', 'B'), ('H', 'C'), ('H', 'D'),
         ('A', 'H'), ('A', 'C'), ('A', 'C'), ('A', 'D'),
         ('B', 'H'), ('B', 'A'), ('B', 'C'), ('B', 'D'),
         ('C', 'H'), ('C', 'A'), ('C', 'B'), ('C', 'D'),
         ('D', 'H'), ('D', 'A'), ('D', 'B'), ('D', 'C')]

costs = {('H', 'A'): 5, ('H', 'B'): 10, ('H', 'C'): 10, ('H', 'D'): 12,
         ('A', 'H'): 5, ('A', 'B'): 7, ('A', 'C'): 5, ('A', 'D'): 5,
         ('B', '?'): ?, ('B', '?'): ?, ('B', '?'): ?, ('B', '?'): ?,
         ('C', '?'): ?, ('C', '?'): ?, ('C', '?'): ?, ('C', '?'): ?,
         ('D', '?'): ?, ('D', '?'): ?, ('D', '?'): 1?, ('D', '?'): ?, }
for edge, cost in costs.items():
    G.add_edge(*edge, weight=cost)


# 显示图结构
nx.draw(G, with_labels=True)
plt.show()
```

图 4.22　创建图结构代码

学生：在"创建图 .py"文件中，补充相应的顶点和距离，运行程序，完成绘制图结构的工作。

教师："上面的活动中，我们学习了图结构，但是并没有办法直接从图结构中选出一条最短的参观路线。如何找最短的参观路线呢？可以从北门出发，把所有的参观路线一一列出来，这样就很容易判断出哪条路线最省时。请阅读资料，说明现在画出来的这种结构数据元素之间存在的关系，以及数据的组织方式是哪种？生活中哪些地方会用到这种结构？"

学生：阅读资料，回答问题。"数据元素之间是一对多的关系"，"树结构"，"比如某个单位的组织结构图"。

教师："在刚才的活动中我们已经找到了最短路线，但这种方法效率较低。借助Python，我们可以利用 Dijkstra 算法、Floyd 算法或 SPFA 算法等高效方法来找出最短路线。请同学们用 Python 编译器打开"最短路 .py"，如图 4.23 所示根据注释理解代码，然后把代码中的问号部分补充完整。运行程序，观察最短路线。"

学生：阅读代码，把代码补充完整。

教师：运行完程序，我们发现最优的参观路线是从 A 北门—B 运动场—C 图书馆—A 教学楼—D 体育馆—A 北门，请同学们说一下这条最优路线中数据元素之间存在的关系是？数据的组织方式是哪种？生活中哪些地方会出现这种结构？

```
G = {   # 定义图G的邻接表表示法
    'H': {'A': 5, 'B': 10, 'C': 10, 'D': 12},   # 从H到A的距离为2，到B的距离为5，到
    'A': {'H': 5, 'B': 7, 'C': 5, 'D': 5},
    'B': {'H': 10, 'A': 7, 'C': 5, 'D': 11},
    'C': {'H': 11, 'A': 5, 'B': 5, 'D': 6},
    'D': {'H': 12, 'A': 5, 'B': 11, 'C': 6}}
min = 999   # 初始化最小用时为999（一个很大的数）
s = ?   # 初始化总距离为0
r = ?   # 初始化当前路径为空字符串
minr = [?]   # 初始化最小用时的路径为空字符串
print("最短用时:" + str(dfs('H', set())))   # 从站点H开始搜索，并打印最短用时
print("最短用时线路有:" + minr[1:])   # 打印最短用时的线路（去掉第一个字符，即'-'）
```

图 4.23   找最短路径部分代码

学生：根据资料，线性数据结构元素间的特点是，除首元素无前驱、尾元素无后继外，其余元素均有一个前驱和一个后继，形成一对一关系。

③类比分析，实例讲解。借助学生熟悉的排队打饭场景，阐释线性数据结构中队列与栈的特性，利用贴近生活的实例讲解，有助于学生更好地理解知识。

教师："线性结构在我们的日常生活中很常见，来访人员打饭时会涉及两个情境，第一个是排队打饭，第二个是轮到自己了拿取餐具，同学们思考在这两个情景中人在进队和出队时有什么特点，餐盘在被工作人员摆放和打饭人员拿取时又有什么特点？"

学生："排队打饭的过程中谁先来谁先打上饭离开，来访人员打饭时拿取的餐具每次拿取的是越晚被工作人员摆放的，越早被摆放的餐具反而靠后拿。"

教师："打饭时遵循先到先打原则，每个人可视为一个数据元素，这样便形成了队列数据结构。队列的数据元素只能从一端依次添加（进队），在另一端依次删除（出队），具有"先进先出"的特点，属于线性数据结构的一种。还有一种线性数据结构则与队列相反，就像食堂打餐的盘子，越置于上层的盘子越是餐厅工作人员后来摆放的，但同学们在打饭时却会先取走这些盘子，这种由盘子堆叠构成的数据结构，我们称之为"栈"，它展现了"后进先出"的特点。"

④总结分享，对比分析。比较三种数据结构数据元素间的特点，让学生填写相关表格，并进行分享，了解学生的掌握情况。

教师："通过上述活动，我们已经探索了三种基本的数据结构类型——线性数据结构（具体包括栈和队列）、树结构以及图结构。现在，请大家分享一下自己对数据结构的理解，并完成表4.25的填写。"

学生："数据结构就是数据的组织方式，即数据间的相互关系。线性数据结构元素之间是一对一的关系、图结构数据元素间是多对多的关系，树结构数据元素间是一对多的关系。"

表 4.25 数据结构比较

结构类型	数据之间的关系
线性结构	
图结构	
树结构	

设计意图：本课从课堂小游戏入手结合上节课收集到的来访人员的数据复习回顾数据类型，为后续的学习打下基础。接着以推荐校园科技节参观路线为起点，引导学生逐步学习图结构、树结构和线性数据结构（队列和栈），并通过编程找出最佳的参观路线。这一过程不仅让学生深刻领悟了数据结构的精髓，还让他们明晰了各类数据结构的特点与适用场景，从而有效促进了计算思维的发展，为未来应对复杂问题奠定了坚实基础。

（2）课时拓展延伸

通过本阶段对数据结构的学习，我们认识到选择合适的数据结构对于高效解决问题具有至关重要的作用。数据结构不仅是计算机科学领域的一个核心知识点，也广泛存在于我们的日常生活中。线性结构、图结构和树结构是数据结构中的重要类型，它们各自有着独特的特点和应用场景。为了加深大家对数据结构的理解和应用能力，请大家以三人为一组，共同探讨并记录生活中与线性结构、图结构和树结构相关的应用实例。

设计意图：通过引导学生观察生活中的数据结构实例，如搜索引擎的索引构建、社交网络的好友关系分析，以及图书馆图书管理系统的数据组织，帮助他们将课堂上学到的抽象概念与实际生活场景相结合，从而加深对线性结构、图结构和树结构的理解，进一步巩固所学知识。同时引导学生学会将理论知识应用于实际问题，提升他们的知识应用能力和解决实际问题的能力。这种能力对于学生未来的学习和职业发展至关重要。

（3）课时评价

①课前呈现评价方案。在课程开始前，教师制定评价量规表 4.26 并向学生详细介绍评价方案，包括评价目标、内容、方式及各项评价指标所占权重，让学生清楚了解学习要求与努力方向，引导学生积极参与评价过程。

②课中及时评价反馈。课堂教学中，教师按照既定评价方式进行实时观察、记录，在课堂较为困难的编程环节，观察记录学生遇到的问题；每完成一个教学环节，如完成找最佳参观路线代码填空，让学生进行分享，及时对学生的表现进行简短点评，给予肯定与改进建议；小组讨论后，组织小组互评，促进交流反思。

③课后收集记录评价。课后，教师及时整理课堂观察记录、批改学生提交的代码，并将评价结果录入电子表格，进行数据分析，了解学生整体学习情况与个体差异。根

据评价结果，定期为学生提供个性化的评价报告，以鼓励性语言为主，同时明确指出学生的优点与不足，附上具体的学习建议，帮助学生规划后续学习路径。

设计意图：通过构建多维度的评价体系，引导学生梳理学习内容及其收获，回顾本节课所学知识，反思学习过程中的不足，确保学生不仅能够掌握知识，而且能够在实际生活中灵活运用，培养他们自我反思和持续学习的习惯。

表 4.26　课时评价

评价项目	评价指标			自评
	优秀（5分）	良好（3分）	仍需努力（2分）	
1. 你能否说出什么是复合数据类型以及复合数据类型都有哪些	全部可以	部分可以	非常困难	
2. 你能否说出图结构的特点及在生活中的运用	全部可以	部分可以	非常困难	
3. 你能否说出树结构的特点及在生活中的运用	全部可以	部分可以	非常困难	
4. 你能否说出线性数据结构的特点及在生活中的运用	全部可以	部分可以	非常困难	
评价本节课你的表现				
总结本节课你的收获				
提出你的问题和困惑				

（4）课堂总结

在本课时中，同学们借助趣味横生的课堂游戏，重温了过往所学的数据类型知识，不仅深化了对简单数据类型和复合数据类型的理解，还增添了学习的乐趣。通过游戏的形式，同学们不仅加深了对这些数据类型特点的记忆，还学会了如何在实际编程中灵活运用它们。在校园科技节路线推荐项目中，同学们深入研究了图结构在推荐系统中的应用，例如图结构聚类推荐法，以及树结构在组织层级关系、文件系统、数据库索引等领域的实际案例，同时了解了线性数据结构（队列、栈）在数据处理中的重要性。同学们不仅学习了这些数据结构的理论知识，还通过 Python 编程实践，体会了如何利用这些数据结构来解决实际问题。这种知识的迁移和应用，使得同学们能够将理论与实践紧密融合，不仅提升了编程技能，还增强了问题解决能力，为未来的学习和工作奠定了基础。下节课，我们将学习制作一个开幕式抽奖程序。

第 3 课　校园科技节开幕式抽奖程序设计——数据与系统

1. 学习目标

（1）了解 GUI 的基本概念，能够说出日常生活中的 GUI，并且借助人工智能大模型编写一个抽奖程序。

（2）知道文件的概念，并且如何通过 Python 进行文本文件的读写。

（3）知道数据库的概念和在生活中的运用。

2. 教学重难点

教学重点：能够借助人工智能大模型和相关资料编写出一个带界面的抽奖程序。

教学难点：生活中能够有意识地使用文件和数据库来进行数据的存储管理。

3. 教学过程

（1）项目实施，开展探究活动

①交流探讨，创意构思。教师提出为校园科技节开幕式设计一个抽奖程序的任务，引导学生结合自己使用 app 的经验、参加活动的经验以及上网搜索的信息，共同探讨抽奖程序的功能需求。在此过程中，学生需要思考如何实现抽奖程序的基本功能，例如随机抽取参与者、设置奖品池、限制中奖次数等。同时，教师鼓励学生发挥主观能动性，积极参与课堂讨论，通过小组合作的方式，绘制出抽奖程序的功能示意图。这样的教学设计旨在激发学生的学习兴趣，培养他们的自主学习能力和团队协作能力。

教师：为了让校园科技节开幕式的现场更加热烈，我们打算邀请同学们参与设计一个抽奖程序，该程序将为来访嘉宾及全校师生带来惊喜。请各小组结合自己以往使用 app 的经验，上网查询相关资料，共同确定抽奖程序的功能需求，并尝试绘制功能示意图进行分享。

学生 1：点击抽奖程序，会出现一个界面，上面有一个叫作抽奖的按钮，点击它就可以显示获奖人员的姓名。

学生 2：鉴于校园科技节开幕式可能吸引临时来访人员参与抽奖，因此建议增设添加人员按钮，以便点击后输入来访者姓名。

学生 3：我认为显示的获奖人员的姓名应该是随机的，这个可以通过我们学过的 random 模块实现。

教师：同学们已大致考虑了抽奖程序的基本功能和组成，接下来将帮助大家提炼关键要点。抽奖程序的设计主要分为界面设计（有程序名称的显示、界面上有按钮、有输入文字的地方）和交互设计（点击抽奖按钮会显示出人名），其实我们使用的 app 基本上也分为这些。接下来我们来了解该如何进行界面设计和交互设计。

②知识讲解，编程实现。教师首先讲解图形用户界面（GUI）的相关知识，随后

引入人工智能大模型辅助编程的概念。通过借助人工智能大模型，学生只需下达简单的指令，即可快速生成抽奖程序，这种高效的方式会让学生感受到显著的成就感。在此基础上，教师下发关于 tkinter 模块的相关知识和使用指令，引导学生通过提问和实践，快速理解代码的具体含义。本活动的核心目标是让学生认识到人工智能大模型在编程中的强大助力，帮助他们更高效地完成任务。同时，活动也旨在引导学生将学习重心放在抽奖程序的整体设计上，而不仅仅是代码的死记硬背。这样的教学方式能让学生深刻领悟编程的逻辑精髓，熟练掌握编程方法，并在实践中激发创新思维，提升问题解决能力。

教师："我们使用的各种软件的界面计算机中称为图形用户界面（graphical user interface，GUI），又称图形用户接口，是指采用图形方式显示的计算机操作用户界面，有了界面，我们使用各种软件才会非常方便。在 Python 语言中，tkinter 是实现图形用户界面的模块，可以快速创建 GUI 应用程序，像我们刚才说的按钮被称为控件。"

教师："了解了 GUI 后，现在，请同学们分组合作，利用人工智能大模型来生成一个抽奖程序的 Python 代码。在生成代码的过程中，请大家参考相关资料，深入理解tkinter 模块，并注意代码中各语句的含义。同时，分析代码中界面设计和交互设计的具体实现部分。"

学生：参照教师给出的输入指令让人工智能大模型生成抽奖程序的代码，借助大模型，讨论并分析程序中的界面设计和交互设计，如图 4.24 和图 4.25 所示，并进行展示。

③讨论合作，修改代码。教师率先引导学生剖析人工智能大模型所生成的代码，指出其中潜藏的问题，诸如数据存储方式的僵化及难以维系的复杂性。接着，教师启发学生结合日常生活经验，思考更高效的数据存储方法，从而得出使用文件存储姓名会更加方便的结论。在此基础上，教师进一步讲解文件的概念及其在程序中的重要性。随后，教师引导学生通过阅读相关材料，自主学习 Python 中文件的读写操作。学生们在掌握了文件操作的基本原理后，便着手修改代码，巧妙地将姓名数据存入文件之中，并成功实现了从文件中调取数据的功能。这一过程不仅帮助学生深入理解文件操作的原理，还有效提升了他们的代码实践能力。

教师："同学们已经借助大模型快速生成了一个抽奖程序，也了解了其中的界面及交互设计部分，但图 4.26 所示的抽奖程序还存在着不足，请同学们讨论不足之处有哪些。"

学生 1："生成的抽奖程序中的人名需要替换，但是开幕式时来访人员也得几十上百个，全部写在程序的列表中也太累了。"

学生 2："现在没有办法通过界面添加人员，只能在代码里更改，很不方便。"

教师："同学们所言极是，当前添加来访人员的方式颇为烦琐，且在代码中直接存储人名，无疑会使程序显得笨重不堪。那么，我们是否还能探寻到更为妥帖的存储人

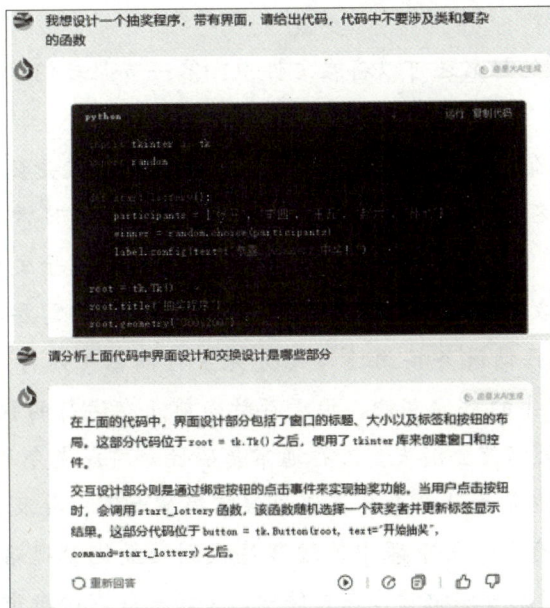

图 4.24 使用人工智能大模型生成抽奖程序的指令

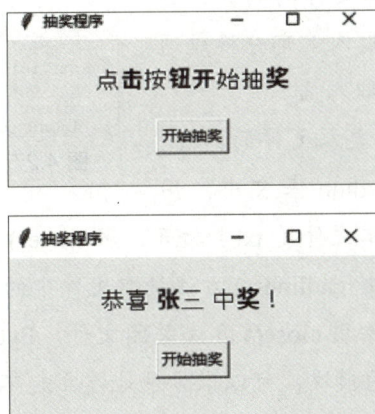

图 4.25 人工智能大模型生成的抽奖程序的效果

```python
import tkinter as tk
import random

def start_lottery():
    participants = ["张三", "李四", "王五", "赵六", "孙七"]
    winner = random.choice(participants)
    label.config(text=f"恭喜 {winner} 中奖！")

root = tk.Tk()
root.title("抽奖程序")
root.geometry("300x200")

label = tk.Label(root, text="点击按钮开始抽奖", font=("Arial", 14))
label.pack(pady=20)

button = tk.Button(root, text="开始抽奖", command=start_lottery)
button.pack()

root.mainloop()
```

图 4.26 人工智能大模型生成的抽奖程序代码

名之法呢？"

学生："来访人员的姓名还可以存在文件中，第一节课我们填完问卷后，下载的文件中就有姓名。"

教师："是的，我们可以用文件来存储姓名。文件是将相关数据存储在外存设备中的一种方式，例如姓名这样的数据就可以被存储在文件中。日常的学习生活中我们会使用各种各样的文件，比如用电脑写一篇演讲稿，会用到电子文档，班主任下发的考试成绩单会用到电子表格。那么为什么会用到文件呢？我们需要对计算机的存储设备进行了解。计算机的存储设备按用途可以分为主存储器（内存）和辅助存储器（外存）。内存是位于主板上的存储部件，用于存放当前正在运行的程序及其所需的数据，一旦程序关闭，这些数据就会消失。外存通常是磁性介质或光介质，能长期保存信息，比如 U 盘、硬盘。这也是为什么老师在课上经常提醒大家，要及时保存你的代码，否则，程序一关闭就没有了。上节课中通过程序找到的最优参观路线，一旦关闭程序，参观路线就没了，这时就可以把它存在文件中，文件一般在硬盘中。"

教师：请同学们打开学生资料中的"学习手册"，学习 Python 读写文本文件的内容，然后把图 4.27 的代码中列表存储人名部分换成通过 Python 读取文本文件来获取人名。

```
import tkinter as tk
import random

def start_lottery():
    c=open("人员名单.txt","r")
    participants=c.readlines()
    c.close()
    winner = random.choice(participants)
    label.config(text=f"恭喜 {winner} 中奖！")
```

图 4.27　Python 从文件读取人名代码

学生：学习 Python 读写文本文件的内容，并进行代码的修改。（在 Python 语言中，用 open 函数把外存储器里的文本文件（.txt）打开，用 write() 方法将内存中的数据存储到外存储器的文件中，可以通过 readlines() 方法读取文件中的每一行内容，并存到一个列表中，文件操作结束时一定要用 close() 方法关闭文件。Python 还提供了读写电子文档和电子表格等多种类型文件的模块，可以很方便地建立起不同计算工具间的联系）

④添加功能，完善程序。教师针对开幕式中出现的忘记填写报名表的情况，引导学生为抽奖程序增加"添加人员"的功能。学生通过阅读资料并借助人工智能大模型快速生成相关代码，同时学习新增代码的功能和实现方式。

教师："开幕式的时候，来了很多忘记填写报名文件的人，但是也要参与抽奖，这时候需要为我们的抽奖程序增加一个"添加人员"功能，该如何做呢？请同学们阅读材料，并通过人工智能大模型生成添加人员的代码，并分析新的代码新增了哪些控件和交互设计代码。"

学生：阅读资料，结合人工智能大模型完成"添加人员"的功能，如图 4.28 和图 4.29 所示。

⑤问题引导，新知拓展。教师以学生日常接触的学籍管理系统和购物网站为例，讲解数据库的概念及其重要作用，帮助学生理解数据库文件的基本概念。随后，引导

```
import tkinter as tk
import random

def start_lottery():
    c=open("人员名单.txt","r")
    participants=c.readlines()
    c.close()
    winner = random.choice(participants)
    label.config(text=f"恭喜 {winner} 中奖！")

def add_participant():
    participant = entry.get()
    if participant:
        with open("人员名单.txt","a") as f:
            f.write(participant + "")
        entry.delete(0, tk.END)

root = tk.Tk()
root.title("抽奖程序")
root.geometry("300x200")

label = tk.Label(root, text="点击按钮开始抽奖", font=("Arial", 14))
label.pack(pady=20)

button = tk.Button(root, text="开始抽奖", command=start_lottery)
button.pack()

entry = tk.Entry(root)
entry.pack(pady=10)

add_button = tk.Button(root, text="添加参与者", command=add_participant)
add_button.pack()

root.mainloop()
```

图 4.28　增加添加人员程序

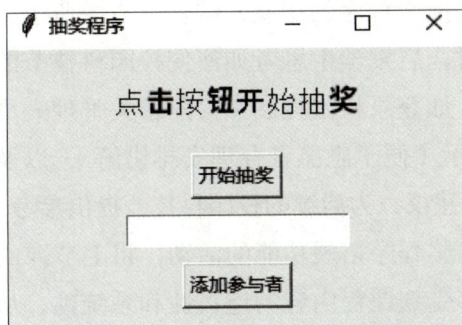

图 4.29　增加添加参与者按钮界面

学生通过 Python 操作数据库文件，亲身体验其使用方法，加深对数据库的理解和应用能力。

教师："在日常生活中，电子表格常被用于数据管理，但当数据量庞大且管理复杂时，就需要采用更为科学的方法。例如，学籍管理系统和购物网站背后，都依赖于庞大的数据库来存储和管理数据，这些数据经过有序组织，形成了我们所说的'数据库'。数据库是以一定的组织方式存储在计算机中的相互关联的数据集合，与之相关的是数据库管理系统，数据库管理系统是定义、创建、维护数据库的工具。允许用户管理和控制数据库中的数据。常见的数据库管理系统有 Microsoft Access。"

教师："请同学们打开名称为"抽奖.mdb"的数据库文件，里面有人员信息表，请同学们阅读资料，找出这张表里的记录、字段、键分别是哪些。"

学生：阅读资料，说明"抽奖.mdb"数据库中记录、字段、键分别是什么。

教师："我们设计的抽奖程序也可以把刚才的文本文件换成数据库文件，请同学们运行"抽奖程序—数据库 .py"文件。"

学生：运行代码文件，体验用 Python 程序操作数据库文件。

设计意图：通过设计校园科技节开幕式抽奖程序的活动，教师引导学生思考程序应具备的功能，激发学生的学习兴趣，增强课堂参与度。在代码实现环节，借助人工智能大模型快速生成初始代码，学生通过讨论和分析对其进行修改优化。这一过程旨在降低学生编写代码的难度，减轻对编程的畏惧感，鼓励学生利用人工智能大模型创作更多有意义的作品，为 AI 时代的低代码编程做好准备。随后，通过抽奖程序中人名存储的需求，教师讲解文件的概念，并指导学生使用 Python 对文本文件进行读写操作。在此基础上，进一步引导学生为抽奖程序增加"添加来访人员"功能，提升程序的实用性和完整性。最后，教师讲解当数据量较大且复杂时，需要使用数据库进行存储和管理。通过介绍常见软件背后的数据库应用，拓展学生对数据存储和管理方法的理解，为后续课程的学习奠定基础。

（2）课时拓展延伸

引导学生进一步拓展抽奖程序的功能，结合上节课所学，将查询最佳参观路线的功能也融入程序中。同时，启发学生思考如何使校园科技节的管理更加便捷高效，探讨并添加更多实用功能，如登录权限控制（仅限相关管理人员使用，便于添加人员信息）、实时参观点人数显示（便于志愿者合理安排讲解），以及留言反馈功能（收集老师、家长和学生的感受与建议，为后续的校园科技节提供参考）。

设计意图：通过为抽奖程序拓展功能的活动，将上节课的学习成果与本节课内容进行有机衔接，让学生感受到课程内容的连贯性和系统性，从而更加系统地学习。接着，进一步引导学生为该程序添加更多功能，充分激发学生的创意和想象力，使他们更加积极地参与到课程学习和校园科技节的筹备工作中。随着程序的不断完善、学生对知识的深入理解以及人工智能大模型的有效应用，最终能够开发出一个功能更加全面的校园科技节管理系统，显著增强学生的成就感和自信心。

（3）课时评价

①课前呈现评价方案。确立明确的评价标准和预期目标，如表 4.27 所示，确保学生清晰理解学习成果的衡量方式。例如，评价方式综合自评、互评和教师评价，全面评估学生在知识掌握、实践操作和创新能力等方面的表现。同时，着重强调过程性评价的核心价值，细致关注学生在项目实施全过程中的积极参与度和实际贡献度，并详细记录他们在团队协作中所展现出的风采与成效。

②课中及时评价反馈。观察学生在小组讨论、人工智能大模型使用、程序调试和自主学习环节中的表现，包括参与度、团队协作能力、问题解决能力、动手操作能力等。通过融合教师评价、学生自评与互评的多元化评价机制，迅速且有效地给予学生

反馈与指导。通过这种多维度的评价体系，不仅能够全面反映学生的成长轨迹，还能有效激发学生的学习动力和创新能力。同时，教师可以根据反馈及时调整教学策略，确保教学质量和效果的最大化。

③课后收集记录评价。通过学生提交的设计方案、对延伸拓展问题的思考总结以及课堂表现的综合评价，评估学生对知识的掌握程度、应用能力和创新思维的发展情况。收集评价数据之后，进行深入系统的分析，精心编制详尽的学生成长档案，为后续实施个性化教学提供坚实可靠的依据。同时，鼓励学生反思总结，以增强自我认知，推动持续的进步。通过这种闭环评价机制，确保教学目标的达成，助力学生全面发展。

设计意图：采用过程性评价和多元评价相结合的方式，全面、客观地评估学生的学习过程和学习成果。课前给出评价目标，确保学生明确学习方向；课中实时反馈，及时发现学生在学习过程中的问题和不足，给予针对性的指导，同时促进学生之间的相互学习和交流；课后则对学生的学习成果进行全面总结和评估，为后续教学提供参考，激励学生不断进步。

表 4.27　课时评价

评价项目	评价指标			自评
	优秀（5分）	良好（3分）	仍需努力（2分）	
1. 你能否创建出一个带界面的程序	全部可以	部分可以	非常困难	
2. 你能够用 Python 操作文本文件	全部可以	部分可以	非常困难	
3. 你能否借助人工智能大模型和相关资料为抽奖程序增加添加人员功能	能添加并运行	能添加运行不了	不能添加	
4. 你能否读懂程序代码	完全理解	部分理解	不能理解	
5. 你是否了解数据库在生活中的运用	完全了解	部分了解	不了解	
评价本节课你的表现				
总结本节课你的收获				
提出你的问题和困惑				

（5）课堂总结

本课程旨在帮助学生了解图形用户界面和数据管理方法。课程以设计校园科技节抽奖程序为切入点，激发学生的学习兴趣。借助人工智能生成抽奖程序代码，学生在实践中发现问题并进行修改，从而降低代码实现的难度，同时激发创造力。在项目推进过程中，逐步引导学生学习文件操作、Python 对文本文件的读写、数据库以及数据库文件等知识，通过具体应用场景帮助学生深入理解这些概念。

通过今天的学习，我们不仅掌握了相关知识和技能，还培养了创新思维和团队协作能力。希望大家在课后继续关注校园科技节的筹备工作，进一步完善校园科技节管理系统，并将今天所学知识运用到实际生活中，为校园活动的顺利开展贡献力量。

第4课　校园科技节隐私数据的保护——加密与解密

1. 学习目标

（1）了解网站上个人数据泄露的原因。

（2）了解创建安全密码的规则，并且能应用到日常生活中。

（3）知道恺撒加密的原理，并且能够用 Python 实现。

2. 教学重难点

教学重点：知道恺撒加密的原理。

教学难点：能够用 Python 实现恺撒加密。

3. 教学过程

（1）项目实施，开展探究活动

①探秘诈骗，情境引入。以来访人员接到诈骗电话为例引入课题，引导学生思考诈骗分子获取详细个人信息的途径。这样的讨论能够加深学生对诈骗手段的认识，提升他们的防范意识，同时，也能有效激发学生的求知欲，为后续相关知识的学习打下坚实基础。

教师："我们来看这样一个情景，校园科技节当天，小姜的父亲在参观校园时，突然接到了一通电话，对方称自己是支付宝的工作人员，打电话是为了提醒小姜的父亲把花呗额度进行关闭，否则会影响征信，小姜的父亲听后感觉不对，便挂了电话。而过了一两分钟，就收到了一通来自警察的电话，说刚才的那通电话是境外的诈骗电话，可千万不要信，小姜父亲非常疑惑，为什么诈骗分子一开口就能准确地说出自己的姓名？请同学们帮助小姜的父亲想一想。"

学生1："诈骗分子是通过某种途径获取了小姜父亲的姓名和联系电话。比如，如果我们快递上使用的是真实的姓名，但是取完快递又没有把快递盒上的信息抹去就扔了，那么就有可能被诈骗分子利用。"

学生2："我曾经听说过某重要网站被不法分子攻击，导致数百万用户的账号及密码相关信息泄露。小姜的父亲可能在某些网站填写了自己的真实信息，网站被诈骗分子攻击了。"

教师："同学们说的情况都有可能，那我们看看小姜父亲的信息泄露的原因。经警察询问，小姜父亲确实在网上注册过信息，留下过自己的真实姓名，有些网站疏于管理，如果数据库被非法分子破解密码入侵，用户的各项信息是很容易被获取到的。我们日常生活中使用的各个软件都会或多或少地留下我们的个人信息，那么如何保护我们的个人信息呢，本节课就来进行学习。"

②自查讨论，交流分享。教师首先展示五个常见且缺乏创意的弱密码示例，引导学生自查并讨论自己是否也曾使用类似的密码设置方式，同时分享选择这种设置的原因。通过这一互动环节，让学生直观感受到弱密码存在的安全隐患。最后，教师详细展示并讲解设置安全密码的规则，帮助学生掌握如何创建更安全、更可靠的密码，提升他们的数据保护意识。

教师："正如我们所见，数据库安全对于保护我们的个人信息至关重要。例如，一起高校数据库被黑客非法入侵的事件中，3万余条教职工、学生个人敏感信息数据被非法兜售，给受害者带来了严重的后果。因此，我们必须采取措施，比如设置强密码，来防止这类事件的发生。那么，如何设置一个不容易被破解的密码呢？网络上曾经公布了一些缺乏创意的弱规则密码，如图4.30所示。这些密码由于其简单和可预测性，非常容易被破解。这些密码之所以被广泛使用，往往是因为它们易于记忆。然而，使用弱密码会带来严重的安全风险，因为它们可以被不法分子迅速破解，进而威胁到个人和企业的信息安全。"

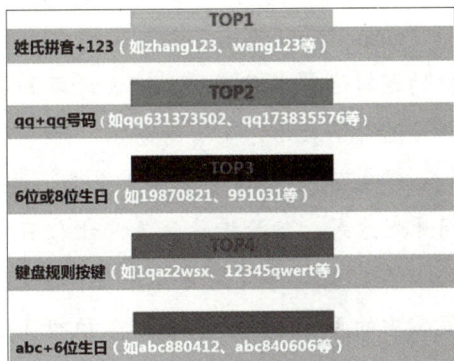

图4.30　五大缺乏创意的弱规则密码

学生1："经讨论，我们组发现，使用姓名拼音加上'123'这种形式的密码相当普遍，连我父母也偏爱这种简单的规则。毕竟需要登录的网站太多，这样的密码设置便于记忆。"

学生2："我们组也有人喜欢在密码中加入自己的生日，一来好记，二来受电视剧中常见设置的影响，无形中也觉得这是个不错的选择。"

教师："看来在密码中设置姓名拼音和生日是同学们经常使用的方法，但这样确实很容易被猜到，不法分子破解起来也很容易。我们来看一下，如何设置安全性高的密码。密码长度尽可能长，越长越难被破解。密码应包含大小写字母、数字和特殊符号（如@、#、$等），这种混合可以增加破解难度。应避免使用易于猜测的信息，诸如生日、姓名、电话号码等。同时，也应规避常见单词、短语或简单数字组合诸如

"123456"或"qwerty"的简单模式，因为这些信息容易被黑客利用字典攻击或暴力破解手段所破解。"

③游戏引入，借鉴学习。通过一个有趣的猜测密码小游戏，迅速调动起学生的积极性。在游戏过程中，引导学生分析和讨论创意密码设置中所运用的规则，从中受到启发，帮助他们在设置密码时更加灵活和安全。同时，这一活动也为后续学习恺撒密码等相关知识做好铺垫，让学生在轻松的氛围中逐步深入理解密码学的基本概念。

教师："知道了安全密码如何设置，但有时我们会发现密码设置好了，但是过段时间就忘了，又需要重新设置，如何设置一个好记的密码呢？既然有没有创意的密码，那么也有一些有创意的密码如图4.31所示，同学们猜一下每个密码分别表示什么意思？并说明怎么猜出来的，有什么可以借鉴的地方。"

学生1："姑苏城外寒山寺，根据'hanshansi'和'gusucity'，使用了数学符号∈和程序设计语言中的逻辑运算符非（！），把古诗词的字面意思通过符号进行了表示，蛮有新意。"

学生2："鱼与熊掌不可兼得，该密码巧妙地融合了英文单词与程序设计语言中的问号表达式，颇具借鉴意义，让人不禁猜测这是否出自一位程序员之手。"

学生3："两岸猿声啼不住，通过英文单词和While(1)，这个密码使用了程序设计语言中的While(1)，表示一直执行下去，还使用了&&表示并且，密码有意思也有复杂度。"

学生4："最后不像上面有规律可循，猜不出来。"

教师："恭喜同学们猜对了，现在让老师解释一下最后一个密码的意思——technology。最后一个密码使用了恺撒密码的规则来进行设置。恺撒密码是一种古老的加密方法，通过将字母按顺序推后一定位数来实现加密。例如，将字母A换作字母D，将字母B换作字母E。请同学们通过结果观察这个密码的设置规则是什么。"

学生："把原来的每个字母往后移动三个，就得到了现在的密码。"

④知识讲解，编程实践。教师将上一活动进行总结，指出其中运用了加密技术，并详细讲解加密与解密的概念。随后，重点介绍恺撒密码的原理和特点。为了让学生更好地理解并掌握恺撒密码的实现方式，教师通过代码填空的形式引导学生完成恺撒密码的加密过程。通过这种实践操作，学生不仅加深了对恺撒密码的理解，还亲身体会到了编程在实现加密过程中的高效性和便捷性。

教师："恭喜同学们发现了最后一个密码的设置规则，上面的活动其实涉及了加密

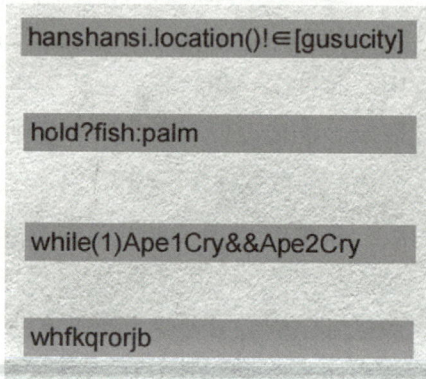

技术。加密，即将原始信息（数据）巧妙隐匿，使其在缺乏特定信息时无法解读。原始信息（数据）被称为明文，而加密后的形态则被称作密文。解密（或解码），则是将密文又重新转化为明文的过程。至于恺撒密码，它源于古罗马统帅恺撒在征服高卢、袭击日耳曼和不列颠的多次战役中频繁采用的加密手段。恺撒巧妙地将明文中的每个字母，在字母表中向后推移三位进行替换，这一方法被后世称为恺撒密码，亦名加法密码。"

教师："在使用恺撒密码时，如果明文比较长，我们人工进行每一个字母的替换就比较费时间，现在请同学们打开"恺撒密码 - 加密 .py"文件，根据注释和学习资料补全代码的①②③处，如图 4.32 所示，使之输入一个明文，这个明文可能由大、小写字母和数字符号组成，经过恺撒密码加密后，每个字母用该字母后的第 3 个字母替换，输出密文。"

学生：阅读程序和注释，完成程序填空，编程实现恺撒密码。

```
c=input("请输入明文:")
b=""
for i in range(0,1en(c)):                    #获取明文内容的每一个字母，并加密
    if 'a'<=c[i]<='w' or 'A'<=c[i]<='W':     #判断a-w或A-W间的字母
        b=b+chr(ord(c[i])+①)                 #明文加密
    elif ②:                                   #判断x-z或X-Z间的字母
        b=b+chr(ord(c[i])+③)                 #明文加密
    else:
        b=b+c[i]                              #字母以外的明文不变
print("你的密文为:",b)
```

图 4.32　恺撒密码程序填空

（2）课时拓展延伸

引导学生上网搜索更多数据保护的方式，例如定期更换密码、采用更安全的加密技术，以及实施全面的数据保护策略，如访问控制、数据备份和恢复、安全审计和监控。然后为校园科技节管理系统添加登录界面，并用所学知识设置登录密码，同时为数据库设置密码，设置好后把密码和同学们进行分享，判断密码安全性是否高。

设计意图：引导学生进行自主学习，并且进一步拓展所学，让学生了解到加密方式是多种多样的。保护数据不仅需要设置复杂且难以猜测的密码，还要养成定期更换密码的习惯，这是保护个人信息和在线账户的第一道防线。最后为校园科技节管理系统添加登录界面并为数据库设置密码，让本节课的知识在整个单元活动中进行运用，旨在增强学生的迁移应用能力，也让学生体会到一个应用系统逐渐完善起来的过程，了解到要完成一个系统的建立，需要考虑的问题较多，需要逐步来进行。

（3）课时评价

①课前呈现评价方案。展示评价量规，向学生详细说明本节课在小组合作、内容学习、编程实践和创意构思四个方面的具体评价标准。例如，在密码设置时，能够根据所学知识设置出一个安全性较高的密码，清楚自己在课堂学习过程中需要努力的方向。

②课中及时评价反馈。在教学中，密切监控学生的课堂表现，如回答问题的积极度、小组讨论的活跃度和编程实践中遇到的问题。对积极且高质量回答的学生给予表扬，对讨论不积极的学生询问原因并鼓励参与。观察学生代码实践中遇到的问题，对出错的学生提供指导。

③课后收集记录评价。通过审视学生完成课堂任务的表现，评估他们对课程知识的掌握程度及应用能力。对表现突出的学生给予肯定与赞扬，对出错的学生则明确指出问题所在，并鼓励他们积极改正。课后，学生应填写课时评价表（表4.28），总结学习过程中的收获与不足。教师根据学生的课堂表现、任务完成度以及自我评价等多维度信息，综合考量，进行全面而公正的评价。

设计意图：通过构建一个全面、系统的评价体系，对学生在知识掌握、技能运用和态度表现等方面进行全面的评估。评价过程不仅关注结果，更重视学习过程中的表现和成长，旨在激发学生的内在动机，引导他们自我反思和自我调整。通过多元化的评价方式，如自我评价、同伴评价、教师评价等，可以提供更全面的反馈信息，帮助学生从不同角度认识自己的优势和不足，从而制定更有效的学习策略。

表 4.28　课时评价

评价项目	评价指标			自评
	优秀（5分）	良好（3分）	仍需努力（2分）	
1. 你是否知道创建一个安全密码的技巧	完全知道	知道	不知道	
2. 你能否用 Python 实现恺撒密码	全部可以	部分可以	非常困难	
3. 你能否读懂程序代码	完全理解	部分理解	不能理解	
4. 你是否了解提高数据安全性的其他方式	完全了解	了解	不了解	
评价本节课你的表现				
总结本节课你的收获				
提出你的问题和困惑				

（4）课堂总结

本节课我们围绕小姜父亲个人信息泄露的案例展开深入学习，探讨了如何设置安全密码以及加密解密技术。课程之初，我们深入剖析了五大缺乏创意的弱密码规则，进而提炼出设置高安全性密码的有效方法。随后，为了解决密码难以记忆的问题，我们进一步学习了如何设置既安全又易于记忆的密码。在这个过程中，我们引入了加密解密技术的概念，并深入学习了恺撒密码，还通过编程实践加深了对这一技术的理解。

最后，我们满怀期待地鼓励大家，将本节课的涓涓知识细流汇聚成实践之海，亲手为校园科技节管理系统绘制一幅登录界面的绚丽画卷，并精心编织安全密码的坚固防线。这不仅是我们整个单元学习活动的圆满句点，更是新知的起航之锚。同时，我们也希望同学们能够将本单元所学的知识应用到更多实际场景中，提升自身的数据保护能力。

第四节　算法及其应用——解密智慧天眼

一、课标内容解读

《普通高中信息技术课程标准（2017 版 2020 年修订）》对本单元的内容要求如下。

（1）概述算法的概念与特征。

（2）运用适当的描述方法和控制结构表示简单算法。

（3）掌握一种程序设计语言的基本知识，使用程序设计语言实现简单算法。解决实际问题。

（4）体验程序设计的基本流程，感受算法的效率，掌握程序调试与运行的方法。

课程标准要求学生从生活实例出发，对算法的概念与特征进行精准概述。学生通过观察日常出行中导航软件如何智能规划路径，深刻体会到算法作为解决问题的一系列明确指令，其特点包括有穷性和确定性等。这为学生深入理解算法本质，在信息技术领域进一步探索奠定坚实基础。

在深入学习导航算法的过程中，学生需在理论层面扎实掌握，并通过实际编程等实践活动，将算法知识灵活应用于解决现实生活中的问题。面对真实的问题和挑战，如在导航过程中遇到交通拥堵时如何重新规划最优路线，学生的思维得到全方位锻炼。在解决这些问题的过程中，学生能够分析问题、拆解复杂情况，并灵活运用所学的算法知识来探寻解决方案，由此逐步掌握将实际问题转化为算法设计的思维方式，进而增强他们解决问题的能力。这一过程引领学生逐步熟悉程序设计的每一个环节，积累宝贵的实战经验，为日后应对更为复杂的信息技术挑战打下坚实基础。

二、单元知识点

本单元主要是对算法的探究，以解密智慧天眼作为大单元教学主线进行展开，带领学生进一步了解算法概念及基本特征，能够合理地描述算法，借助数值类和非数值类问题的求解思路，让学生亲身体验算法的魅力，学会深入分析问题，合理选择算法以解决问题，并深刻认识到算法在导航领域中的关键作用，如图 4.33 所示。

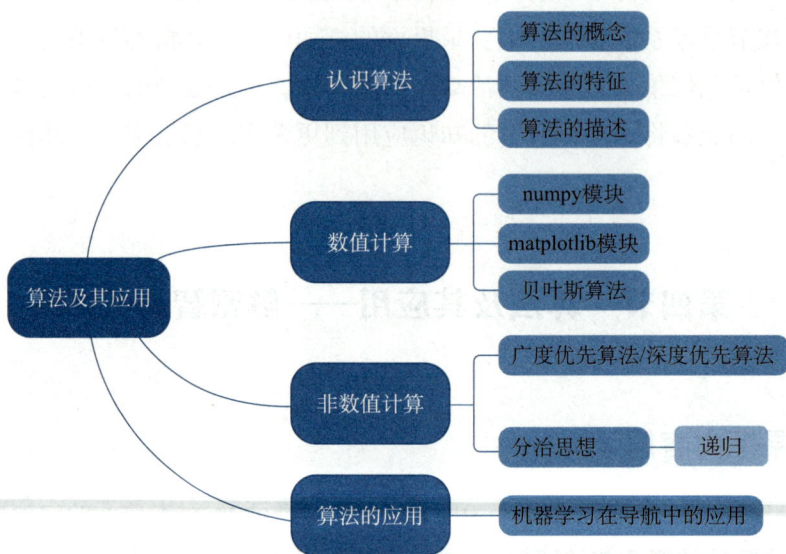

图 4.33　单元知识点思维导图

（一）认识算法

算法（Algorithm）是指解题方案的准确而完整地描述，是一系列解决问题的清晰指令。简单来说，它是为了完成特定任务而设计的一组有穷的操作步骤。

（二）数值计算

数值计算是利用计算机解决数学问题，得到数值结果的过程。它主要是通过设计算法和编写程序来实现对数值型数据的处理，从而求出数学问题的近似解或者精确解。

（三）非数值计算

非数值计算主要是指对非数值型信息（如字符、图像、声音、逻辑关系等）进行处理的操作。这些操作不涉及复杂的数学公式计算数值结果，而是侧重于信息的存储、检索、转换、识别、分类、排序以及逻辑判断等。

（四）算法的应用

利用一系列明确的、有限的步骤（即算法）来解决信息技术相关问题的过程。这些问题涵盖了数据处理、程序控制、资源管理等诸多领域，借助精心设计和实施的算法，我们能够高效地提供多样化的信息技术服务。

三、学情分析

（一）学生的知识结构分析

高一的学生已经接触过一些基础的算法语言及算法的三大基本结构，在数学学科中已掌握基础的代数运算、函数概念以及简单的几何知识，这为理解算法中的数值计算和逻辑关系奠定了一定基础。然而，在理解算法特征以及选择适当方法描述算法并高效解决实际问题方面，他们仍存在一定的不足。尽管他们的认知能力和抽象思维能力正迅速发展，且已掌握基本计算机操作技能，但仍需增强分析问题和解决问题的能力。

（二）学生的认知发展水平分析

高中生的抽象逻辑思维开始占主导地位，具备一定的分析和归纳能力。他们能够对给定的简单导航案例进行分析，找出其中的一些规律和特点。不过，他们仍需要一定程度的具体形象支持。此外，元认知能力也需进一步提升，特别是对自己学习过程和思维方式的监控与调整能力。在学习导航算法时，对于直观呈现的地图导航场景，如手机上的导航应用界面，他们能够较好地理解其功能和使用方式。然而，对于那些隐藏在背后的抽象算法原理，例如路径规划算法如何在错综复杂的道路网络中精准选择最优路线，理解起来确实是一大挑战，此时，生动具体的实例和直观的可视化演示就如同钥匙，能帮助我们打开认知的大门。

（三）学生的情感特征分析

导航算法与日常生活紧密相关，贴近生活的实例可以激发他们的好奇心和探索欲，这种兴趣可以成为他们学习的内在动力。而信息技术课程本身具有较强的实践性和趣味性，学生们通过亲身实践，动手编写简洁明了的算法代码，模拟出导航系统的核心功能，这一过程无疑能极大地激发他们的学习热情与积极性。

在算法概念抽象和代码编写困难面前，学生可能会产生畏难情绪，特别是数学基础较弱的学生，可能在理解算法中的数学原理时感到沮丧，从而影响学习的积极性和自信心。为了应对这一挑战，教师可以采取针对性的教学措施，如建立完善的应对学习困难的认知，磨砺坚定的学习意志，以及提供有效的学习方法和技巧，帮助学生克服畏难情绪，提高教学质量。教师在授课过程中应着重关注。

四、单元教学设计

（一）单元整体设计思路

本单元选取生活中常见的导航系统作为教学内容，首先，我们从宏观的"单元大概念"出发，深入阐述算法在现实世界中的核心作用及其在日常生活中的广泛应用，以此为整个教学内容奠定坚实的理论基础。接着确定"单元教学主题"，聚焦于算法在导航中的运用，通过解密导航的基础算法，感受算法的效率，掌握导航算法的实施过程。通过"单元驱动问题"中精心设计的四个关键问题，我们引导学生深入探索算法的巧妙运用，旨在打造出既智能又高效的导航系统，以此激发他们的求知欲和学习兴趣。紧接着，我们实施"单元课时划分"，将纷繁的教学内容细化为四个循序渐进的课时。从初步认识并清晰描述导航算法，到巧妙利用数值计算优化路径规划，再到灵活运用非数值方法探寻最短路径，每一步都环环相扣，层层深入。最终，我们将机器学习这一前沿技术融入导航算法之中，使得导航系统的智能化水平跃上新台阶。并在"单元核心知识"部分梳理出算法及其应用相关的关键知识点，确保教学内容的连贯性和完整性。最后设置"评价"环节，用于检验学生的学习成果，如图 4.34 所示。

（二）单元大概念

（1）算法是解决问题的核心步骤与逻辑，它为导航系统提供了清晰且有序的操作指令。在导航算法中，路径规划、定位追踪及地图匹配等核心功能，均离不开特定算法的支撑。以迪杰斯特拉算法为例，它通过逐步探索与细致比较，为导航系统精确勾勒出从起点至终点的最优行进路线，从而确保导航服务的高效与精准。

（2）数值计算是导航算法的基石，为导航系统提供精确的量化依据。在导航中，涉及大量的数值运算，如利用三角函数计算地理坐标间的距离和方位。这些数值计算确保了导航系统能够准确无误地计算并反馈位置、方向及距离等关键信息。

（3）非数值计算专注于导航系统中的非数字信息处理，负责构建起导航的逻辑基石。其范畴广泛，涵盖了字符处理、数据结构的有效管理以及精确的逻辑判断等多个方面。比如，导航系统中地图数据的存储与检索，利用树状或图状数据结构来组织地图信息，通过逻辑判断确定用户当前所在区域并匹配相应的图片段，为用户呈现准确的地图导航界面。

（4）算法在导航领域的应用，让抽象的算法知识转化为实际的导航服务。路径规划算法的应用，为用户规划出既快捷又合理的出行路径；而定位算法，则凭借卫星信号与传感器数据的融合，精确地锁定用户所在位置。这些应用不仅改变了人们的出行方式，也体现了算法在解决实际问题中的强大效能。

（三）单元学习目标

（1）理解算法的概念和特征，熟练掌握运用自然语言及流程图表述算法的技巧，并能针对实际问题灵活设计算法，通过程序设计语言将其实现，从而有效解决问题。提升对信息的敏感度和识别能力，能够主动寻找和利用信息资源来解决问题。（信息

单元大概念

1. 算法是解决问题的核心步骤与逻辑，它为导航系统提供了清晰且有序的操作指令。在导航算法中，路径规划、定位追踪及地图匹配等核心功能，均离不开特定算法的支撑。以迪杰斯特拉算法为例，它通过逐步探索与细致比较，为导航系统精确勾勒出从起点至终点的最优行进路线，从而确保导航服务的高效与精准。

2. 数值计算是导航算法的基石，为导航系统提供精确的量化依据。在导航中，涉及大量的数值运算，如利用三角函数计算地理坐标间的距离和方位。这些数值计算确保了导航系统能够准确无误地计算并反馈位置、方向及距离等关键信息。

3. 非数值计算专注于导航系统中的非数字信息处理，负责构建起导航的逻辑基石。其范畴广泛，涵盖了字符处理、数据结构的有效管理以及精确的逻辑判断等多个方面。比如，导航系统中地图数据的存储与检索，利用树状或图状数据结构来组织地图信息，通过逻辑判断确定用户当前所在区域并匹配相应的图片段，为用户呈现准确的地图导航界面。

4. 算法在导航领域的应用，让抽象的算法知识转化为实际的导航服务。路径规划算法的应用，为用户规划出既快捷又合理的出行路径；而定位算法，则凭借卫星信号与传感器数据的融合，精确地锁定用户所在位置。这些应用不仅改变了人们的出行方式，也体现了算法在解决实际问题中的强大效能。

单元学习目标

1. 理解算法的概念和特征，熟练掌握运用自然语言及流程图表述算法的技巧，并能针对实际问题灵活设计算法，通过程序设计语言将其实现，从而有效解决问题。提升对信息的敏感度和识别能力，能够主动寻找和利用信息资源来解决问题。（信息意识）

2. 提高逻辑思维能力，能熟练运用计算机科学的思想方法，精确界定问题，提炼出核心特征，构建合理的结构模型，并妥善组织相关数据；通过判断、分析与综合各种信息资源，运用合理的算法形成解决问题的方案。（数字化学习与创新、计算思维）

3. 认识到算法在信息技术领域及社会发展中的作用，深刻体会算法带来的便捷与价值，进一步加深对算法的认知与理解，激发创新意识与实践能力，全面提升信息素养。能够把利用算法解决问题的过程迁移到学习和生活的其他相关问题的解决过程中。（信息社会责任）

持续性评价

单元教学主题　　解密智慧天眼

单元驱动问题

如何认识并描述导航算法	如何利用数值计算优化路径	如何运用非数值计算找到最短的路径	机器学习提升导航系统的智能化水平？

单元课时划分

导航中的算法——算法及其特征（1课时）	路径规划做主——数值计算（1课时）	寻找最优路径——非数值计算（1课时）	智慧导航——机器学习算法综合运用（1课时）

单元核心知识

算法及其特征	数值计算	非数值计算	机器学习算法在导航中的运用

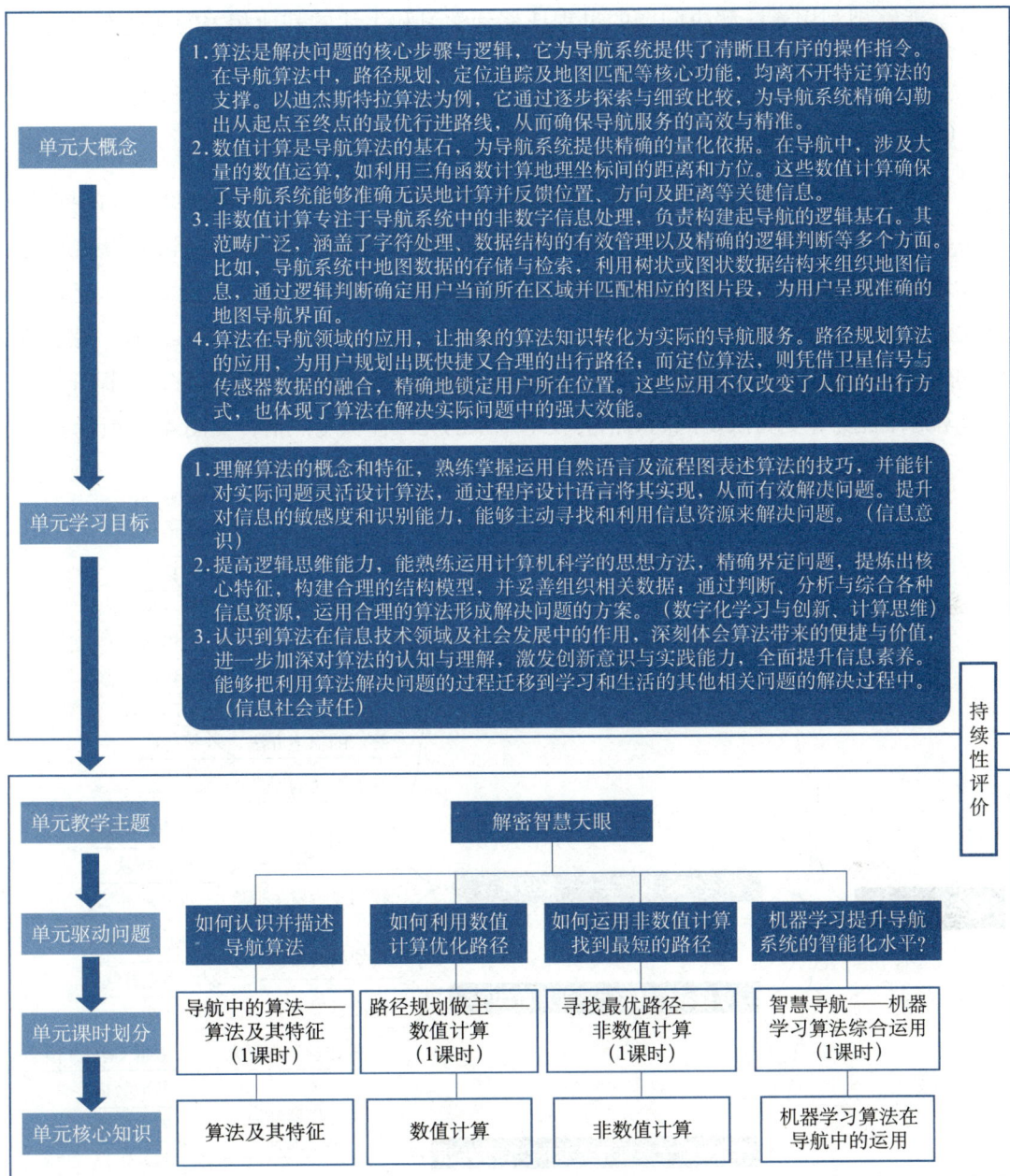

图 4.34　单元整体设计思路

意识）

（2）提高逻辑思维能力，能熟练运用计算机科学的思想方法，精确界定问题，提炼出核心特征，构建合理的结构模型，并妥善组织相关数据；通过判断、分析与综合各种信息资源，运用合理的算法形成解决问题的方案。（数字化学习与创新、计算思维）

（3）认识到算法在信息技术领域及社会发展中的作用，深刻体会算法带来的便捷与价值，进一步加深对算法的认知与理解，激发创新意识与实践能力，全面提升信息

素养。能够把利用算法解决问题的过程迁移到学习和生活的其他相关问题的解决过程中。（信息社会责任）

（四）单元主题

本单元选取生活中常见的导航系统作为教学内容，对"算法"进行更深入的探究。学生们将扮演勇敢的探索者角色，深入探索导航系统中的信息流动与数据处理奥秘，通过循序渐进的引导，使他们逐步领悟算法的概念与特性，并结合中国实际，灵活运用数字化工具，为出行带来更加智能、高效的导航体验。通过解密导航的基本流程，感受算法的效率，掌握常见算法的实施过程。这一过程不仅将培养他们的信息意识，提升他们的计算思维能力，更将激发他们对信息技术未来的无限憧憬与热情，如图 4.35 所示。

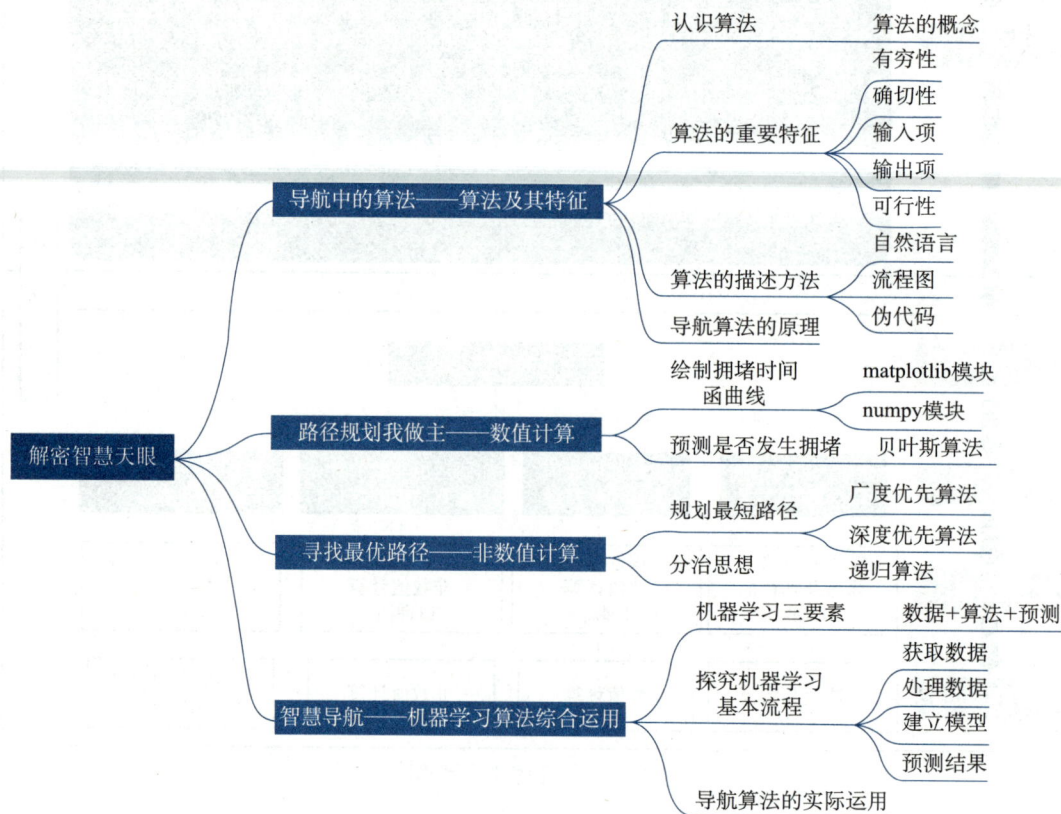

图 4.35 课时主题和知识点

（五）驱动性问题

本单元以"解密智慧天眼"为主题，通过引导学生从算法基础逐步深入，探索数值计算、非数值计算及机器学习算法的综合应用，我们设计了单元驱动性问题："如何运用算法与计算技术，打造更加智能、高效的导航系统"以此引入了本课时的主题，具体参见图 4.36。

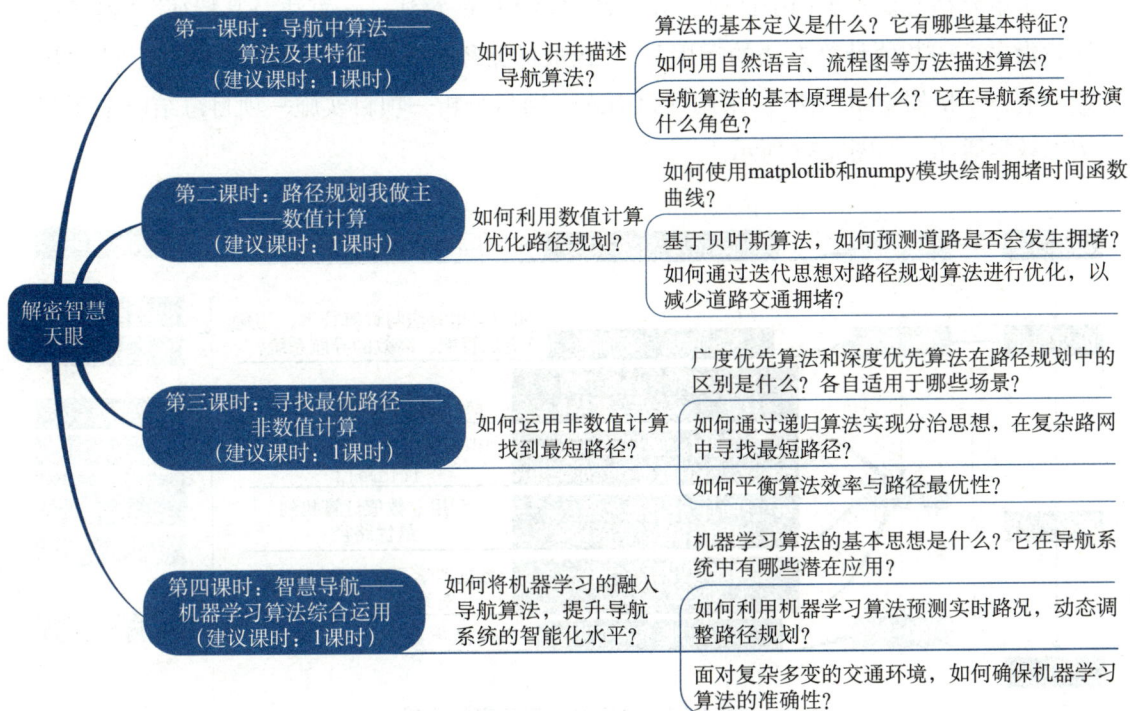

图 4.36 "解密智慧天眼"问题链

第一课时"导航中的算法——算法及其特征"探讨的核心问题是"如何认识并描述算法？"相关子问题有：算法的基本定义是什么？它有哪些基本特征？如何用自然语言、流程图等方法描述算法？导航算法的基本原理是什么？它在导航系统中扮演什么角色？

第二课时"路径规划我做主——数值计算"探讨的核心问题是"如何利用数值计算优化路径规划？"相关子问题有：如何使用 matplotlib 和 numpy 模块绘制拥堵时间函数曲线？通过构建基于贝叶斯网络的交通拥堵实时预测模型，可以有效利用历史数据和实时信息，为预测道路拥堵情况提供有力支持。

第三课时"寻找最优路径——非数值计算"探讨的核心问题是"如何运用非数值计算找到最短路径？"相关子问题有：广度优先算法和深度优先算法在路径规划中的区别是什么？各自适用于哪些场景？如何通过递归算法实现分治思想，在复杂路网中寻找最短路径？在实际应用中，如何平衡算法效率与路径最优性？

第四课时"智慧导航——机器学习算法综合运用"探讨的核心问题是"如何将机器学习融入导航算法，提升导航系统的智能化水平？"相关子问题有：机器学习算法的基本思想是什么？它在导航系统中有哪些潜在应用？如何利用机器学习算法预测实时路况，动态调整路径规划？面对复杂多变的交通环境，如何确保机器学习算法的准确性？（如图 4.35 所示）。

五、课时教学设计

本单元精心设计了四个课时，分别是"导航中的算法——算法及其特征""路径规划我做主——数值计算方法的运用""寻找最优路径——非数值计算算法的探索""智慧导航——机器学习算法"。采用项目引入—项目分析—项目实施—项目总结四个环节构思教学活动，如图 4.37 所示。

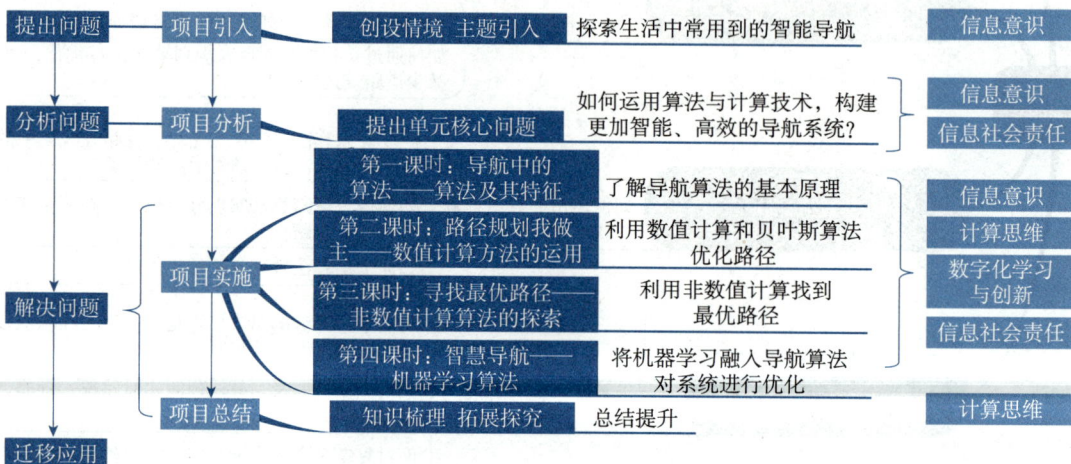

图 4.37　单元教学活动实施框架

第 1 课　导航中的算法——算法及其特征

1. 学习目标

（1）能清晰阐述算法的定义及其关键特征。并能熟练运用自然语言和标准流程图，清晰、准确地描述算法步骤。

（2）面对实际问题时，能独立分析需求，设计出有效的算法方案，并能使用合适的程序设计语言正确编码实现，最终解决该问题。

（3）能通过实践，体验信息技术（特别是算法）在解决问题中的效率与价值，加深对其作用的理解。在此过程中，培养自我创新意识、实践能力和负责任地使用技术的态度，全面提升个人的信息素养。

2. 教学重难点

教学重点：理解算法及其特征。

教学难点：将现实问题抽象为算法模型，并转化为 Python 代码。并能够利用 python 语言修改算法，解决问题。

3. 教学过程

（1）创设情境，引出项目主题

通过引入贴近学生生活的实例，激励学生踊跃参与课堂活动，使他们通过亲身体验，深刻感受到导航地图推荐路线及预测未来行程时间的便捷功能，并自主发现不同时间段导航推荐数据的微妙差异。

教师："70 中学的高一年级组织春游活动，计划某一天的上午前往天山野生动物园参观。请通过截图对比不同时间的高德路线，观察路线数据的变化。"

学生：尝试利用导航地图，查找从 70 中学去天山野生动物园的驾车路线，并完成任务学习单。

（1）我找到了_____种线路。我选择方案_____，因为_____。

（2）距离最短的是方案_____，用时是否最短？_____。你觉得是因为_____。

以高一年级组织春游活动的真实情境为引子，迅速抓住学生的注意力，让他们仿佛置身于情境中，真切体会到知识的实际应用价值，进而激发他们的参与积极性和学习兴趣。教师提出帮助寻找春游路线，并对比高德地图的截图，以此引导学生关注导航地图的实时变化特性，培养他们的观察力和思考习惯，同时激发他们对影响导航推荐因素的好奇心和探索欲。

设计意图：通过让学生亲自查找路线，旨在锻炼其实践动手能力；完成任务学习单则引导学生深入思考线路选择的依据、距离与用时的关系等，进而培养其分析、总结及解决问题的能力。此外，该设计还旨在加深学生对导航地图功能及其背后逻辑的理解，整体设计紧贴生活实际，引导学生在实践中学习，提升对导航地图相关知识的认知与应用能力。

（2）项目实施，开展探究活动

①任务驱动，引出新知。

任务一：教师和学生共同剖析美团点餐算法（图 4.38）及网约车出行算法（图 4.39）的应用。

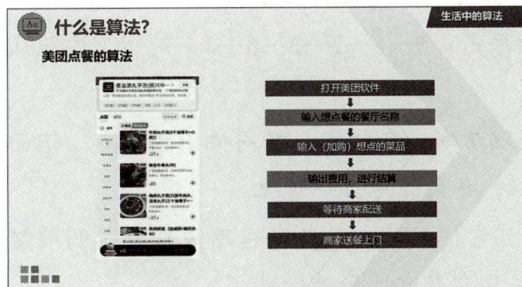

图 4.38　美团点餐算法

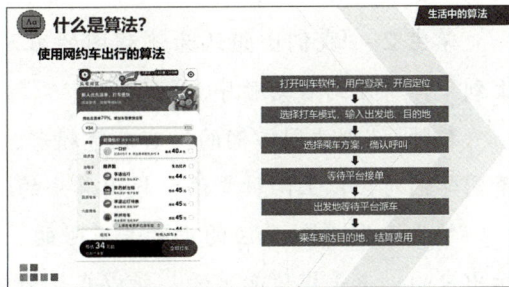

图 4.39　网约车出行算法

设计意图：通过任务一，让学生了解导航地图的作用，以及我国北斗导航系统的发展，激发学生的爱国热情。教师邀请学生分享其分析得出的结论。

②动手实践，引发思考。

任务二：设计使用导航地图出行的算法，填写学习任务单（图4.40）。

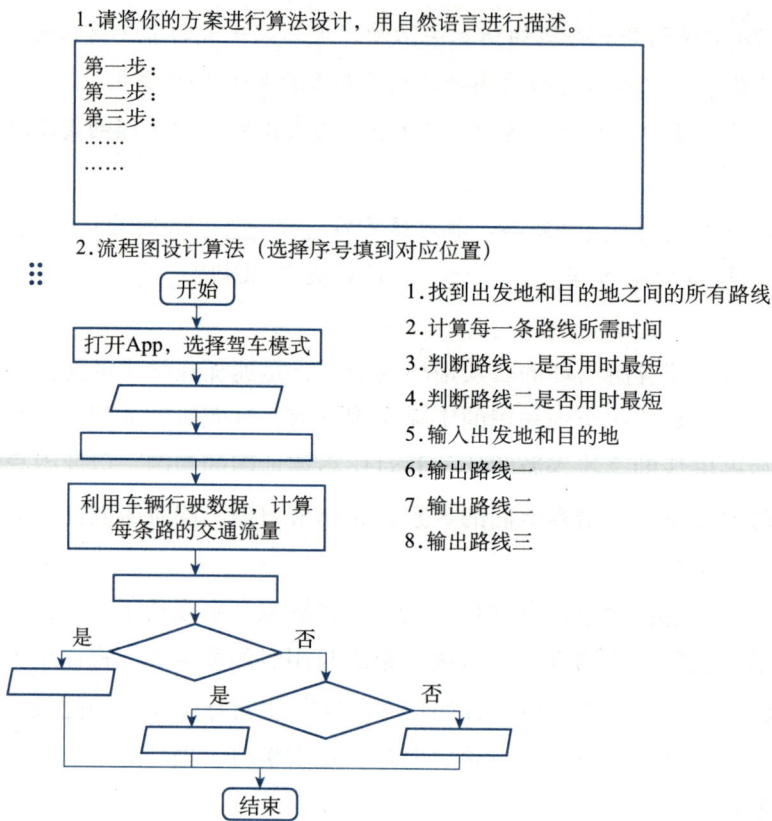

图4.40　学习任务单

教师："请同学们小组讨论，完成学习单中任务一的内容，分别用自然语言和流程图的形式描述导航算法的应用过程。稍后我请同学来进行分享。"

学生1："我们小组讨论后认为，导航算法一共需要四步，第一步是确定出发地，第二步是确定目的地，第三步选择一条路线，最后一步是正式出发。"

学生2："我们小组认为流程图的填写顺序是：5—1—2—3—6—4—7—8（按照从上到下，从左到右的顺序）。"

教师："刚才同学们的发言非常精彩，条理清晰，老师完全赞同他们的观点。下面请同学们对比以上两种算法，找出算法的特征，并大胆地说一说吧。"

学生1："导航算法的步骤是有限的，而且它提供给我的几条道路规划都是明确显示出来的，不是模棱两可的，所以我认为算法具有有穷性和确切性。"

学生 2 ："导航算法中我们要输入出发地和目的地，而且最后只能选择其中一条道路行驶，我认为算法应该有输入项和输出项。"

学生 3 ："在导航算法中我发现提供给我们的道路都是可以实现的，有一些道路人可以走但是车走不了，在驾驶模式下，它就没有提供，如果换作步行，它就会提供，我认为算法还具备实际可行性。"

小结：

算法的概念：为解决特定问题而规定的一系列明确、有限的操作步骤或规则的集合。

算法的特征有：有穷性、确切性、输入项、输出项、可行性。

③实践探究，总结分享。

任务三：导航算法的原理就是将生活中的路线抽象为边和节点图，边的权值表示每段道路所需的时间，请找出路线图 4.41 中 A → D 用时最短的路线，并将所需时间填写在下方的表格中。可以修改图 4.42 中 "A—D 最优路线 .py" 中的代码，运行并观察结果。

路线	时间

图 4.41 路线图

```
1  import networkx as nx# 用于构建和操作复杂的图结构，提供分析图的算法。
2  def dijkstra(graph, start, end): # 定义dijkatra函数（图的边的列表graph，起点和终点）
3      G = nx.DiGraph()# 创建一个空的有向图G
4      for edge in graph:# 遍历输入图的边
5          G.add_edge(edge[0], edge[1], weight=edge[2])# 将每条边添加到图G中，并为每条边设置权重
6      path = nx.dijkstra_path(G, start, end)
7      # 使用networkx库中的dijkstra_path函数计算从起点到终点的最短路径，将结果存储在变量path中
8      return path # 函数返回计算出的最短路径
9  graph = [("A", "B", 1), ("A", "C", 4), ("B", "D", 5), ("B", "C", 2), ("C", "D", 1)]
10 start = "A"
11 end = "D"
12 optimal_path = dijkstra(graph, start, end)
13 print("最优路径为: ", optimal_path)
```

图 4.42 A → D 最优路线程序代码

学生将通过调整程序参数并运行，亲自体验结果生成过程，从而深入理解导航算法精髓，熟练掌握关键语句的修改技巧。

设计意图：让学生通过手工计算、电子表格及程序代码三种途径，探索两点间的最优路径，亲身感受程序处理数据的高效与便捷。

小结：导航算法是指在地图上找到从起点到终点的最优路径的算法。这条最优路

径可以是路程最短，也可以是油耗最省，时间最短等，需求不同，规划的路线便不同。

课堂练习：

请根据今天学习的内容，通过高德地图（截图）展示你所选择的导航路线，并在下方标注出路线的预计时长。

（3）课时拓展延伸

课后思考：我们已经学习了算法的基本定义和特征，以及如何用不同方式描述算法。但是，在实际的导航系统中，仅仅知道算法的描述还远远不够。面对复杂的交通环境，我们如何借助数值计算的力量来更精准地预测和规划路径呢？比如，我们能否利用先进的交通拥堵预测算法，通过分析历史交通数据和实时信息，预测出哪些路段可能会出现拥堵，并提前规划出避开这些路段的路线？

设计意图：通过对以上问题的思考，可以进一步启发学生，思考导航算法在实际生活中的具体应用，培养学生的自主探索意识，也为下节课的开展做铺垫。

（4）课时评价

①课前呈现评价方案。在课程开始前，向学生清晰展示评价方案，如表4.29所示，确立明确的评价标准和预期目标，确保学生清晰理解学习成果的衡量方式。例如，评价方式综合采用自评、互评和教师评价，全面评估学生在知识掌握、实践操作和创新能力等方面的表现。具体而言，学生需能够精确阐述导航出行的基本步骤，并能利用自然语言及流程图来直观展现导航算法。同时，强调过程性评价的重要性，关注学生在项目实施过程中的参与度和贡献度，记录他们在团队协作中的表现，尤其是如何使用数字化工具进行学习和交流。

②课中及时评价反馈。课堂上，教师应观察学生在小组讨论、程序设计及代码调试等各个环节的具体表现，涵盖其参与度、团队协作能力、问题解决技巧及动手操作水平。采用教师评价、学生自评和互评相结合的多元评价方式，及时给予反馈和指导。例如，在学生尝试用Python语言计算两点间距离的过程中，教师可以观察他们对算法的理解程度，以及如何将算法转化为代码。该多维度评价体系，既能全面勾勒出学生的成长路径，又能有效激发学生的内在学习动力，促进其创新能力的发展。同时，教师可以根据反馈及时调整教学策略，确保教学质量和效果的最大化，特别是在帮助学生突破难点，如使用流程图表示算法时，提供针对性的指导。

③课后收集记录评价。通过学生提交的程序代码、对导航算法原理的总结以及课堂表现的综合评价，评估学生对知识的掌握程度、应用能力和创新思维的发展情况。收集完评价数据后，我们将进行系统的分析处理，从而生成详尽的学生成长档案，为后续的个性化教学活动提供有力依据。例如，我们将深入分析学生在程序设计中所展现的创新亮点与存在的不足，同时考察他们在描述算法时的准确性和清晰度。同时，鼓励学生反思总结，以增强自我认知，推动持续的进步。通过这种闭环评价机制，

确保教学目标的达成，助力学生全面发展，特别是在掌握算法的原理和特征及熟悉Python 语言开发环境方面。

设计意图：采用过程性评价和多元评价相结合的方式，全面、客观地评估学生的学习过程和学习成果。课前明确给出评价目标，以确保学生能够清晰把握学习方向；课中实施实时反馈机制，及时发现并纠正学生在学习过程中遇到的问题和不足，同时给予针对性的指导，促进学生间的相互学习和交流；课后则对学生的学习成果进行全面的总结和评估，为后续的教学活动提供有价值的参考，以激励学生不断进步。通过这种评价机制，帮助学生更好地理解算法的概念及特征，掌握导航算法的基本原理，以及熟悉 Python 语言的开发环境，感受数字化学习的优势。

表 4.29　课堂评价

评价项目	评价指标			自评
	优秀（5分）	良好（3分）	仍需努力（2分）	
1. 你是否能够准确列出并解释算法的五个重要特征	全部可以	部分可以	非常困难	
2. 你是否能用自然语言或流程图的方式来描述导航出行的一般过程	完全可以	不太确定	非常困难	
3. 你是否能准确描述出导航算法的原理	完全可以	不太确定	非常困难	
4. 你能否通过运行和修改程序，利用算法找到两点间的最优路线	没有问题	能自主分析	分析困难	
5. 积极参与课堂讨论，能够认真聆听他人的观点，积极贡献自己的想法	热情较高	不太积极	较少参与	
评价本节课你的表现				
总结本节课你的收获				
提出你的问题和困惑				

（5）课堂总结

通过本节课的学习，同学们共同探讨了导航算法在出行、物流、智能交通等领域的广泛应用，特别是针对电动汽车的导航算法，它通过综合考虑续航里程、充电时间和行程距离，为用户提供了最优路线建议，真切感受到算法在不同场景下发挥的强大效能。同时，通过亲自动手实践，编写简单的算法程序，了解了导航算法的基本原理，切实培养了逻辑思维与编程能力。

期望同学们能将所学的算法知识灵活融入日常生活，运用算法思维去审视和解决遇到的问题。比如，根据时间、路况和个人偏好等因素，设计优化自己的出行路线规划；或者尝试参与简单的算法项目实践，如制作基于位置信息的校园活动导航小程序，为校园生活增添便利。通过这些问题的思考，持续提升自身的算法设计能力与综合素养，在算法的世界中不断探索、进步。

第 2 课　路径规划我做主——数值计算

1. 学习目标

（1）能够运用 Python 中 matplotlib 和 numpy 模块，根据给定的数据集，创建并定制基本的数据图表（如折线图、散点图、柱状图），以清晰地展示数据模式和趋势。

（2）能够解释贝叶斯算法的核心基本原理，描述贝叶斯算法如何应用于道路拥堵预测的场景。

（3）通过将算法应用于道路拥堵预测、路径优化等实际问题，认识到其解决现实挑战的潜力与价值，从而增强对相关领域的兴趣。在此过程中，我将锻炼并提升我的逻辑思维能力和探索创新解决方案的能力。

2. 教学重难点

教学重点：使用 matplotlib 和 numpy 绘制拥堵时间函数曲线；理解贝叶斯算法在拥堵预测中的应用。

教学难点：贝叶斯定理的数学推导与代码实现，及如何将贝叶斯预测结果融入路径规划算法中。

3. 教学过程

（1）项目实施，开展探究活动

①回顾所学，引发思考。

上节课我们在掌握了算法的基本概念和特征后，学习了导航算法的基本原理，那么，在这门课程中，我们能否借助现代编程工具，如 matplotlib 和 numpy，以及数学方法，来直观地模拟并展示交通拥堵的实际情况呢？

教师：展示春游当天导航预测与实际路况对比图："同学们，上节课我们设计的导航系统虽然规划了路线，但实际春游中，小红组的路线预测误差高达 30 分钟！问题出在哪里？"

学生："可能是因为没有考虑实时交通变化！"

教师："没错！导航系统需要'动态学习'能力。如何让算法像侦探一样，通过历史数据预测未来拥堵？今天，让我们携手步入'路径规划我做主——数值计算'的课堂之旅，共同探索如何利用数值计算和贝叶斯算法的智慧，来优化路径规划，为城市交通的顺畅贡献绵薄之力。"

板书：核心问题——如何用数值计算实现动态避堵？

②任务驱动，引出新知。

任务一：绘制拥堵时间函数曲线。

教师："交通拥堵指数是综合反映道路网畅通或拥堵的概念性指数值。拥堵指数为实际行程时间与畅通行程时间的比值，数值越高表明交通拥堵状况越严重。请同学们观察表4.30，思考这条路一天中哪个时刻最拥堵并说明理由。"

表 4.30 拥堵时刻表

时间	0:00	1:00	2:00	3:00	4:00	5:00	6:00	7:00	8:00	9:00	10:00	11:00
拥堵指数	1.231	1.190	1.129	1.099	1.067	1.018	1.000	1.039	1.196	2.043	2.928	2.228
时间	12:00	13:00	14:00	15:00	16:00	17:00	18:00	19:00	20:00	21:00	22:00	23:00
拥堵指数	1.930	1.672	1.360	1.386	1.415	1.424	1.451	1.839	2.105	1.404	1.305	1.273

学生："10:00左右和20:00左右最拥堵，因为那会儿正赶上我们放学，爸爸妈妈也下班了。"

教师："同学们观察得特别仔细，在我们生活中其实充斥着大量的数据，庞大的数据量使我们很难一眼看出想要的结果，此时我们可以借助 Python 中的 matplotlib 模块和 numpy 模块来绘制图像，从而帮助我们更好地处理数据。"

matplotlib 是 Python 中最优秀的绘图库，使用 plot 函数能轻松地在直角坐标系内连接（x,y）坐标点对形成平滑曲线，而 show() 函数则负责显示图像窗口。

numpy 模块是个科学计算包，其中包含很多数学函数，如三角函数、矩阵计算方法等。

③自主探究，动手演练。

教师利用 Python 详细讲解正弦函数的绘制过程。然后再让学生进行实操。

教师："请依据现有数据，修改提供的程序代码，绘制拥堵时间函数曲线。"

学生："老师，我的程序写好了，为什么无法显示图像。"

教师："matplotlib 模块和 numpy 模块需要提前进行安装，检查一下是否是其中一个模块安装没成功造成的。"

```
1   import numpy as np
2   import matplotlib.pyplot as plt
```

```
3
4    # 假设数据已以某种方式加载到 numpy 数组中，这里我们模拟一些数据
5    # 时间戳（假设为小时数，从 0 开始）
6    times = np.linspace(0, 24, 100) # 生成从 0 到 24 小时（包含），共 100 个点的数组
7    # 拥堵程度（随机生成，仅作示例）
8    congestion_levels = np.random.rand(100) * 100  # 生成 0 到 100 之间的随机拥堵
程度
9
10   # 绘制拥堵时间函数曲线
11   plt.figure(figsize=(10, 6)) # 设置图形大小
12   plt.plot(times, congestion_levels, label='Traffic Congestion Level') # 绘
制曲线，
13   plt.title('Traffic Congestion Over Time') # 设置标题
14   plt.xlabel('Time of Day (Hours)') # 设置 x 轴标签
15   plt.ylabel('Congestion Level(%)') # 设置 y 轴标签
16   plt.grid(True)  # 显示网格
17   plt.legend()  # 显示图例
18   plt.show()  # 显示图形
```

设计意图：通过绘制拥堵时间函数曲线，使学生了解 matplotlib 和 numpy 在数据处理与可视化中的强大功能。

小结：在任务一中，学生成功地将理论知识应用于实践操作中，通过绘制拥堵时间函数曲线深刻理解了 matplotlib 和 numpy 在数据处理与可视化中的重要作用。他们不仅熟练掌握了 matplotlib 和 numpy 的基本操作，实现了数据处理与可视化，还学会了运用算法思维深入分析并有效解决实际问题。

④合作探究，突破难点。

任务二：预测是否发生拥堵——贝叶斯算法的介绍与应用。

教师："请同学们观察表 4.31，你认为影响路况拥堵的因素有哪些呢？"

表 4.31　拥堵预测表

日期	星期	天气	最高温度	最低温度	白天拥堵指数	高峰拥堵指数	预测高峰指数	早高峰拥堵指数	预测早高峰指数 9:00—11:00	晚高峰拥堵指数	预测晚高峰指数 19:00—21:00
4 月 4 日	星期一	雪	2℃	−2℃	1.443	1.820	1.830	1.682	1.690	1.958	1.97
4 月 5 日	星期二	晴	3℃	−3℃	1.390	1.666	1.770	1.518	1.510	1.814	2.04
4 月 6 日	星期三	晴	1℃	0℃	1.386	1.669	1.810	1.530	1.500	1.809	2.12
4 月 7 日	星期四	晴	3℃	−5℃	1.376	1.623	1.710	1.511	1.450	1.735	1.96
4 月 8 日	星期五	雪	0℃	−6℃	1.465	1.792	1.690	1.504	1.450	2.081	1.94
4 月 9 日	星期六	雪	−4℃	8℃	1.755	1.596	1.380	1.240	1.130	1.988	1.62
4 月 10 日	星期日	晴	−6℃	10℃	1.545	1.455	1.320	1.372	1.130	1.539	1.51

学生1："我认为天气状况会影响道路的拥堵，比如下雪的时候就会很拥堵。"

学生2："我从表格中发现，周末两天道路拥堵的情况会有很大改善。"

教师："哪个天气因素对拥堵影响最大？如何用数学语言描述这种关系？"

学生3："下雪天拥堵概率更高，可以用条件概率公式 P(拥堵 | 雪天) 表示！"

教师：（板书公式）"这就是贝叶斯定理的核心——后验概率 = 先验概率 × 似然概率 ÷ 证据！"

a. 讲解贝叶斯算法基础

简化解读贝叶斯定理：若已知某条件下某事件发生的概率（即条件概率），便能据此更新我们对该事件全局发生概率的预判。贝叶斯公式如图 4.43 所示。

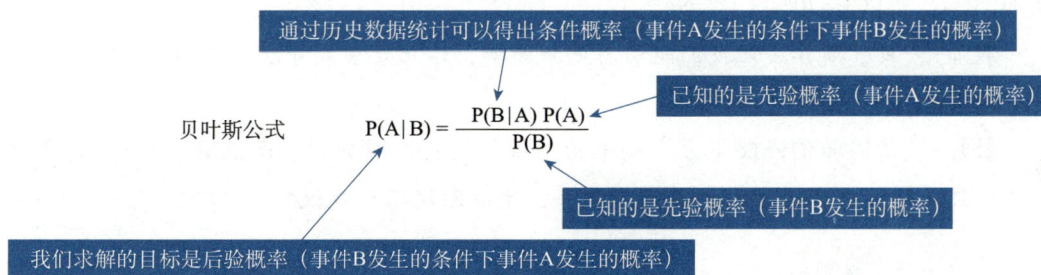

通过历史数据统计可以得出条件概率（事件A发生的条件下事件B发生的概率）

已知的是先验概率（事件A发生的概率）

贝叶斯公式　$P(A|B) = \dfrac{P(B|A)\,P(A)}{P(B)}$

已知的是先验概率（事件B发生的概率）

我们求解的目标是后验概率（事件B发生的条件下事件A发生的概率）

图 4.43　贝叶斯算法

b. 知识点巩固：天气盲盒游戏

道具：

➢ 天气卡：晴天、雨天、雪天（3 种基础天气类型，用不同颜色区分，如蓝色——晴、灰色——雨、白色——雪）。

➢ 温度卡：高温（红色）、低温（蓝色），标注温度范围（如高温 ≥ 30℃，低温 ≤ 10℃）。

规则：

➢ 学生随机抽取一张天气卡和一张温度卡。

➢ 根据下面的数据表（表 4.32），计算该组合下的拥堵概率。

表 4.32　拥堵概率预测表

天气类型	温度条件	基础拥堵概率（先验概率 P(拥堵 | 天气)）	温度调整系数（似然概率 P(温度 | 天气)）	最终拥堵概率*（后验概率 P(拥堵 | 天气 + 温度)）
晴	高温（ ≥ 30℃ ）	30%	+10%	30% × 1.1 = 33%
晴	低温（ ≤ 10℃ ）	30%	−5%	30% × 0.95 = 28.5%
雨	高温	60%	+20%	60% × 1.2 = 72%

（续表）

天气类型	温度条件	基础拥堵概率（先验概率 P(拥堵 | 天气)）	温度调整系数（似然概率 P(温度 | 天气)）	最终拥堵概率（后验概率 P(拥堵 | 天气 + 温度)）
雨	低温	60%	−10%	60% × 0.9 = 54%
雪	高温	40%	+5%	40% × 1.05 = 42%
雪	低温	40%	+15%	40% × 1.15 = 46%

示例：

学生 1：（抽到"雨 + 高温"）"根据数据，雨天拥堵概率是 70%，高温下拥堵概率增加 20%，所以 P=70%×1.2=84% ！"

教师："贝叶斯算法让我们能动态更新概率，这正是智能导航的核心！"

c. 贝叶斯预测实践（Python）

教师："请同学们修改下方代码中的训练数据集，增加'雪天低温'的样本，观察预测结果变化。并尝试输入不同天气组合，生成避堵路线建议。"

```Python
from simple_bayes import BayesClassifier
# 训练数据：天气 (0= 晴, 1= 雨, 2= 雪 )，温度 (0= 低温, 1= 高温 )，拥堵 (0= 畅通, 1= 拥堵 )
data =[
  [1,1,1],[1,0,1],[0,1,0],[2,1,1],
  [0,0,0],[2,0,1],[1,1,1],[0,1,0]
]
model = BayesClassifier()
model.train(data)
# 输入实时天气参数 ( 示例：雨天 + 高温 )
print(" 拥堵概率：", model.predict_prob([1,1]))
```

学生："老师，为什么雪天低温的预测结果和雨天不同？"

教师："因为算法会通过历史数据自动调整权重，就像人类积累经验一样——这正是机器学习的力量！"

强调：这里的计算过程虽然简化，但体现了贝叶斯算法的核心思想——利用已有信息更新对未知事件的预测。

设计意图：通过任务二，学生将深入了解贝叶斯算法的基本原理，并通过实际案例学习其在智能交通系统中的应用，如交通事件持续时间预测和交通拥堵实时预测，从而体会到数据分析与概率思维在解决实际交通问题中的强大作用。

小结：在任务二中，学生不仅熟稔掌握了贝叶斯算法的基本原理及其计算方法，更在实际操作中深化了对条件概率、先验概率及后验概率这一系列核心概念的认知。尤为重要的是，学生亲身感受到了数据分析与概率思维在攻克实际问题时所展现出的非凡潜力。他们学会了如何从数据中提取有用信息，利用这些信息来更新对未知事件的预测，从而做出更加科学合理的决策。通过这一任务，学生不仅提升了数学素养和逻辑思维能力，还培养了解决实际问题的能力，为将来进一步学习和工作打下了坚实的基础。

（2）课时拓展延伸

提出问题：①在掌握了数值计算方法优化路径后，我们自然会思考，非数值计算算法如广度优先搜索（BFS）和深度优先搜索（DFS）在路径规划中扮演什么角色？②这些算法相较于数值计算方法有哪些独特的优势和局限？③我们是否可以利用这些算法的特性，进一步提高路径规划的效率和质量？

（3）课时评价

①课前呈现评价方案。在课程开始前，教师向学生详细阐述本节课在信息意识、计算思维、数字化学习与创新、信息社会责任这四个维度的具体评价标准，如表4.33所示。以计算思维为例，明确告知学生 matplotlib 模块和 numpy 模块对于绘制函数图像的重要作用。通过这一举措，学生能够清晰地了解学习目标与方向，明白在课堂学习过程中需要努力达成的目标。

②课中及时评价反馈。在教学过程中，教师要密切关注学生的课堂表现，包括回答问题的积极性、操作实践的参与度以及动手操作的主动性。对于积极且高质量回答问题的学生，及时给予表扬；对于讨论不够积极的学生，主动询问原因并加以鼓励。在学生通过贝叶斯算法预测拥堵情况时，观察他们遇到的问题，并提供针对性地指导。每个教学环节结束后，引导学生依据评价量规进行自我反思，思考自身表现。

③课后收集记录评价。课程结束后，通过观察学生完成课堂任务的情况，评估他们对课程知识的掌握程度和应用能力。对表现优秀的学生予以表扬，对出现错误的学生指出问题并要求其改正。同时，学生需要填写课时评价表，总结自己在学习过程中的收获与不足。教师则综合课堂表现、任务完成情况以及学生的自我评价，对学生进行全面评价。

设计意图：为了全面且系统地评估学生的学习状况，我们应从知识掌握、技能运用及态度表现等多个维度出发，进行全面细致的考量。而在评价过程中，我们不仅聚焦最终的学习成果，更看重学生在整个学习进程中的表现以及取得的进步。这样做的目的是激发学生内心深处的学习动力，促使他们主动进行自我反思和调整。通过采用自我评价、同伴评价、教师评价等多元化的评价方式，能够提供更丰富的反馈信息，帮助学生从不同视角认识自身的优势与不足，进而制定更有效的学习策略。此外，它还能帮助学生深入理解数值计算在算法中的关键作用，感受代码程序如何提升问题解决效率，并熟练掌握贝叶斯算法在道路预测中的应用。课时评价如表4.33所示。

表 4.33　课堂评价

评价项目	评价指标			自评
	优秀（5分）	良好（3分）	仍需努力（2分）	
1. 理解 matplotlib 模块和 numpy 模块各自的作用	全部掌握	部分掌握	没有掌握	
2. 可以利用 matplotlib 模块和 numpy 模块绘制简单的函数图像	全部可以	部分可以	非常困难	
3. 理解贝叶斯算法的原理	全部掌握	部分掌握	没有掌握	
4. 可以利用贝叶斯算法对道路的拥堵情况进行预测	全部可以	部分可以	非常困难	
5. 积极参与课堂讨论，能够认真聆听他人的观点，积极贡献自己的想法	热情较高	不太积极	较少参与	
评价本节课你的表现				
总结本节课你的收获				
提出你的问题和困惑				

（4）课堂总结

今天我们先学习了 Python 中的 matplotlib 模块和 numpy 模块，借助 numpy 强大的数值计算能力，我们能够轻松生成用于模拟拥堵情况的时间序列数据。而 matplotlib 则为数据可视化提供了有力支持，让我们能够将抽象的数据转化为直观的拥堵时间函数曲线。而贝叶斯算法则是本次课程的另一个核心内容。基于贝叶斯算法的模型，通过整合历史数据中的先验概率和实时获取的条件概率，已被证明能够有效预测特定路段在特定时间段内发生交通拥堵的可能性。例如，一项研究利用上海市中心城区的交通事件数据，建立了一个预测模型，结果显示该模型在预测交通事件持续时间方面具有较高的准确性，如抛锚事件持续时间预测误差小于 10 分钟的正确率为 79%，交通事故持续时间预测误差小于 20 分钟的正确率为 65%。这种基于概率的预测方法为交通规划和决策提供了科学依据。在实践操作训练中，学生们深刻认识到理论知识与实际应用的紧密结合至关重要。最后，我们也要思考面对更复杂的交通数据我们又将如何处理，后期需要学习探索更多影响路况的因素。下节课，我们将基于今日所学，进一步探索导航系统的神奇之处。

第 3 课　寻找最优路径——非数值计算

1. 学习目标

（1）能够清晰解释广度优先搜索（BFS）和深度优先搜索（DFS）的基本工作原理。并能分析和比较这两种算法在路径规划问题中的不同特点及应用场景。

（2）能够阐述递归算法的核心概念。在解决最短路径（或类似）问题时，能初步应用分治思想（如将问题分解为更小的子问题，递归求解，合并结果）来设计和描述解决方案。

（3）通过学习和应用这些算法解决路径规划等问题，能够认识到算法在解决实际生活问题中的价值和效力，从而增强对算法学习的兴趣。在此过程中，锻炼逻辑思维能力（如步骤分解、推理）和创新意识（如尝试不同的解决方案）。

2. 教学重难点

教学重点：广度优先搜索与深度优先搜索的区别及应用场景。

教学难点：递归与非递归实现的效率差异分析。

3. 教学过程

（1）项目实施，开展探究活动

①回顾所学，引发思考。

通过前两节课的学习，学生已经了解了导航算法的基本原理。在 Python 中，我们已能绘制拥堵曲线，并运用贝叶斯算法预测道路拥堵情况。然而，如何高效寻找最优路径，尚待我们深入探索。本节课，我们将携手踏入导航算法的新领域，一探究竟。

②激发兴趣，探索新知。

教师：展示班级春游路线图，标注一条未在地图显示的捷径。"上周春游中，小明组发现了一条地图未标注的捷径，比原路线节省了 20 分钟。如果导航系统要自动识别这类路径，需要什么算法支持？"

学生："可能需要一种能"地毯式搜索"所有可能路线的算法！"

教师："如果是你设计导航系统，你会让算法像探险家一样深入探索（DFS），还是像军队一样逐层推进（BFS）？"

学生："逐层推进更稳妥，可以避免绕远路。"

设计意图：通过真实情境引发学生对"未知路径识别"的需求，建立算法与生活问题的关联。抛出 BFS 与 DFS 的对比问题，激发认知冲突，为后续探究铺垫。

③学以致用，建构知识。

任务一：寻径之旅——探索广度优先与深度优先算法在路径规划中的奥秘。

a. 广度优先搜索（BFS）探索——真人流程图模拟（BFS 队列管理）

卡片类型：节点连接卡（标注相邻节点与边权）

卡片内容：

A→B（边权 5）

A→C（边权 4）

B→D（边权 8）

C→D（边权 6）

D→终点 G（边权 3）

节点关系：卡片标注起点、终点及连接方向（箭头），边权为可选参数（用于后续扩展加权路径）。

材质建议：彩色硬卡纸，不同颜色区分节点和边权（如蓝色为节点，红色为边权）。

➤ 角色分配与初始化

节点角色：5 名学生分别扮演 A、B、C、D、终点 G，手持对应卡片。

队列管理器：1 名学生负责维护队列顺序（用白板或卡片模板记录）。

教师："现在我们要模拟导航系统中的路径规划算法。A 是起点，G 是终点，谁能告诉我 BFS 的核心思想是什么？"

学生："逐层扩展，先访问最近的节点。"

教师："正确！BFS 用队列管理节点，确保最短路径优先被发现。"

➤ 队列操作演示（图 4.44）

步骤 1：起点 A 入队，标记为已访问。

队列状态：[A]

教师："为什么队列要先进先出？"

学生："保证同一层节点先处理，避免绕远路。"

步骤 2：A 出队，访问邻居 B 和 C，按边权排序入队（B 权重 5，C 权重 4）。

队列更新：[B, C]

教师："如果边权不同，BFS 还能保证最短路径吗？"

学生："边权相同时可以，但边权不同可能需要其他算法（如 Dijkstra 算法）。"

图 4.44 队列流程图

➤ 逐层扩展与终点检测

步骤 3：B 出队，访问 D 并入队，队列变为 [C, D]。

教师："注意记录路径长度（A→B→D，总权重 5+8=13）。"

步骤 4：C 出队，访问 D 并入队，队列更新为 [D, D]（需去重）。

学生："D 已经出现在队列中，是否需要再次入队？"

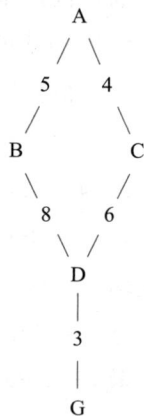

教师总结："BFS 需标记已访问节点，避免重复计算。"

➢ 结果展示

最终路径：A → C → D → G（总权重 4+6+3=13）。

教师总结："BFS 通过队列逐层扩展，首次到达终点的路径即为最短路径。"

小结：广度优先搜索（BFS）是一种用于遍历或搜索树或图的算法。它从根节点（或任何一个节点）开始，并探索所有邻居节点，然后对这些邻居节点的未搜索的邻居节点进行探索，以此类推。广度优先搜索在搜索过程中会先探索离根节点近的节点，再探索离根节点远的节点，因此它也被称为广度优先搜索。

通俗地讲，BFS 是像"一圈圈向外扩散"的搜索方式，从起点 A 开始，逐层向外搜索，直到找到终点 B。

b. 深度优先搜索（DFS）探索——DFS 堆栈模拟与回溯机制

卡片类型：迷宫分支卡（标注路径分支与回溯标记）

卡片内容：

A → B（分支 1）

A → C（分支 2）

B → D（死胡同标记）

C → E → 终点 G（分支成功标记）

回溯标记：用红色"×"标识死胡同，绿色"√"标识有效路径。

➢ 角色分配与初始化

节点角色：6 名学生扮演 A、B、C、D、E、终点 G，手持迷宫卡片。

堆栈管理器：1 名学生用白板记录堆栈状态。

教师："DFS 会像探险家一样深入探索，可能绕远路但能发现隐藏路径。谁能解释栈的作用？"

学生："先出后进，优先处理最新发现的节点。"

➢ 深度探索与回溯演示（图 4.45）

步骤 1：A 入栈，路径为 [A]。

步骤 2：选择 A 的第一个邻居 B 入栈，路径更新为 [A, B]。

教师："B 的邻居 D 是死胡同，如何应对？"

学生："需要回溯到 B，但 B 没有其他邻居，只能继续回溯到 A。"

步骤 3：D 标记为红"×"死胡同，弹栈至 B → B 无其他邻居 → 继续弹栈至 A，选择 A 的第二个邻居 C 入栈，路径更新为 [A, C]。

教师："从 C 发现了 E，E 又发现了 G，这说明什么？"

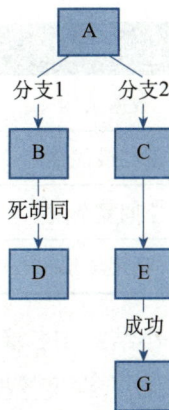

图 4.45　堆栈流程图

学生："DFS 坚持深入探索，终于通过 C 分支找到成功路径。"

➤ 结果展示

有效路径：A → C → E → G（总步数 3，但非最短路径）。

教师："DFS 可能找到多条路径，但无法保证最短。例如，BFS 的最短路径是 13，而 DFS 的路径可能更长。"

小结：深度优先搜索（DFS）是一种用于遍历或搜索树或图的算法。它从根节点（或任何一个节点）开始，沿着一个路径一直到达最深的节点，然后回溯到之前的节点，继续探索下一个路径，直到所有的节点都被访问过。

通俗地讲，DFS 是像导航中的"深入小巷寻找目的地"一样，尽可能深地搜索每一条可能的路径，直到找到终点或无法继续为止。

c. DFS 与 BFS 对比分析

教师："对比 DFS 与 BFS 在例题中的搜索结果，讨论两种算法在效率、路径长度等方面的差异，完成表 4.34。"

学生 1："DFS 就像一条路走到黑，不断深入搜索。当图结构复杂且分支众多时，它可能会在深层分支中徘徊许久，导致效率低下。想象在迷宫中，DFS 可能会执着地走到死胡同尽头才折返。"

学生 2："BFS 则逐层展开搜索，能迅速发现离起点近的节点。若目标节点近在咫尺，BFS 能迅速锁定，效率远超 DFS。正如在迷宫中，BFS 会先扫视离入口最近的区域。"

教师："现实中的导航系统需要像侦探一样探索未知路径，而 BFS 和 DFS 正是两种不同的'侦查策略'。如果导航系统需要实时避开拥堵，应该用 BFS 还是 DFS？"

学生 1："BFS！因为它能快速找到最短路径。"

教师："正确！但若需要探索所有可能路线（如旅游规划），DFS 更有优势。"

表 4.34　DFS 与 BFS 算法对比

特性	BFS（活动 1）	DFS（活动 2）
数据结构	队列（先进先出）	栈（后进先出）
路径最优性	保证首次到达的路径最短	不保证，可能绕远路
空间复杂度	高（存储所有层级节点）	低（仅存储单条路径）
适用场景	导航最短路径、社交网络扩散	迷宫探索、解谜游戏

小结：BFS 像军队的"地毯式搜索"，确保最短路径；DFS 像探险家的"执着探索"，适合深度挖掘。两者的选择需权衡效率与问题需求。

设计意图：学生们不仅掌握了广度优先搜索（BFS）和深度优先搜索（DFS）的基

本概念和搜索原理，还通过具体实例深刻理解了这两种算法在路径规划中的不同作用与应用场景。例如，在解决迷宫问题时，BFS算法能够有效地找到从起点到终点的最短路径，而DFS算法则在遍历图结构时显示出其优势。通过这些实例应用环节，学生们将理论知识与实际操作相结合，进一步巩固了学习成果。

④新知探究，突破难点

任务二：分治思想——递归算法

分治思想与递归算法讲解

a. 分治思想讲解

定义解释：分治思想是一种计算机算法设计策略，它将复杂问题分解成若干个较小的问题，分别求解后再合并得到最终结果。

例如，在树的路径问题中，分治算法通过选取一个点或一条边将树分成不相交的子树，递归处理每一棵子树，最终通过合并子问题的解来找到最优路径。但请注意，在DFS中，我们并不直接"合并"结果来找到最优路径，而是通过回溯来尝试所有可能的路径，直到找到一条可行的路径或确定没有更多路径可探索。

b. 递归算法讲解

定义解释：强调递归算法是函数自己调用自己的过程，适用于解决可以分解为相似子问题的问题。

例如，在交通导航中，我们可以将"从当前位置前往目的地"的问题分解为"从当前位置前往下一个转向点，然后再从那个转向点前往目的地"的子问题。结合分治策略，可将递归概括为：

分：将原问题分解成k个子问题。

治：对这k个子问题分别求解。如果子问题的规模仍然不够小，则将其再分解为k个子问题，如此循环，直到问题足够小，从而容易求出解。

合：将求出的小规模问题的解合并为一个更大规模问题的解，自下而上逐步求出原问题的解。

递归三要素：讲解递归定义（如何定义递归函数，比如基于当前位置和目的地来定义下一步的行动）、递归终止条件（何时停止递归，如到达目的地或确定当前路径无法到达目的地）、递归步骤（每一步做什么，如选择下一个转向点并继续探索）。

⑤实践体验，感受算法。

```
1    def dfs(graph, start, end, visited=None):
2        if visited is None:
3            visited = set()
4
5        #标记当前节点为已访问
```

```
6        visited.add(start)
7
8        # 检查是否到达终点
9        if start == end:
10           print("找到路径!")
11           # 这里可以添加代码来记录路径
12           return True
13
14       # 遍历当前节点的所有邻居
15       for neighbor in graph[start]:
16           if neighbor not in visited:
17               if dfs(graph, neighbor, end, visited):
18                   return True
19
20       # 回溯
21       return False
22
23   # 假设 graph 是一个字典，表示城市的道路网络
24   #graph[node] 包含从 node 出发可以直接到达的所有节点的列表
25   #start 和 end 分别是起点和终点的标识符
26   dfs(graph, start, end)
```

设计意图：通过实践体验，使学生理解分治思想的基本概念及其在算法设计中的应用，感受分治思想和递归算法在优化算法效率、简化代码结构方面的巨大优势。

小结：通过任务二的学习，学生们不仅掌握了分治思想和递归算法的基本理论，还通过归并排序的实例分析，深入理解了这两种算法在解决实际问题中的应用。学生们学会了如何将复杂问题分解为简单问题，以及如何通过递归函数的设计来解决问题。此外，学生们还体会到了分治思想和递归算法在优化算法效率、简化代码结构方面的巨大优势。

（2）课时拓展延伸

提出问题：我们已经深入探讨了非数值计算算法在寻找最短路径中的应用，这些算法为路径规划提供了有力的支持。但是，随着技术的发展，我们是否可以更进一步，利用机器学习的力量来让我们的导航系统变得更加智能和灵活？比如，机器学习如何帮助我们更准确地预测实时路况，从而动态调整路径规划？

（3）课时评价

①课前呈现评价方案。在课程开始前，教师会明确阐述本节课关于信息素养的目标要求，例如递归算法在分治策略里的应用等，如表4.35所示。评价体系包含学生自评、互评及教师评价，从多方面、多角度全面评估学生的表现，具体涵盖知识掌握程度、实践操作技能和创新能力等多个维度。特别要强调的是过程性评价的重要意义。在整个项目实施进程中，教师会密切关注学生的参与程度以及他们为项目所做出的贡献。同时，还会认真记录学生在团队协作中的具体表现。通过这样的方式，能让学生

清晰知晓学习的具体要求，明确自己努力的方向。能激励学生积极参与评价全过程，进而促进学习和个人成长。

②课中及时评价反馈。在教学中，密切观察学生的课堂表现，如回答问题的积极性、小组讨论的活跃度和动手操作的主动性。表扬积极且高质量回答的学生，同时关注并鼓励不积极思考的学生参与讨论。考察学生对比深度优先搜索和广度优先搜索时的准确性，尤其是深度优先搜索的理解和应用。对学习能力较弱的学生提供指导，帮助他们利用深度优先搜索实现递归。每个环节后都让学生自我反思并依据评价量规思考表现。小组讨论时，组织互评，评价成员表现，如发表观点的积极性、倾听态度和建议的建设性。

③课后收集记录评价。通过审视学生完成课堂任务的表现，评估他们对课程知识的掌握程度及应用能力。例如，检查学生编写的代码是否正确，是否能够灵活应用DFS 和 BFS，并学会利用分治思想解决实际问题。课后，学生需填写评价表，总结学习收获及待改进之处。教师依据课堂表现、任务完成情况以及学生的自我评价，对学生进行全面评价。

设计意图：通过构建一个全面、系统的评价体系，对学生在知识掌握、技能运用和态度表现等方面进行全面的评估。评价过程不仅关注结果，更重视学习过程中的表现和成长，旨在激发学生的内在学习动力，引导他们进行深入的自我反思与适时的自我调整。通过多元化的评价方式，如自我评价、同伴评价、教师评价等，可以提供更全面的反馈信息，帮助学生从不同角度认识自己的优势和不足，从而制定更有效的学习策略。同时，这也将帮助学生深入理解分治思想，熟练掌握递归的三要素，并学会如何利用 BFS 算法实现递归，从而深刻体会到计算机程序在提升问题解决效率方面的重要作用。

表 4.35　课时评价

评价项目	评价指标			自评
	优秀（5 分）	良好（3 分）	仍需努力（2 分）	
1. 你是否能理解 DFS 和 BFS 各自的概念原理	全部理解	部分理解	不能理解	
2. 你能否准确描述 DFS 和 BFS 两者的区别	全部可以	部分可以	非常困难	
3. 你是否能理解分治算法的核心理念	完全理解	部分理解	根本不理解	
4. 你是否能准确说出递归的三要素	没有问题	部分可以	非常困难	

（续表）

评价项目	评价指标			自评
	优秀（5分）	良好（3分）	仍需努力（2分）	
5. 你能否准确描述递归算法在分治策略中的应用	没有问题	有一些问题	没有思路	
6. 最后的程序你是否调试成功了	非常成功	有一些问题	完全不会	
评价本节课你的表现				
总结本节课你的收获				
提出你的问题和困惑				

（4）课堂总结

今天我们通过寻找最优路径，深入探讨了 BFS 和 DFS 两种搜索方式，由于其逐层搜索的特性，我们发现 BFS 非常适合用于寻找最短路径。在五权图中，它能够快速地找到从起始点到目标点的最短路径。例如，在地图导航中，如果只考虑路径的步数而不考虑其他因素，BFS 可以高效地找到最短线。而 DFS 在路径规划中的应用相对更灵活，它可以用于遍历整个图，寻找所有可能的路径。在一些需要探索所有可能性的场景中，如游戏中的地图探索，DFS 能够帮助我们找到所有可达的区域。然而，由于它不保证找到最短路径，在只需要最短路径的情况下，DFS 的效率可能不如 BFS。随后，我们深入了解了分治思想和递归算法的基本概念，并动手实践，尝试运用分治思想攻克最短路径问题。课后，请大家填写课时评价表，总结本节课的所得与待改进之处。下节课，我们将基于今日所学，进一步探索如何继续优化导航系统。

第 4 课　智慧导航——机器学习算法

1. 学习目标

（1）能够阐述机器学习算法的基本思想，列举并描述机器学习在导航系统（如地图 app）中的潜在应用。

（2）通过了解机器学习在导航等实际领域的应用与潜力，增强对人工智能（AI）和导航技术的兴趣。并对人工智能和导航技术未来的发展趋势（如更精准的预测、更智能的自主决策）产生好奇心。

2. 教学重难点

教学重点：理解机器学习算法的基本思想。

教学难点：掌握利用机器学习预测实时路况并动态调整路径规划的基本方法。

3. 教学过程

（1）项目实施，开展探究活动

①回顾所学，引发思考。

教师：在春游途中突发路障，如图 4.46 所示。上节课的 BFS 算法虽快，但面对突发路障却束手无策！如何让导航像人类一样"动态学习"新路况？"

学生 1：可能需要让系统记住每次堵车的数据，自动调整路线！

教师：没错！这就是机器学习的核心——让算法从数据中自我进化！导航系统如何'未卜先知'？答案就藏在今天的内容中，让机器像人类一样学习的算法。

图 4.46　春游途中突发路障

设计意图：在春游途中突发路障，引发算法危机，激发学生的学习兴趣。通过真实路况问题引发认知冲突，建立机器学习与现实需求的关联。

②拆解导航中的"智慧大脑"。

学生分组讨论导航 app 的常用功能（路线规划 / 预估到达时间 / 语音避堵），逆向推测背后的机器学习算法类型。

教师："如果遇到刚才的问题，比如修路导致所有路径都堵呢？"

学生 1："系统会学习历史数据中的成功避堵方案。"

学生 2："所以导航系统会像人类一样总结经验。"

教师："很好！这就是监督学习——用历史路况数据训练模型，像老师教学生认路标。"

设计意图：通过生活场景具象化"监督学习""决策树"等抽象概念，破除算法神秘感。

活动小结：

机器学习三要素：

➢ 数据（历史路况）+ 算法（决策树 / 回归）→ 预测（新路线时间）

导航应用：

➢ 拥堵预测 = 时间序列分析　　路线推荐 = 优化算法

③Python 动态路径规划。

任务 1：基础路径规划（实现算法基础寻路）

教师："当系统收到'从 (0,0) 到 (4,4)'的请求，算法首先要考虑什么因素？"

学生 1："距离！找最短直线路径"

教师："但如果对角线上有建筑呢？（演示地图障碍物）这时候就需要启发式函数——像人眼预估剩余距离那样工作。"

学生 2："就像用曼哈顿距离公式？ h(n)=|x1-x2|+|y1-y2|。"

教师："正确！现在请大家在 Python 中实现这个评估函数。"

程序示例：

```
# 学生补充代码示例
def heuristic(self, current):
    # 任务1：计算当前点到终点的曼哈顿距离
    return abs(current[0]-self.end[0]) + abs(current[1]-self.end[1])
```

学生演练：调整障碍物位置观察路径变化

任务 2：融入机器学习动态预测（接入实时路况 API 模拟器）

教师："路况监测显示 (2,2) 路口发生事故（拥堵等级 3），原最优路径通行时间从 3 分钟变成 10 分钟，算法该如何应对？"

学生 1："应该重新规划路线避开这里！"

教师："但频繁改道可能适得其反。（展示绕行更远案例）这就需要代价函数平衡机制，请同学们尝试修改下方的程序代码，亲自体验一下吧。"

```
# 动态路况权重调整
def get_traffic_cost(self, node):
    base_cost = 1  # 基础通行代价
    # 任务2：整合实时拥堵数据（关键机器学习接口）
    if node in city_map.traffic:
        return base_cost * city_map.traffic[node]
    return base_cost
```

任务 3：强化学习优化（模拟多次通勤的路径进化）

教师："系统发现每天 9:00 经过校门前路段时，实际耗时总比预测多 20%，这暴露了什么问题？

学生 1："预测模型没考虑学生潮汐人流。"

教师："所以需要持续学习的反馈机制，我们在模拟器中加入学习模块。"

程序示例：

```
def update_model(self, actual_time, predicted_time):
    """ 强化学习核心：根据预测偏差修正模型 """
    # 任务3：设计简单的模型更新规则
```

```
        self.error_rate = 0.8 * self.error_rate + 0.2 * (actual_time/
predicted_time)
        print(f"模型预测精度提升！误差率降至{self.活动小结:
error_rate:.2f}")
```

小结：

机器学习在导航中的本质：数据感知 → 预测建模 → 决策优化 → 反馈学习（循环）。

④新知探究，突破难点。

机器学习的四个基本步骤：获取数据、处理数据、建立模型、预测结果。

导航算法中机器学习的应用如下。

➢ 获取数据

模拟数据：展示一段模拟的实时路况数据，包括不同时间段的道路拥堵情况。

数据来源：简要说明这些数据可能来自交通监控摄像头、GPS 定位设备、手机应用等。

➢ 处理数据

数据清洗：说明在将数据用于模型训练前，需要进行数据清洗，如去除异常值、填充缺失值等。

特征提取：介绍如何从原始数据中提取对预测有用的特征，如时间段、历史平均速度等。

➢ 建立模型

模型选择：简述可能用于实时路况预测的机器学习模型，如线性回归、决策树、神经网络（此处可简化，仅提及概念）。

模型训练：使用简化的 Python 脚本或工具，演示如何使用处理后的数据训练一个简化的预测模型。

➢ 预测结果

预测演示：展示模型如何根据新的输入数据（如当前时间、历史相似时间段的数据）预测未来某时段的道路拥堵情况。

结果分析：讨论预测结果的准确性、可能存在的误差及原因。

学生尝试修改下方的程序代码，体会机器学习在导航中的重要作用。

```
1    import numpy as np
2    from sklearn.linear_model import LinearRegression
3    import matplotlib.pyplot as plt
4
5    # 模拟处理后的数据
6    # 车流量数据，作为特征
```

```
7    traffic_volume = np.array([100, 150, 200, 250, 300, 350, 400, 450, 500, 550])
8    # 对应的通行时间数据，作为目标
9    travel_time = np.array([10, 12, 15, 18, 20, 22, 25, 28, 30, 32])
10
11   # 创建线性回归模型
12   model = LinearRegression()
13
14   # 使用数据训练模型
15   model.fit(traffic_volume, travel_time)
16
17   # 输出模型的系数和截距
18   print(f" 模型系数（车流量对通行时间的影响因子）: {model.coef_[0]}")
19   print(f" 模型截距 :{model.intercept_}")
20
21   # 预测新的车流量下的通行时间
22   new_traffic_volume = np.array([600]).reshape(-1, 1)
23   predicted_travel_time = model.predict(new_traffic_volume)
24   print(f" 当车流量为 {new_traffic_volume[0][0]} 时，预测的通行时间为 : {predicted_tra
25
26   # 可视化训练数据和模型预测线
27   plt.scatter(traffic_volume, travel_time,color='blue', label=' 实际数据 ')
28   plt.plot(traffic_volume, model.predict(traffic_volume), color='red', linewidt
29   plt.xlabel(' 车流量 ')
30   plt.ylabel(' 通行时间（分钟）')
31   plt.title(' 基于车流量的通行时间预测模型 ')
32   plt.legend()
33   plt.show()
```

分组讨论：学生分组讨论机器学习在导航算法中的其他潜在应用，如个性化路线推荐、自动避障等。

代表分享：每组选一名代表分享讨论结果，教师进行总结点评。

设计意图：通过搭建好的模型，学生将学习算法在导航系统中的应用，包括传感器数据获取、算法路径规划、智能导航执行以及系统对环境变化的实时适应，这些步骤展示了机器学习技术在提升导航准确性和效率方面的重要作用。

小结：通过本节课的学习，同学们不仅加深了对机器学习基本流程的理解，还深入了解了机器学习在导航算法中的实际应用。通过模拟数据和简化模型的直观演示，学生们清晰地认识到了机器学习技术如何增强导航系统的精确性和效率。此外，小组讨论环节进一步激发了同学们的创新思维，也深刻认识到机器学习在导航领域尚存在更加广泛的应用潜力。

（2）单元拓展延伸

当导航系统使用机器学习预测路况时，需要大量用户出行数据（如实时位置、行驶速度）进行训练。请同学们思考：如何在保障预测精度的同时，防止用户隐私信息被滥用？尝试提出一种技术方案，并分析其可能对导航服务质量产生的影响。

设计意图：通过本单元最后一个问题让学生深化知识理解，促进知识迁移。本问题引导学生从技术实现与社会责任的双重视角，深入探讨机器学习在导航系统中的实际应用矛盾：一方面通过分析数据脱敏等技术方案，强化对单元核心知识的迁移应用能力；另一方面激发对"技术效能与隐私保护"平衡点的批判性思考，让学生切身感受隐私保护措施可能带来的预测精度损失，从而理解算法设计中需兼顾技术可行性与社会伦理，培养其在数字化时代负责任地运用技术的意识，呼应课标中"信息社会责任"素养要求。

（3）课时评价

①课前呈现评价方案。确立明确的评价标准和预期目标，如表 4.36 所示，确保学生清晰理解学习成果的衡量方式。例如，评价方式综合自评、互评和教师评价，全面评估学生在知识掌握、实践操作和创新能力等方面的表现。同时，强调过程性评价的重要性，关注学生在项目实施过程中的参与度和贡献度，记录他们在团队协作中的表现。

②课中及时评价反馈。观察学生在小组讨论、软件调试等环节中的表现，包括参与度、团队协作能力、问题解决能力、动手操作能力等。采用教师评价、学生自评和互评相结合的多元评价方式，及时给予反馈和指导。通过这种多维度的评价体系，不仅能够全面反映学生的成长轨迹，还能有效激发学生的学习动力和创新能力。同时，教师可以根据反馈及时调整教学策略，确保教学质量和效果的最大化。

③课后收集记录评价。依据学生提交的设计方案、对延伸问题的反思总结及课堂综合表现，全面评估学生对知识的掌握深度、应用灵活性和创新思维的发展状况。收集评价数据后，进行深入分析，构建详尽的学生成长记录，为后续的个性化教学策略制定提供坚实依据。同时，倡导学生进行深入的反思与总结，以提升自我认知，驱动持续的个人成长。通过这种闭环评价机制，确保教学目标的达成，助力学生全面发展。

设计意图：采用过程性评价和多元评价相结合的方式，全面、客观地评估学生的学习过程和学习成果。课前给出评价目标，确保学生明确学习方向；课中实时反馈，及时发现学生在学习过程中的问题和不足，给予针对性的指导，同时促进学生之间的相互学习和交流；课后则对学生的学习成果进行全面总结和评估，为后续教学提供参考，激励学生不断进步。

（3）课堂总结

本节课通过机器学习优化导航系统，将理论与实践相结合。通过引入自动驾驶汽车的场景，激发学生对智慧导航的浓厚兴趣。在讲解环节，全面地介绍机器学习的原理及其应用，为后续内容奠定坚实的理论基础。实践环节鼓励学生运用所学理论知识训练一个简化的预测模型。在实践过程中增强实践技能和团队合作能力。最终，通过

表 4.36　课时评价

评价项目	评价指标			自评
	优秀（5分）	良好（3分）	仍需努力（2分）	
1. 你能否描述机器学习基本流程？	没有问题	描述不全	不太清楚	
2. 你是否了解机器学习在导航算法中的重要作用	完全了解	部分了解	不了解	
3. 你是否积极参与小组讨论机器学习在导航算法中的其他潜在作用	全程参与	部分参与	没有参与	
4. 你是否成功训练出一个简化的预测模型	已完成	完成了一部分	毫无思路	
5. 对于完善智慧导航系统你是否有好的建议	有很多想法	有常规建议	没有想法	
评价本节课你的表现				
总结本节课你的收获				
提出你的问题和困惑				

一个过程性和多元化相结合的评价体系，全面评估学生的学习成果，为后续教师优化教学策略，提升教学效果提供参考。通过这种教学模式，我们不仅掌握了知识和技能，还培养了创新思维和团队协作能力。希望大家在课后继续思考导航算法的精妙之处，将今天所学运用到实际生活中。

第五节　数据分析与可视化——智慧经营明星超市的诞生

一、课标内容解读

《普通高中信息技术课程标准（2017 版 2020 年修订）》对本单元的内容要求如下。

（1）针对具体学习任务，体验数字化学习过程，感受利用数字化的工具和资源的优势。

（2）通过典型的应用实例，了解数据采集、分析和可视化表达的基本方法。

（3）根据任务需求，选用恰当的软件工具或平台处理数据，完成数据分析报告，理解数据保护的意义。

（4）通过典型的数据处理案例，体验使用人工智能算法处理数据的优势，了解智能信息处理的巨大进步和应用潜力。

课程标准提示教师从项目情境出发，引导学生在解决问题的过程中，感受信息技术对人们生活的影响。通过典型案例，引导学生完成数据采集、处理、分析及可视化表达的过程，能够深切领悟数据在信息社会的核心价值，以科学合理的方式处理并运用数据，依据实际需求灵活运用数字化工具去分析数据，攻克生活及学习中的各类难题，清晰地认识到人工智能在信息社会发挥着日益显著的推动效能，积极参与到信息社会建设中。

根据课程标准，学生应在真实问题情境中设计并制作一个项目可视化报告，涵盖从数据收集、处理、可视化分析全过程。这样的机遇为学生搭建了实践舞台，让他们得以深入探索大数据的广阔应用，精通机器学习算法，并能将获取的数据高效地转化为可视化成果。实践过程中，学生应善用协作工具，以提升团队协作效率，共享成果，进而提升运用信息系统解决实际问题的能力。

二、单元知识点

根据单元主题和课标要求，对教材内容进行梳理与重组，确定本单元知识数据的处理，如图 4.47 所示。

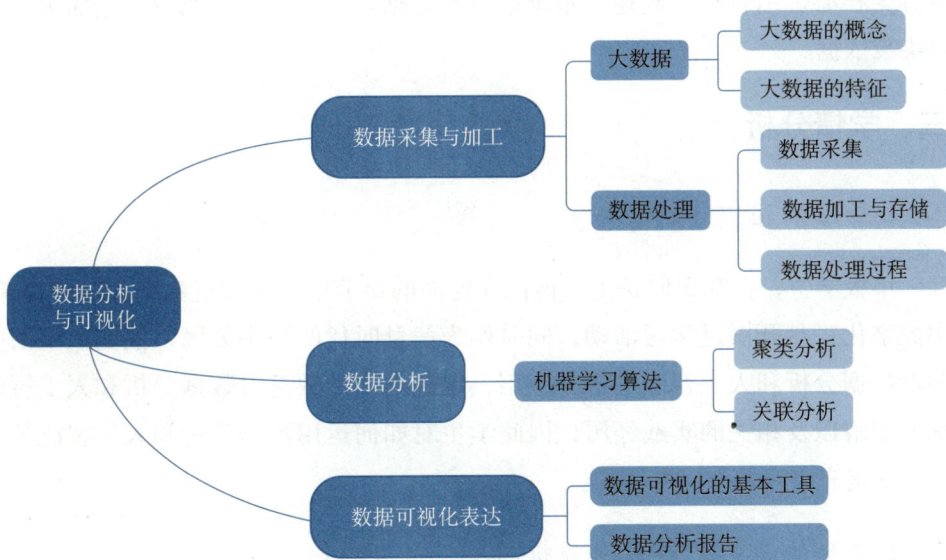

图 4.47　单元知识点思维导图

（一）数据采集与加工

当今时代，信息爆炸，海量数据无时无刻不在生成，这标志着我们已迈入大数据时代的大门。大数据具有大量、高速、多样、低价值密度和真实性等特征。要挖掘出大数据的价值，就离不开数据的采集与加工。数据采集是获取原始数据的关键步骤，包括明确数据要求，确定数据来源，选择合适的采集方法，实施数据采集。

（二）数据分析

采集到的数据往往是杂乱无章、未经过处理的，这就需要进行数据处理及分析，从而获取数据背后的价值。数据分析过程利用各种工具，如机器学习算法，从海量数据中提取有价值的信息和知识。例如，在健康数据分析中，机器学习技术能够快速分析健康数据，预测疾病风险，并为医生提供个性化的治疗建议。在零售和金融领域，机器学习帮助分析市场趋势、客户需求，以及识别潜在的欺诈行为，从而帮助企业制定更具针对性的策略，在激烈的竞争中占据优势。

（三）数据可视化表达

数据可视化表达旨在通过直观的图形、图表等形式，将抽象的数据转化为易于理解的视觉信息。常见的数据可视化形式丰富多样，如柱状图能够清晰地展现数据间的对比关系，折线图则精准地呈现出数据的趋势变化，而饼图则直观地体现了各部分之间的占比关系。基于这些可视化表达与形式，可进一步生成数据可视化报告，它以可视化内容为核心，结合文字阐述，系统地呈现数据背后的信息与洞察，进而为生产生活提供决策依据。

三、学情分析

（一）学生的知识结构分析

高一年级学生，在知识储备上，他们在前面的章节中已学习过数据、信息等知识，并运用数字化工具开展过学习活动，同时作为信息时代的数字公民，他们在生活中虽然体验着数据分析和人工智能的各类应用，但是他们尚缺乏对数据分析和人工智能技术的深入理解以及相关的实践经历，因此学生对如何运用数据分析和人工智能技术解决实际问题是充满好奇和探究欲的。

（二）学生的认知发展水平分析

在认知能力上，他们已初步具备了逻辑思维能力、信息获取与处理的能力、数字化学习的技能以及合作意识，同时，他们内心充满着对探索新知的强烈好奇。然而，学生在信息提炼、数字化学习与创新能力方面存在习惯性局限，未能充分利用数字化学习工具来表达思想和建构知识。

（三）学生的情感特征分析

在日常生活中，同学们经常体验到大数据带来的便利，然而，他们鲜少有机会亲身体验将复杂原始数据精心整理与分析，进而转化为解决生活难题的关键，更不必说构建一套完整的思维体系了。尽管他们对人工智能在生活中的作用有所感知，却难以深入探究其工作原理，因此课程设计需精心规划，以满足学生们强烈的好奇心和求知欲。

四、单元教学设计

（一）单元整体设计思路

本单元以开设超市作为主线，围绕大数据与数据处理的教学内容进行系统性规划。首先从大概念入手，以抓住数据为核心，阐述大数据的获取、加工及处理，为整个单元奠定了基础主线。以"明星超市的诞生——智慧经营"为单元教学主题，聚焦超市数据，打造明星超市，体现了数据在生活中的应用。其次，通过四个驱动问题，引导学生思考超市数据如何发挥最大价值，激发学生探索生活中其他数据价值。随后展开"单元课时细致规划"，把教学内容精密地分配到四个课时之中，每一课时均设有鲜明的教学重心，循序渐进地从大数据的初步认识过渡到数据的分析、呈现，再深入到数据价值的挖掘与探索。且在"单元核心知识"版块，精心梳理并提炼出数据处理的核心知识点，确保教学内容既全面又精练。最终，设立"评价"环节，综合考量多维度因素，匠心打造评价量表，该量表全方位涵盖学生对数据概念的深刻领悟、数据处理技能的炉火纯青、在实践挑战中灵活运用数据解决问题的能力，以及团队合作与沟通技巧的展现等多个层面，精准而全面地评估学生在本单元学习中的进步与短板，为后续的个性化教学辅导指明清晰路径。在科学原理与实践活动的双重重视下，学生在学习大数据与数据处理知识的过程中，能够不断提升自身的核心素养，从而更好地适应数字化时代对人才数据素养提出的更高要求，为其未来在各领域深入探究与创新实践筑牢坚实根基，如图 4.48 所示。

（二）单元大概念

（1）大数据时代，我们的生活被各种数据包围。如何让数据为我所用，首先要采集需要的数据，采集到的数据只有经过处理才能体现其价值。

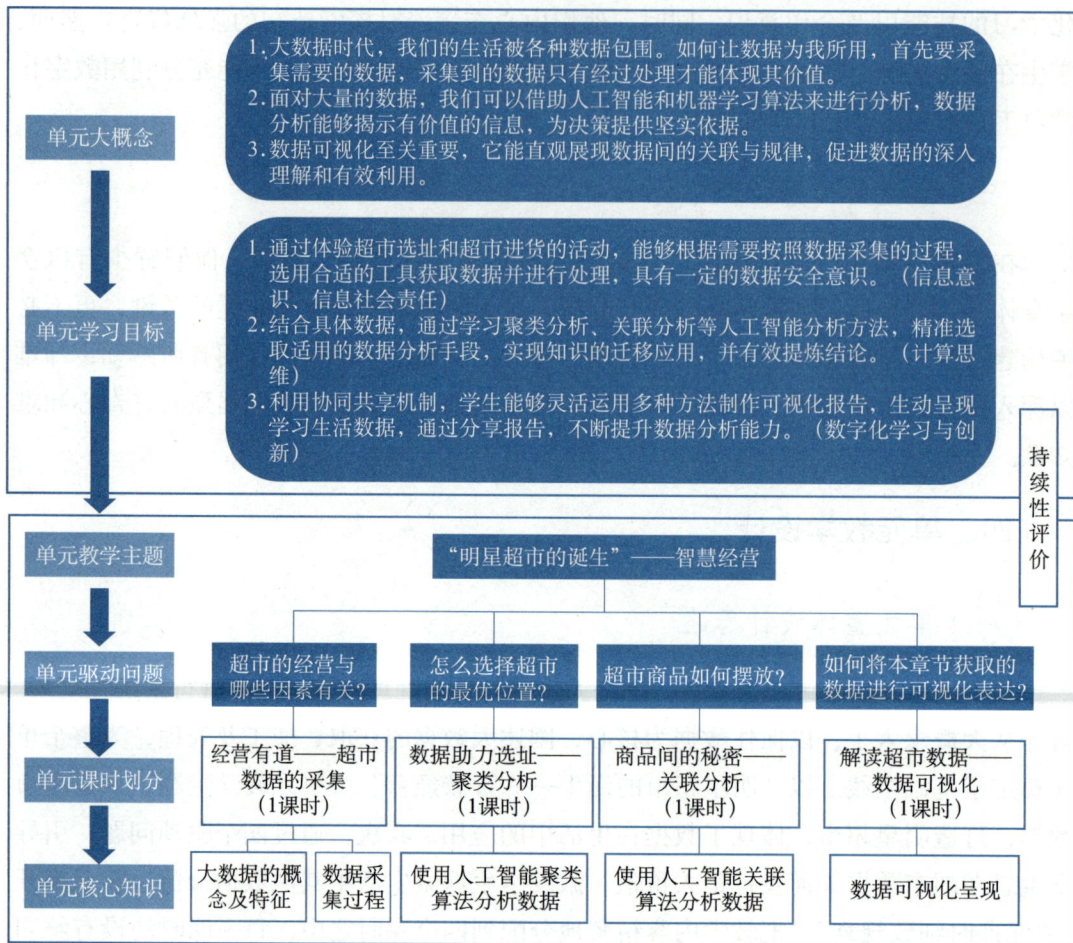

图 4.48　单元整体设计思路

（2）面对大量的数据，我们可以借助人工智能和机器学习算法来进行分析，数据分析能够揭示有价值的信息，为决策提供坚实依据。

（3）数据可视化至关重要，它能直观展现数据间的关联与规律，促进数据的深入理解和有效利用。

（三）单元学习目标

（1）通过体验超市选址和超市进货的活动，能够根据需要按照数据采集的过程，选用合适的工具获取数据并进行处理，具有一定的数据安全意识。（信息意识、信息社会责任）

（2）结合具体数据，通过学习聚类分析、关联分析等人工智能分析方法，精准选取适用的数据分析手段，实现知识的迁移应用，并有效提炼结论。（计算思维）

（3）利用协同共享机制，学生能够灵活运用多种方法制作可视化报告，生动呈现学习生活数据，通过分享报告，不断提升数据分析能力。（数字化学习与创新）

（四）单元主题

在数字化时代，利用数据实现智慧化运营是企业提升竞争力的关键。超市是日常生活中极为常见且贴近大众的商业场景，学生对其具有较高的熟悉度和亲近感。以超市为背景开展数据处理教学，能够让学生迅速将所学知识与实际生活建立联系，易于理解和接受，从而激发他们的学习兴趣和积极性。例如，学生们时常在超市中穿梭选购，对琳琅满目的商品种类、多变的价格策略以及丰富的促销活动有着直观的体验，这些生动的现实素材，无疑为他们探索数据背后的深层奥秘增添了浓厚的代入感。超市运营涉及海量的数据，包括顾客信息、销售数据、库存数据、供应链数据等。这些丰富多样的数据类型为数据处理教学提供了充足的资源，可以全面地涵盖数据获取、整理、分析、呈现等多个环节的教学内容。结合真实情境探索实践，有助于学生将数据处理知识转化为实际应用能力，为未来适应社会需求做好准备。

在深入研读课标的基础上，我们巧妙地融合了生活情境，精心选定了"明星超市的智慧经营"作为本单元的教学主题，旨在通过这一贴近现实的案例，激发学生的学习兴趣和探索欲望。在明星超市的智慧经营中，结合数据处理的相关理论知识，梳理单元核心概念，明确单元教学目标，将目标嵌入驱动问题当中。学生将扮演明星超市的经营者角色，设计一系列与主题紧密相关的课时内容，并为每个课时分配相应的知识点，具体内容如图 4.49 所示。

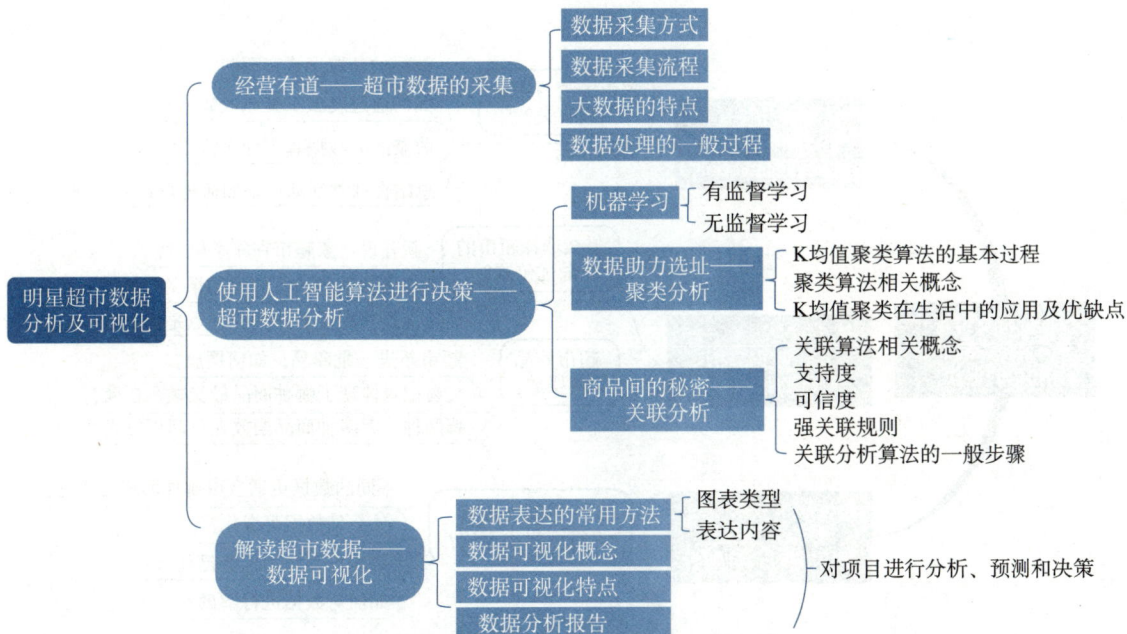

图 4.49　课时主题和知识点

（五）驱动性问题

围绕"智慧经营明星超市的诞生"这一中心主题活动，我们以"数据分析与可视化"为主要内容，引导学生思考、发现、分析和解决问题。活动要求学生采集超市货品销量数据，并深入分析影响超市经营的相关因素，如产品质量、价格、市场需求等。学生需利用数据分析工具，如 Excel、SPSS、Tableau 等，对数据进行清洗、处理和可视化展示，以揭示销售趋势和市场需求，从而深刻理解数据的内涵和特性。具体如图 4.50 所示。

第一课时："经营有道——超市数据的采集"中，探讨的核心问题是"超市经营与哪些因素有关？"相关的子议题涵盖：数据的多种获取形式、如何使用爬虫工具获取数据，大数据的特点，在活动中总结数据处理的过程。

第二课时和第三课时聚焦于"算法助力决策——超市数据分析"，通过采纳人工智能的前沿分析手段，深入挖掘数据背后的深层含义，以期优化超市的选址策略及商品选品布局。针对"超市的最优位置？"这一核心议题，设置了多个子议题，如新超市的选址策略、多家超市布局规划，以及在聚类分析中体验 K 均值算法的利弊。对于"超市商品如何摆放？"这一议题，进一步细化为新进商品的货架陈列、基于交易数据的热销商品识别，以及如何通过相邻商品的巧妙搭配，实现销售的最大化。

第四课时："解读超市数据——数据可视化"的核心问题是"如何将超市数据进行可视化表达？"相关的子议题包括：不同的数据适合用哪一种方式进行可视化呈现？数据可视化及优势，解读数据分析报告。

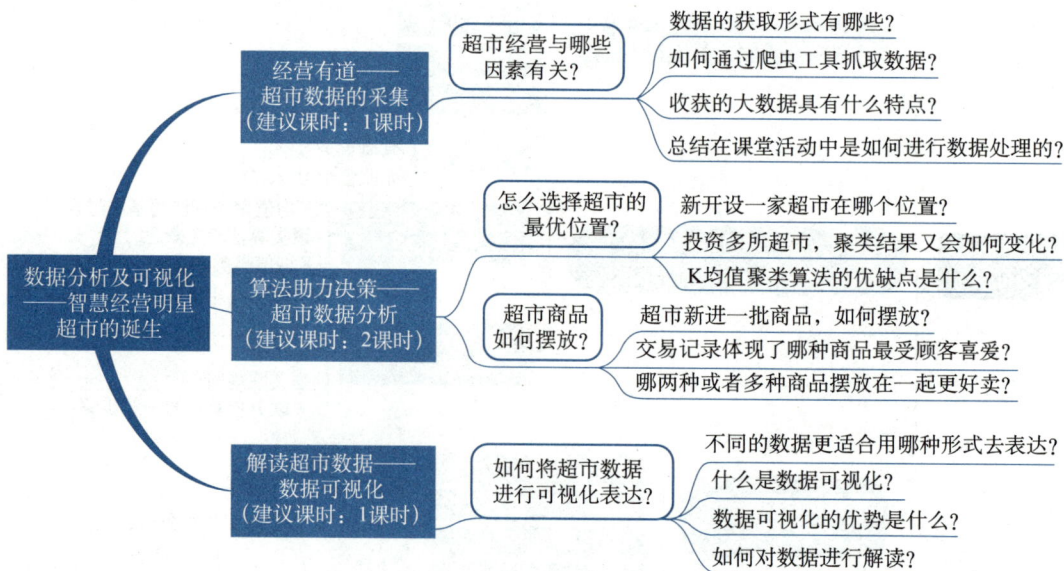

图 4.50 "数据分析及可视化"问题链

五、课时教学设计

根据教学内容，结合生活情境，本章大单元教学活动分为四个课时："经营有道——超市数据的采集""数据助力选址——聚类分析"" 商品间的秘密——关联分析""解读超市数据——数据可视化"。教学设计遵循项目引入—项目分析—项目实施—项目总结四个关键环节。具体教学活动实施框架，如图 4.51 所示。

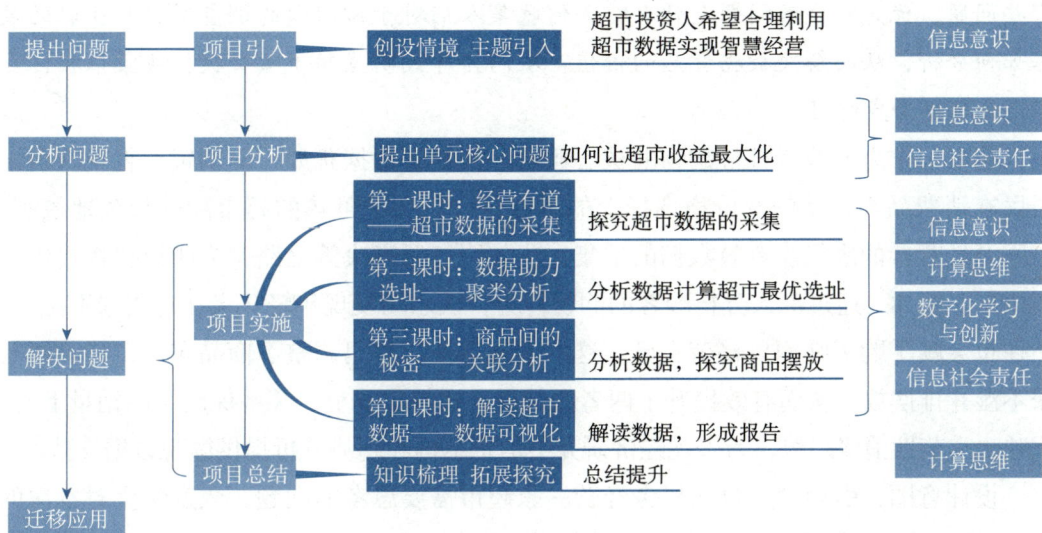

图 4.51　单元教学活动实施框架

第 1 课　经营有道——超市数据的采集

1. 学习目标

（1）针对不同的数据需求，要学会选择对应的采集方式，并且能灵活运用这些方法来高效获取数据。同时，在这个过程中培养信息敏感度，提升数字化学习与创新能力。

（2）通过实践活动，认识大数据的特征，总结数据采集的一般流程，能够依据该流程获取学习生活中所需的数据，进而在解决实际问题的过程中提升计算思维水平。

（3）了解采集数据的目的要正当，要注意识别网上的虚假信息，对获取的数据能够辩证地看待。树立信息社会中的责任意识，做数字时代的合格公民。

2. 教学重难点

教学重点：数据采集的过程，包括明确数据需求和目标、制定采集计划和策略、确定数据来源、收集数据、数据处理和分析、数据存储和管理、数据共享和应用。

教学难点：能够使用合适的方式采集数据。

3. 教学过程

（1）创设情境，引出项目主题

运用精妙情境巧妙引入本章节主题，旨在激发学生的内在动力，挖掘其解决问题的潜能，同时培育计算思维，有力推动课堂的革新与协作学习。

探究活动：明星超市的诞生

假设 10 年后，你成了一名金牌投资人，你也想在本市开一家明星超市，需要考虑哪些问题，优先解决的问题是什么？如何收集人们对于该问题的调查数据？获取的数据如何分析，从而解决数据背后的价值？从而为开设明星超市项目提供决策依据，更好地让数据为我所用。

超市，作为消费者日常购物的核心舞台，其销售数据犹如一面明镜，直观映射出居民在消费品类、品牌及价格选择上的偏好风向。炙手可热的超市能够长久地盈利，离不开经营者的决策。有效数据的采集，犹如明灯照亮决策之路，为明智抉择提供坚实依据。例如，通过深入分析顾客的购物行为，沃尔玛发现年轻父亲在购买尿不湿后，往往也会顺手购买啤酒以犒劳自己。这一发现促使沃尔玛调整了商品布局，将啤酒与尿不湿并排摆放，从而有效提升了两者的销量。在特定季节，某些保暖用品销量上升，反映出季节性消费趋势，为宏观经济研究中消费结构和趋势分析提供微观数据支持。

设计意图：引导学生自己思考经营一家超市需要思考的问题，激发学生对本次的"明星超市的诞生"主题产生兴趣。顺势了解大数据采集的一般过程，大数据的含义及特征，为本章节项目活动的开展铺垫。

（2）项目实施，开展探究活动

①激发兴趣，探索求知。分享经典超市的案例，引导学生思考最常去的本地超市依靠什么吸引消费者。落实学生的主人翁意识，真实地把学生带入课堂情境中，互动交流。以在线问卷收集答案，更好地对数据进行处理。

教师："各位金牌投资人，结合你最常去的超市，分析开超市需要考虑哪些问题？为了使问题能够考虑得更全面，现在请同学们进行头脑风暴，并填写调查问卷。"引导学生以投资者的视角融入角色，开展小组研讨，从旁观者的冷静观察逐步转向发人深思，探讨超市运营的关键要素，进而引出主题活动，紧密围绕真实生活场景设计课堂活动。

学生 1："距离近是超市的一大优势，使得家庭采购变得便捷而高效。顾客无需长途跋涉，便能随时前往超市，迅速选购所需商品，短时间内完成购物，从而极大地提升了生活的便捷性。"

学生 2："优质服务是超市吸引回头客的关键。步入超市，热情洋溢的服务人员即刻伸出援手，无论是指引寻找商品还是解答疑问，都让顾客的购物体验变得轻松愉快。加之摆放整齐的货架、适宜的温度控制以及悠扬的旋律，共同构筑了一个惬意的购物空间，令人久久不愿离去，进一步激发了消费欲望。"

学生3："商品品质严格把控，才能抓住消费者。食品、日用品等与人们的生活息息相关，严格的商品质量把控能确保顾客购买到的商品符合安全标准，不存在危害人体健康的隐患，让顾客可以放心使用，降低因使用劣质商品而引发健康问题的风险。"

②活动引入，合作探究。根据真实情境进行思考，小组合作，头脑风暴，迁移联想本地的超市有哪些需要改进的地方，通过在线问卷的形式填写答案，并提交给教师。生成的词云图如图4.52所示，常去的超市具备距离近、服务优、货品全、促销多等优势，这对于有意向投资开设超市的人来说，是需要深思熟虑的。

图 4.52　"超市经营与哪些因素有关"词云图

教师："老师也从大家的回答中总结出了两点我们要考虑的问题。'超市选址'和'超市进货'问题，只有处理好这两个核心问题，超市才能盈利。这背后需要相关的数据作为支撑，通过数据分析，来帮助我们进行决策。"

在教学过程中，我们紧密围绕"超市经营与哪些因素有关"这一核心问题，通过深入分析销售数据、库存管理、客户行为等多个维度，借助词云图生动展现学生们的答案，充分彰显了数据可视化的独特优势，为后续的本单元活动奠定了坚实基础。

③实践探究，操作促学。学生被分成若干小组，各自浏览房产信息平台，精心筛选并抓取所需数据。在此过程中，数据采集工作借助高效的爬虫工具完成，该工具依据预设的爬取策略，在互联网中自动搜集并整理数据。

教师：根据超市的选址问题，引导学生思考，哪些数据能帮助选址，从哪里可以获取这些数据？使用什么方法可以获取到这些数据？抓取到的数据需要进行处理才能使用，例如我们获取到所有小区的位置信息，通过转换成方便在平面图上表示的经纬度信息，来帮助我们决策。

学生：观察并补全爬虫代码，运行爬虫工具采集本市小区位置信息后，观察所得数据，并思考如何以更直观的方式呈现这些信息。

随后，总结实践操作的关键环节，最终归纳出数据采集的流程，如图4.53所示。

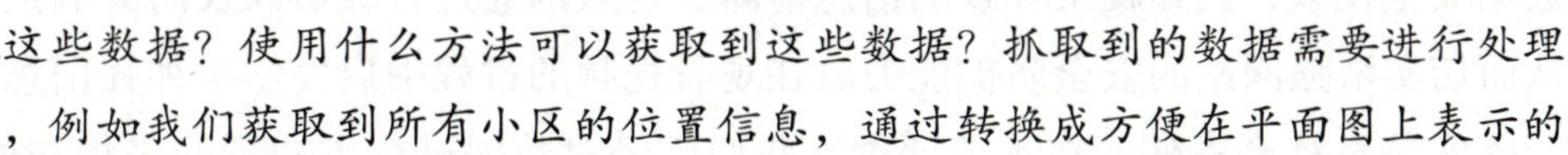

| 明确数据要求 | 确定数据来源 | 选择采集方法 | 实施数据采集 |

图 4.53　数据采集的流程

④学以致用，再探选品。在探究"超市进货"的活动中，进一步加深对数据采集流程理解和运用。感受数据的获取加工以及处理过程，感受大数据的特点。

教师："接下来我们来解决另一个问题，如何进货，请大家围绕数据采集的一般过程，思考每一步该如何进行。数据的来源主要可以从互联网的网购平台中探寻，通过爬虫技术获取所需数据，并进行采集、加工和存储。然而，值得注意的是，大多数网站都进行了数据加密，这使得直接获取所需数据变得相当困难。可以使用1688在线进行批发的网站，里面有各个商家，我们从这里可以获取到商品的价格、成交量等数据。以零食为例，请大家思考，你会参考网站上的哪些数据，然后选出你最可能进的五种零食，并对用到的工具和处理方法进行分享。"

学生：每个组分享自己获取零食数据的方法，以及选出零食的方法。思考探究获取的大数据具有什么特点。

大数据的"大"是一个相对概念，没有具体标准，但根据国际数据公司（IDC）的定义，大数据通常指的是在TB到PB级别的数据量，甚至可以达到EB或ZB级别。网络抓取的数据，无一不彰显着大数据的魅力：规模庞大，类型繁多，处理迅速，却价值隐匿于海量之中。大数据的处理，便如同淘金者，从纷繁复杂、或许晦涩难懂的信息海洋中，提炼出璀璨夺目的真知灼见，为人们的判断、决策、预测提供坚实的依据。

设计意图：学生化身超市经营者，通过单元任务，体会数据的采集过程。能够灵活运用爬虫技术、问卷调查等手段，精准获取所需数据，从而有效提升学生的问题解决能力。在获取数据并加工处理的过程中，小组协作，共同完成项目任务，解决核心问题即明星超市经营与哪些因素有关，通过选品和选址问题，驱动项目进一步推进，这些采集到的数据，为后续探索数据分析处理与可视化打下基础，在单元任务当中潜移默化地培养学生素养。

（3）课时拓展延伸

总结数据处理的一般过程：包括数据采集、数据整理、数据分析和数据可视化。播放数据安全视频，例如爬虫导致的信息泄露、互联网通过升级协议及防火墙抵御爬虫，从而切实增强网站的安全防护能力。在观看视频的过程中启发学生加强信息安全意识，落实信息社会责任。在本节课中，我们已经对数据进行了初步的采集和处理，并基于这些数据做出了一些初步决策。然而，为了进一步提升决策的精确度和效果，我们将在后续课程中深入学习包括对比分析法、分组分析法、预测分析法、漏斗分析法和AB测试分析法在内的多种数据分析方法。

设计意图：总结课堂内容，梳理数据处理过程，巩固学生本堂课所学知识和技能。借助视频资料，深化学生对信息安全的认识，并全力培养他们的信息社会责任意识，引导他们主动保护个人信息，透彻理解验证码在互联网中的关键作用，从而在网络的海洋中，成为文明自律的杰出网民。

（4）课时评价

①课前呈现评价方案。课程开始之前，教师制定课时评价量规，如表 4.37 所示，并向学生介绍本节课学习重点，引导学生明确学习目标，能够在学习任务推进的过程中，逐步突破本节课教学重难点，让学生清楚知晓课堂学习中需要努力达成的目标，以评促学。

②课中及时评价反馈。在课堂教学进程中，及时评价反馈至关重要。教师依据预先设定的评价标准，密切关注学生的学习动态。本节课的阶段性教学活动，如互动问答、在线问卷、实践操作等环节，针对学生在活动中的出色表现，如清晰的逻辑阐述、准确的数据记录，给予当场表扬，让学生明确自身优点，增强学习自信心；对于学生存在的不足，例如操作失误、步骤梳理偏差，教师也会及时帮助学生及时纠正错误，加深对知识的理解。每个课堂环节后，引导学生自评及小组互评，实时总结反馈，调整学习策略，促进教学目标的顺利达成。

③课后收集记录评价。课堂教学后，教师要全面收集学生在课堂问卷、操作实践成果以及学习课时评价量表等情况。通过批改实践作业，精确分析学生掌握数据获取方法的情况，评估其能否选用合适工具获取所需数据，并筛选出学生最感兴趣的超市数据，为后续数据分析打下坚实基础。本节课的作业记录在学生电子档案袋中，教师对学生每节课评价数据纵向对比，对进步的学生提出表扬，勉励未完成作业的同学继续努力。聚焦学生个体成长轨迹，激发学生学习动力。

设计意图：通过多元化的评价方式，如课中评价关注学生在学习过程中的参与度、阶段目标达成程度和知识掌握情况，课后评价衡量学生对知识和技能的掌握成果，全面了解学生的学习状况。不仅能帮助学生明确自身的优势与不足，引导学生有针对性地改进学习策略，还能通过及时反馈给予学生鼓励与指导，激发学生的学习兴趣和内在动力，促进其在知识、技能、情感态度与价值观等方面的全面发展。

表 4.37　课时评价

评价项目	评价指标			自评
	优秀（5分）	良好（3分）	仍需努力（2分）	
1. 是否能够总结出数据采集的一般过程	可以	有些困难	特别困难	
2. 是否能够使用软件进行数据的采集	可以	有些困难	特别困难	
3. 是否能够对采集到的数据通过 WPS 电子表格进行简单的处理	可以	有些困难	特别困难	

（续表）

评价项目	评价指标			自评
	优秀（5分）	良好（3分）	仍需努力（2分）	
4.是否能说出大数据的概念和特征	可以	有些困难	特别困难	
5.学习生活中是否有信心利用数据采集的方法获取你需要的其他数据	可以	一般	不可以	
6.是否能够有意识地分析自己获取数据的方式是否合法	可以	一般	不可以	
7.是否能够有意识地分析自己获取到的数据是否可信	可以	一般	不可以	
评价本节课你的表现				
总结本节课你的收获				
提出你的问题和困惑				

（5）课堂总结

通过本课时的学习，同学们认识了数据采集的过程，能够用各种方法采集需要的数据，为后续课程服务，培养了学生获取数据的能力。我们根据情境问卷，收集了关于"超市的经营与哪些因素有关"的问卷数据，并从中提炼出超市选址与超市选品这两个亟待解决的核心问题。这些问题促使学生积极探究如何获取地址数据、处理数据，并对商品数据进行简单分析，为后续的数据分析及可视化工作奠定坚实基础。

在进行数据采集时，学生应遵循数据管理制度，确保数据的收集、存储、使用和共享等环节符合法律要求，如《中华人民共和国数据安全法》和《中华人民共和国个人信息保护法》。同时，应加强数据安全防护，采用加密技术和访问控制等手段，保障数据的保密性、完整性和可用性。采集数据的目的必须明确且正当，避免过度收集或收集无关数据，并且在采集过程中获取数据主体的明确同意。此外，学生应定期对数据的合法性和合规性进行审计和评估，及时发现并整改问题，同时注意识别网上的虚假信息，并对获取的数据进行辩证分析。提升自身的信息社会责任，做一个风清气正的网络原住民。

第 2 课　数据助力选址——聚类分析

1. 学习目标

（1）通过创设生活情境，模拟计算机解决问题的过程，带入大数据的应用场景，学会分析大数据，并利用数据解决生活实际问题。

（2）深入了解聚类分析算法，明晰其内在原理，并探究 K 值和质心如何微妙的影响聚类结果，从而熟练掌握运用算法剖析数据，提炼出有价值的信息。

（3）通过使用电子表格以及海龟编辑器学习 Python 编程，掌握利用程序设计语言描述算法，并解决问题。

（4）通过对大数据进行分析，了解数据的重要性，树立技术服务于生产生活，增强效率的意识。

2. 教学重难点

教学重点：熟练掌握并灵活运用聚类算法，对数据进行深入分析。

教学难点：将大数据理论知识与实际生活紧密结合，解决复杂多变的生活问题。

3. 教学过程

（1）项目实施，开展探究活动

①知识回顾，课程导入。在学生们已经掌握大数据及其采集方法的基础上，进一步引导他们学习数据分析技巧。通过创设贴近生活的情境，模拟计算机处理问题的流程，引入大数据的实际应用场景，使学生们学会运用数据解决生活中的实际问题。

教师："各位金牌投资人们，据我所知你们准备在我市建立几家大型超市，上一堂课，老师了解到你们已经掌握了数据的收集方法，并且成功地收集到了对于我们经营超市有用的数据，这堂课老师希望你们能和老师一起，通过收集到的地址数据完成咱们建立超市的第一步——超市的选址。根据某市人员居住分布，老师找到了几个人员居住率高的具有代表性的小区，他们的分布如图 4.54 所示，这节课老师想请各位金牌投资人和老师一起找到我们开设超市最优的地段。"

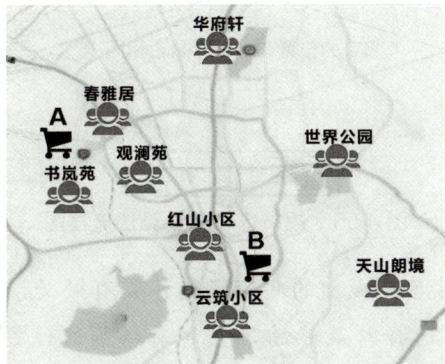

图 4.54　某市人员居住率最高小区分布图

学生：根据地图情境，思考在该市开设一家超市，应该选在什么位置，并分享选择该位置的原因。

教师："老师随机在地图上选择了 A、B 两个超市备选地址，请同学们试着划分地图上的 8 个小区居民会去哪个超市购物。"

学生 1："如果他是春雅居小区的业主，他会倾向于选择 A 超市，因为它距离更近，便于日常采购。"

学生 2：如果我是红山小区的居民，B 超市是距离最优选择。

学生 3："作为世界公园的潜在顾客，面对两个距离相近的超市，选择确实令人纠结。若能重新规划超市布局，或许能更有效地服务居民需求。"

②情境探究，体验算法。通过情境任务，体验根据经纬度位置信息汇聚超市位置，这个过程就是聚类算法，它的算法原理是数据集中每个样本都是空间中的一个点坐标，距离越近相似程度越高，相似度越高的我们把它划分成一个簇。在超市选址的过程中，每个小区就是空间中的一个点，距离近的划分为一个簇即超市的初步选择地址。活动过程中，我们梳理了聚类算法流程图：首先随机选取超市的初始位置，接着计算每个小区至超市的距离，并将距离相近的小区归为同一超市群体。随后，取每个超市群体中所有小区坐标的平均值作为新超市的位置，如此迭代，直至超市位置与最初选取的点一致，选址活动方告结束。具体流程图如图 4.55 所示。

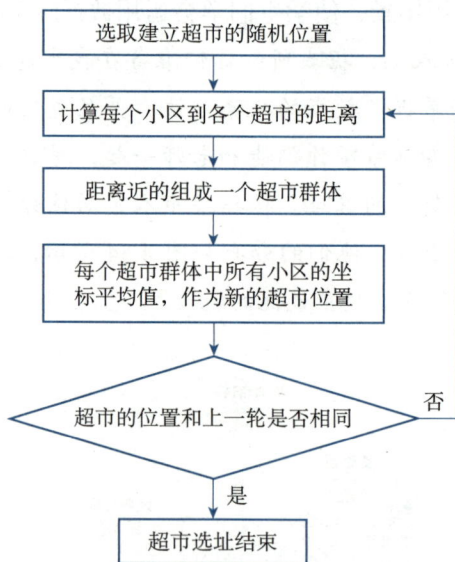

图 4.55　超市选址聚类算法流程图

教师："有小区居民对老师提出的超市预选位置有疑义，重新调整 A、B 两点位置后，各小区居民又该如何选择？最终的位置和前期预选位置不一样，多次实践过后，选出了合适的位置。请各位同学深入思考，看看我们分类后的小区和最终选定的超市位置，有哪些独特之处？"

学生："一开始老师给出的 A、B 两点位置是随机的，同学们根据距离将小区居民预选的超市进行了划分。有争议后，重新以距离为首要考虑因素确定了超市的位置。整个过程中，我们始终依据距离进行聚类分析，从而精准地确定了超市的最佳开设位置。"

③实践体验，突破难点。引导学生将小区的位置信息绘制成坐标系，通过计算点之间的距离分析随机点的位置是否合适。鉴于高中学生的知识基础，我们首先通过纸笔计算两点间的距离，随后利用 Excel 表格中的公式进行数据分析与计算。在多次选取随机点并计算距离后，最终确定了超市的最优位置。对比数学运算，感受计算机运算的便利。

教师："根据上节课，我们已经获取到了小区的经纬度，老师已经在导学案的表格中将数据展示出来了，请你将它绘制成散点图。由于某市人员居住情况的变动，有一个新的小区需要考虑进选址的范围内，它的位置已经在图 4.56 中给出了，请依据下述 9 个小区的地理位置信息，并结合随机指定的两个潜在超市位置，执行聚类分析，以确定这两个超市的最优布局点。"

学生："在平面直角坐标系中绘制小区坐标点。选定超市位置 A、B 后，利用 K 均值聚类算法计算每个小区到 A、B 超市的距离，根据距离远近对小区进行聚类，以优化超市选址。"

图 4.56　数据处理并绘制坐标图

④程序设计，算法实现。虽然通过数学计算或 Excel 软件来计算两点间距颇为直观易懂，但在面对海量数据时，Excel 不仅难以直观展现距离差异，还需频繁手动操作，因此，我们引入了机器学习算法来高效处理此类数据。教师引入机器学习算法，特别是 K 均值聚类算法，以提高处理此类聚类问题的效率。通过结合注释和代码示例，学生可以理解如何确定超市的个数，即聚类的簇数，并根据具体需求调整算法参数。此外，通过引入 Python 图表库如 matplotlib，学生可以使用坐标图直观地呈现聚类结果。

教师："由于某市人员居住情况又发生了变动，又有 3 个新的小区需要考虑进选址的范围内，它的位置已经在下表中给出了，请运行程序，对比在分别建立2所、3所、4所、5所超市的情况下，聚类结果会有何不同？你认为哪一种情况既便捷了居民购买商品，又不会过多地浪费人力、物力、土地资源。"展示代码，并解释代码的基本结构和功能，如导入机器学习库、读取数据表、建立超市个数、图表绘制等。

```python
from sklearn.cluster import MiniBatchKMeans
import numpy as np
import matplotlib.pyplot as plt
dataSet = []
f = open("小区位置数据表.txt")
for v in f:
dataSet.append([float(v.split(',')[0]), float(v.split(',')[1])])
dataSet= np.array(dataSet)
# 建立超市的个数
n_clusters=4
mbkmCluster = MiniBatchKMeans(n_clusters,batch_size=6,max_iter=10).fit(dataSet)
print("聚类质心的坐标: ","\n",mbkmCluster.cluster_centers_)
print("样本集的分类结果: ","\n",mbkmCluster.labels_)
mbkmCluster.labels_
markers = ['^', 'x', 'o', '*', '+','#',"@"]
for i in range(n_clusters):
members = mbkmCluster.labels_ == i
plt.scatter(dataSet[members, 0], dataSet[members, 1],s=60, marker=markers[i], c='b', alpha=1)
plt.show()
print()
```

学生应认真听讲，努力理解代码逻辑，并运用 Python 程序精确计算超市的位置。在已获取小区经纬度的基础上，将这些信息绘制成散点图。之后，可以尝试更改超市的个数，再次运行程序，并观察输出结果。分析数据，体会计算机处理数据的便捷性。

教师："请各位同学和小组成员细致比对聚类结果，共同探讨其差异背后的原因，并深入思考这与算法中的哪个核心概念紧密相关？这个核心概念是质心，随机设定 K 个质心，让簇内样本点到达各自质心的距离的总和最小，能够满足这个"最小"的 K 个质心。尝试修改代码和数据表，输出图表又会发生什么变化？"

学生："在 Python 代码中，n_clusters 参数定义了聚类的数量，即我们希望建立的超市个数。不同的 n_clusters 值会导致不同的聚类结果和数据坐标图。质心是聚类过程中确定的'超市中心点'或'代表位置'，它代表了每个聚类的中心。"

⑤总结拓展，迁移应用。根据本节课的项目任务，总结聚类算法概念，归纳簇和质心的定义。聚类算法在现实生活中的运用广泛存在，我们应鼓励学生将其融入日常生活，通过生动、具体的实例，让同学们深刻体会到聚类算法的强大功能和广泛应用。

在学习和生活中，能够多留意身边的数据，思考如何运用聚类算法去解决实际问题，真正做到学以致用。

教师："K均值聚类算法是一种广泛使用且高效的聚类算法。它不同于之前我们所学的分类算法。它事先不知道数据样本有多少类别，而是根据数据样本特征或某种相似度聚合成多个类别。属于机器学习中的无监督学习算法。它在生活中同样展现出广泛的应用价值，电商领域利用聚类技术，深入剖析用户的购买行为，基于年龄、收入、消费习惯等多维度数据，将消费者精确划分成不同群体，并为各群体量身打造个性化的营销策略。图像处理：聚类算法可以对图像中的像素点根据颜色、亮度等特征进行聚类，实现图像分割，帮助识别图像中的物体。金融服务领域，可对银行客户进行分类，实现更好的个性化服务。"

设计意图：本课从超市选址的问题入手，对上节课采集到的数据进行简化处理，使用数学计算、Excel公式、Python数据分析方法，进行计算分析，最终完成选址问题。在这一过程中，学生深刻理解了人工智能算法在数据处理与分析中的核心机理，同时熟练掌握了多种计算工具的特点，能够根据实际需求灵活选择，从而极大提升了他们的综合应用能力。这种由浅入深、循序渐进的教学方法，对学生逻辑思维与问题解决能力的发展起到了有效的促进作用，为他们日后处理复杂信息问题奠定了坚实的基础。

（2）课时拓展延伸

机器学习在数据分析领域正发挥着日益关键的作用。它能够高效处理海量数据，挖掘其中隐藏的模式与规律。机器学习中的聚类算法能够将复杂的数据进行有效分类，帮助数据分析师更清晰地洞察数据结构，揭示不同群体的独特特征。验证码是聚类算法的一个重要应用场景，通过观看《谷歌浏览器的验证码》视频，学生能直观体会到聚类分析在生活中的广泛应用，从而激发他们深入思考机器学习在日常生活中的潜在价值，增强对机器学习算法的好奇心和探索欲。

（3）课时评价

①在课程开始前，教师应制定详细的评价量规表，如表4.38所示，明确评价指标和权重，如学习目标、学习准备、学习氛围、学习方式、学习过程、学习效果等，并参考观测点和分值，确保评价全面覆盖知识掌握、操作应用、课堂参与度等多个维度。针对每个评价维度，制定明确、可操作的评价标准。比如，在知识掌握方面，明确规定不同等级的得分标准，如对K均值聚类算法概念的理解准确、能灵活运用解题可获得优秀；仅能记住知识点但应用能力较弱则是良好。在实践应用维度，能够应用K均值聚类算法解决生活中的实际问题，赋值优秀。让学生清楚地了解学习要求与努力方向，引导学生积极参与评价过程。

②课中及时评价反馈。课中及时评价反馈能促进教师与学生之间的深度互动。当

教师对学生的表现给予评价后，鼓励学生积极回应，分享自己的思考过程与遇到的困惑。这不仅能让教师更深入地了解学生的思维路径，还能使学生感受到自己的观点被重视，增强其参与课堂的积极性。例如，在模拟的课堂情境中，学生们扮演小区业主，积极推测超市的最佳选址，迅速把握了聚类算法的核心要点。教师及时给予评价，并进一步引导学生深入探讨距离因素在此过程中的关键作用，这一互动激发了其他同学的热烈讨论，极大地丰富了学生对 K 均值聚类算法的理解层面。基于这种深入理解，教师可以为不同层次的学生量身定制教学策略，促进师生共同成长。

③课后收集记录评价。课后，教师及时整理课堂观察记录、收集学生档案袋资料、批改实践作业，随后，将评价结果细致地录入电子表格中，进行深入的数据分析，以便全面把握学生的学习状况，同时精准识别个体差异根据评估结果，教师定期制作个性化的评价报告，报告以鼓励性语言为主，明确地指出学生的优点和需要改进的地方，并提供详尽的学习指导，为学生规划后续学习努力的方向，助其持续进步。

设计意图：教师通过多元评价获取丰富信息，了解教学方法有效性、教学内容适用性，以评促教，调整课堂教学策略，改进教学方法，使教学更贴合学生实际，促进学生素养提升。

表 4.38　课堂评价

评价项目	评价指标			自评
	优秀（5 分）	良好（3 分）	仍需努力（2 分）	
1. 是否掌握 K 均值聚类算法的概念	熟练掌握	基本掌握	不太熟	
2. 在人工分析数据并得出结果的过程中，你是否在操作上存在困难	没有困难	有一定困难	非常困难	
3. 是否理解 K 均值聚类算法中簇和质心两个重要内容	理解	大致理解	非常不理解	
4. 是否掌握 K 均值聚类算法的基本过程	熟练掌握	基本掌握	不太熟	
5. 是否能够完成活动中的代码填空	可以	一般	不可以	
6. 是否能够利用 K 均值聚类算法解决生活中的其他问题	可以	一般	不可以	
评价本节课你的表现				

（续表）

评价项目	评价指标			自评
	优秀（5分）	良好（3分）	仍需努力（2分）	
总结本节课你的收获				
提出你的问题和困惑				

（4）课堂总结

在本课时的深入探索中，同学们邂逅了机器学习的聚类算法，亲历了多样化数据处理之旅，从而锤炼了数据处理的核心能力。复杂的原始位置数据，经由巧妙的转化，化身为直观的散点图，位置信息的可视化呈现跃然眼前。学生们在计算距离的实践探索中，深切体悟并牢固掌握了聚类算法的精髓所在。使用 Python 机器学习库，呈现不同数量质心聚类的不同结果。此外，通过了解聚类算法在各行各业的广泛应用，让同学领会机器学习算法的魅力。

第 3 课　商品间的秘密——关联分析

1. 学习目标

（1）针对特定的信息问题，自觉、主动比较不同的信息源，能描述数据与信息的关系，确定合适的信息分析策略；在日常生活中，根据实际解决问题的需要，在信息分析与处理的过程中具备信息安全意识。

（2）按照问题解决方案，选用适当的数据分析方法分析数据，并能迁移到其他相关问题的解决过程中。

（3）针对特定的学习任务，运用一定的数字化学习策略管理学习过程与资源，完成任务，创作作品。在网络学习空间中开展协作学习，建构知识。

（4）在信息活动中，具有信息安全意识，尊重和保护个人及他人的隐私。在信息交流或合作中，尊重不同的信息文化，积极、主动地融入信息社会中。

2. 教学重难点

教学重点：能够使用关联分析算法处理数据，并分析结果。

教学难点：对不同的数据，能选择恰当的方式处理数据。

3. 教学过程

（1）项目实施阶段：精心规划，实施多元化的探究活动

①复习导入，承上启下。通过问答和讨论，回顾本章知识要点，与学生进行积极互动，巧妙融入本单元主题，强化学生对大单元教学连贯性和整体性的认识，有效衔

接后续课程内容。

教师："本单元以智慧经营明星超市的诞生为单元项目任务，涉及数据采集、处理、可视化为主线。第一节课经营有道超市数据的采集，结合"超市经营与哪些因素有关"进行问卷调查，使用爬虫等工具获取到某市居住率最高的小区数据，进行聚类分析，得到了超市的最优选址。本节课，我们将继续深入探究超市货品摆放的科学性与艺术性，揭示其背后的秘密。"

②情境导入，探究新知。以明星超市陈列入手，创设情境，激发学生的探索兴趣，让学生化身为超市经营者，亲身体验和感悟超市商品之间的秘密。

教师："超市新进了一批商品，如果你是理货员，会如何安排它们的货架位置？通常，热销商品置于显眼且易取的位置，以促进销量。我们随机选五位同学的购物清单来进行分析，通过表 4.39 现有数据，请你说说哪种商品最受顾客喜爱，并说明理由。"

表 4.39　五名同学的购物清单

交易记录	购物清单
1	辣条、可乐
2	薯片、可乐、巧克力派、棒棒糖
3	薯片、巧克力派、香肠
4	可乐、薯片、巧克力派、辣条
5	可乐、辣条、薯片

学生：思考商品应如何摆放，预估薯片是最受顾客喜爱的商品，因为根据一项消费者调查，每周至少有 63% 的消费者会购买薯片，而在口味选择上，原味、番茄味及烧烤味等受欢迎口味的购买率也相当高。

教师："在交易记录中，每个商品就是一个项，例如：薯片、辣条、可乐。项集定义为包含零个或多个项的集合。频繁项集是指经常出现在一起的项的集合。通过对部分数据的分析，得出哪种类型出现的次数多，就代表它更容易获得高销量。"

③深入原理，建构知识。探索关联算法当中支持度与频繁项集，教师详细讲解支持度与频繁项集的数学公式推导过程，如图 4.56 所示，让学生理解频繁项集是支持度大于等于最小支持度阈值的项集。通过逐步推导过程，使学生深入理解核心概念，具体涉及从单个商品支持度的计算，扩展到多个商品组成项集的支持度计算，从而帮助学生全面把握算法的内在逻辑。

教师："要想深入了解关联算法，首先需掌握支持度（support）的概念，它代表某一项或项集在所有项集中所占的比例或出现的频次。

$$SUPPORT(A) = \frac{\sigma(A)}{\sigma(z)}$$

其中 σ（A）表示交易记录中商品 A 出现的次数，σ（z）表示所有交易记录的数量。最小支持度 minsupport，是用户定义衡量支持度的最小阈值。用户可以根据实际需求自定义衡量支持度的最小阈值，该阈值通常设定在 0 ～ 1 之间。当某一项集的支持度大于此阈值时，我们称之为频繁项集。"

小试牛刀：以表 4.39 中五名同学的购物清单数据，计算以下项或者项集的支持度。

support（辣条）= ？

support（薯片、香肠）= ？

support（薯片、可乐、巧克力派）= ？

学生需深入理解关联算法中支持度的概念，并通过查看表格数据，准确计算出各项或项集的支持度值。辣条在 5 个清单中共出现 3 次，辣条的支持度 3/5；薯片和香肠项集在 5 个清单中共出现 1 次，则支持度是 1/5；薯片、可乐、巧克力派项集在 5 个清单中共出现 2 次，则支持度是 2/5。通过计算加深对支持度概念的理解，为后续学习储备知识。

教师："在数据挖掘中，计算支持度是至关重要的一步，它旨在识别频繁项集。这一过程通常通过 Apriori 算法实现，该算法通过逐层搜索和剪枝步骤来识别频繁项集。例如，在一个购物篮分析中，通过 Apriori 算法，我们可以识别出频繁出现的单个商品（如 1 项频繁项集：{辣条}，{可乐}，{薯片}，{巧克力派}）以及商品组合（如 2 项频繁项集：{辣条，可乐}，{可乐，薯片}，{薯片，巧克力派}），如图 4.57 所示"。

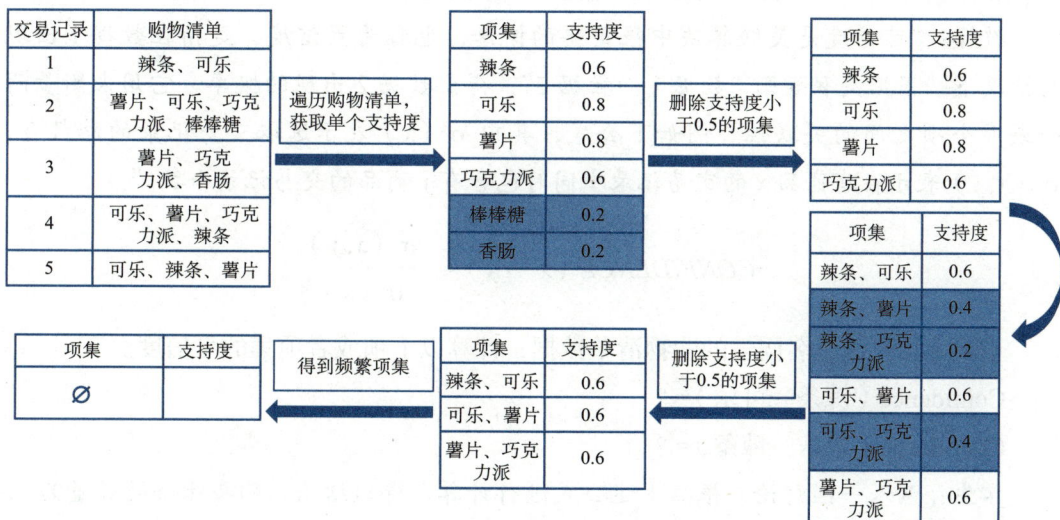

图 4.57 Apriori 算法原理之寻找频繁项集过程

④探究归纳，总结定律。关联规则挖掘算法的原理包括两个核心定律：定律一指出，如果一个项集是非频繁的，那么它的所有超集也都是非频繁的；定律二则表明，如果一个项集是频繁的，那么它的所有子集也都是频繁的。先引导学生探究频繁项集

的基础上，总结关联算法的核心定律，其次在计算频繁项集的过程中，学生会发现随着项数的增多，时间复杂度和计算量也大大增加，该定律可以为后续计算打下基础。

教师："结合寻找频繁项集的过程，定律一说明如果商品｛棒棒糖｝是非频繁项集，那么它的超集（父项集）｛辣条，棒棒糖｝、｛可乐，棒棒糖｝、｛薯片，棒棒糖｝、｛巧克力派，棒棒糖｝、｛香肠，棒棒糖｝等所有带有"棒棒糖"的项集也应当是非频繁项集。定律二说明，如果类别属性｛辣条，可乐｝是频繁项集，那么它们的子集｛辣条｝，｛可乐｝也应当是频繁项集。

定律一、二可以极大地减少算法的时间复杂度，并帮助我们快速找到频繁项集。如果一个项集被确定为非频繁项集，那么它的所有超集（父项集）也应当是非频繁的，因此无需进一步计算。"

学生：需要深入理解支持度与频繁项集之间的紧密联系，通过推导频繁项集的过程，细致观察项集间的相互关系，并系统总结核心规律，从而深化对知识的把握和理解。

⑤再探原理，突破难点。理清频繁项集再探究可信度，以之前超市商品购买商品小票数据关联分析为例，在学生已熟悉支持度与频繁项集的基础上，引出可信度的概念。解释可信度是指在包含前项的事务中，同时包含后项的事务所占的比例。例如，在购物篮分析中，如果统计数据显示80%的顾客在购买牛奶的同时也购买了面包，那么我们可以认为从牛奶到面包的关联规则的置信度为80%。置信度是衡量在已购买商品A的条件下，购买商品B的概率，它帮助我们理解商品之间的关联强度。

教师："可信度是关联算法中很重要的概念，也称为置信度，是指在数据1出现的情况下，根据关联规则"数据1→数据2"，得出数据2出现的概率。它用来衡量两个或多个项之间的关联性。例如下公式，其中 $\sigma(x)$ 表示选取交易记录的总数量，$\sigma(x,y)$ 表示在有商品 x 的交易记录中同时包含有 y 商品的交易记录个数。"

$$CONFIDENCE(x \to y) = \frac{\sigma(x,y)}{\sigma(x)}$$

小试牛刀：以五名同学的购物清单数据，计算以下项或者项集的可信度。

Confidence（辣条→可乐）=？

Confidence（可乐→辣条）=？

学生：两人一组讨论，根据上述公式进行计算，得出结论。购买辣条的数量为3，购买可乐的数量为4，而在购买辣条的同时也购买了可乐的数量为3。由此，我们可以计算出置信度（辣条→可乐）为3/3，即1；置信度（可乐→辣条）为3/4，即0.75。得出结论，｛辣条→可乐｝的关联性大于｛可乐→辣条｝的关联性，说明大多数人在购买辣条的基础上会顺带购买可乐，但是购买可乐的人同时购买辣条的需求值没有那么高。

在摆放货品的过程中，理货员可以在放置辣条的货架旁摆放一些可乐。

教师：小结归纳原理，关联分析算法主要是通过在数据集合中寻找"频繁项集"和"关联规则"。满足大于最小支持度和最小置信度的规则，叫作"强关联规则"。

⑥实践体验，算法实现。为学生提供 Python 语言的开发环境，以及相关的数据集和代码框架。要求学生基于之前所学的支持度、频繁项集和可信度知识，运用 Apriori 关联算法，在代码中实现关联规则的挖掘。教师在现场进行悉心指导，耐心解答学生在编程过程中遇到的各类语法错误以及算法逻辑上的疑惑。例如，帮助学生正确导入数据集，合理设置支持度和可信度的阈值，确保算法能够准确运行并输出有效的关联规则。

教师："超市数据集已更新，包含 10 个购物清单（表 4.40）。为优化数据处理，商品名称已转为 ID 编号（转换规则见表 4.41）。请参考 Apriori 算法的原理和实例，使用 Python 运行关联算法，探寻热销商品搭配。要注意数据集可以是列表的形式，且列表中的元素类型也可以是列表。"

表 4.40　购物清单

交易编号	ID	商品种类
A	3,4,5	薯片，辣条，巧克力派
B	1,3	香肠，薯片
C	3,4	薯片，辣条
D	1,2,3,4	香肠，可乐，薯片类，辣条
E	1,2	香肠，可乐
F	2,3	可乐，薯片
G	3,5	薯片，巧克力派
H	2,3,4	可乐，薯片，辣条类
I	3,4,5	薯片，辣条，巧克力派
J	1,2,3	香肠，可乐，薯片

表 4.41　商品名称的转换表

ID	1	2	3	4	5
名称	香肠	可乐	薯片	辣条	巧克力派

同学：小组合作，通过设定最小支持度和置信度阈值，运行关联规则挖掘程序后输出结果（图 4.58）。利用控制台输出和商品名称转换表（表 4.41），共同解读数据，

展示分析成果，确保挖掘出的规则具有统计学意义和实际应用价值。

控制台
项数 1 : [frozenset({2}), frozenset({1}), frozenset({4}), frozenset({3})]
项数 2 : [frozenset({2, 3}), frozenset({3, 4})]
项数 3 : []
frozenset({2}) --> frozenset({3}) conf: 0.8
frozenset({4}) --> frozenset({3}) conf: 1.0
程序运行结束

图 4.58　运行结果展示图

教师："通过设置最小支持度 minSupport=0.4 和最小可信度 minConf=0.6，就得到了相应的频繁项集和关联规则。其中，我们可以看到买可乐或辣条的人往往都会搭配购买薯片，这时可以根据得到的结果，在可乐和辣条旁边摆放一个放薯片的小货架，或者将可乐薯片或者辣条薯片进行捆绑销售……以不同的形式进行销售，相信会有一个比较好的效果。我们可以调整最小支持度和最小置信度参数，从而精确获取最优频繁项集和关联规则，以优化商品组合策略。"

⑦课堂小结，迁移应用。教师与同学们共同梳理本节课课时内容，全面总结本课知识点，如图 4.59 所示。关联分析算法是机器学习中的重要算法，生活中关联算法的应用很广泛，关联分析只能看出两个事物的相关性，但是看不到因果关系。

教师："奶粉与啤酒的并置能提升销量，音乐 app 依据喜好推荐歌曲，搜索引擎在用户查询时提供相关联词条，这些看似贴心的服务背后，都离不开关联算法的运作。关联算法是数据挖掘领域中的一种重要算法，主要用于发现数据集中各项之间的关联关系。"

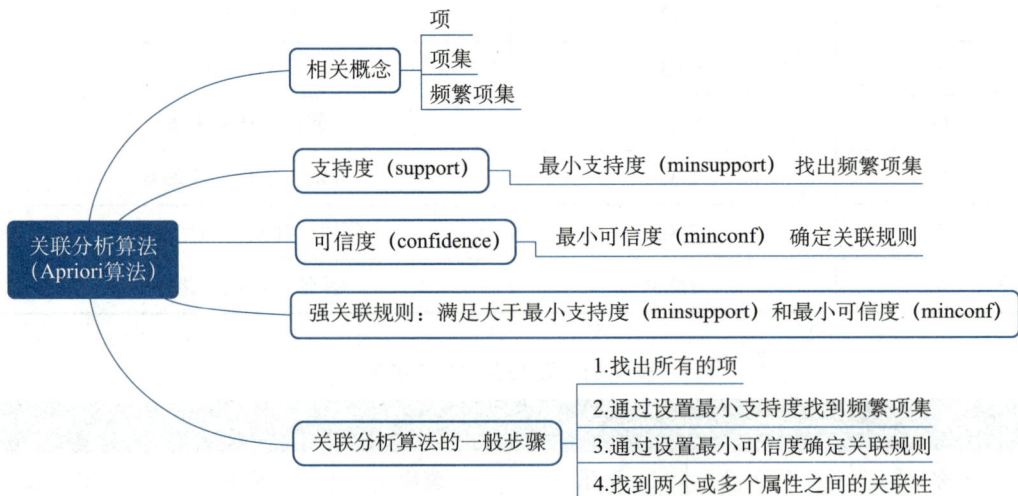

图 4.59　所示关联分析算法知识点思维导图

设计意图：本单元结合情境任务，让学生化身为超市经营者，亲身体验和感悟超市商品之间的秘密。通过挖掘消费清单数据，梳理关联算法中的项、项集、频繁项集基础概念，培养学生的信息意识。计算支持度与可信度，使用不同的方式处理数据，提升学生的算法思维，加深对关联算法的理解。引导学生深切领悟关联算法在现实生活中的广泛实用价值，激发他们的内在动力，使其在学习过程中主动探索关联算法在电商、医疗、金融等领域的具体应用，以此拓宽其思维边界，并培养其创新思维和知识迁移能力。通过课堂讨论和小组合作的形式，激发学生的知识探索欲，引导他们学会从不同角度审视问题，从而有效提升其解决复杂问题的能力。

（2）课时拓展延伸

根据学生能力，布置分层作业。基础作业：在表4.40购物清单数据中，调整最小支持度和最小置信度，观察运行结果与之前得出的结论是否有区别？

提升作业：在关联分析中，还有一个相关概念是提升度（lift），指物品集A的出现对物品集B的出现概率造成了多大的变化。

$$lift（A ==> B）= confidence（A ==> B）/ support（B）= p（B|A）/ p（B）$$

例如现在有1000个消费者，有500人购买了茶叶，其中有450人同时购买了咖啡，另有50人没有。由于confidence（茶叶＝＞咖啡）=450/500=90%，由此可能会认为喜欢喝茶的人往往喜欢喝咖啡。但如果另外没有购买茶叶的500人，其中同样有450人购买了咖啡，同样是很高的置信度90%，由此，得到不爱喝茶的也爱喝咖啡。这样看来，其实是否购买咖啡，与有没有购买茶叶并没有关联，两者是相互独立的，其提升度 =90%/[(450+450)/1000]=1。由此可见，提升度（Lift）弥补了置信度（Confidence）的不足。当lift等于1时，表示X与Y是相互独立的，即X对Y出现的可能性没有提升作用。而当lift的值大于1时，意味着X对Y的提升程度越大，关联性越强。请根据以上知识，完善课堂活动中的程序，看最后的结果能否支持你现有的结论。

设计意图：通过作业布置，进一步巩固学生对于关联分析算法的理解。作业分层，因材施教，适应学生不同的学习能力，培养学生的计算思维。

（3）课时评价

①课前呈现评价方案。课程开始之前，教师呈现表4.42并向学生阐述本节课的学习目标。教师说明，在课堂表现方面，积极参与讨论、主动回答问题且答案深度思考的同学将获得高分；实践作业完成维度，除了准确率，创新性和解决问题能力也会纳入评价范畴。引导学生明确学习内容，积极参与评价过程。

②课中及时评价反馈。教师可以依据课中及时评价反馈，灵活调整教学进度和难度。而且，如果发现大部分学生对某个知识点理解困难，教师可增加实例讲解或组织小组互助学习；若学生对新知识掌握迅速，教师则能适当拓展教学内容，满足学生的求知欲。教学过程根据学生实时状态动态调整，真正做到因材施教。学生逐渐养成自我监督、自我反思的学习习惯，课堂氛围也愈发活跃、积极，为构建高效课堂提供了有力保障。

③课后收集记录评价。课后总结本堂课的课堂表现，包括课堂问答情况、操作练习完成度、课时自我评价量表等，对于表现优异的学生给予表扬，同时鼓励敢于表达自己的想法的学生，通过电子表格量化记录学生评价，建立长期档案，关注学生个体成长。

设计意图：构建多元评价体系，助力学生梳理课堂重难点，自我督促，完成课堂任务。评价指标明确，帮助学生自评，查漏补缺，培养学生的元认知能力，养成好习惯。

表 4.42　课时评价

评价项目	评价指标			自评
	优秀（5分）	良好（3分）	仍需努力（2分）	
1. 是否掌握关联分析算法的基本原理和步骤	熟练掌握	基本掌握	不太熟	
2. 在关联分析算法的学习中，你是通过什么途径学会的	自主探究	小组讨论	老师讲解	
3. 你能否将关联分析算法运用到现实当中，解决生活中的实际问题呢	熟练掌握	基本掌握	不太熟	
4. 是否掌握支持度和可信度的计算公式	熟练掌握	基本掌握	不太熟	
5. 是否掌握如何通过调整最小支持度和最小可信度得到最佳结论	熟练掌握	基本掌握	不太熟	
6. 能否理解关联分析算法是如何一步步探究事物属性间的关联性的	熟练掌握	基本掌握	不太熟	
7. 有把握继续尝试用关联算法解决生活中的其他问题	很有把握	较有把握	没有把握	
评价本节课你的表现				
总结本节课你的收获				
提出你的问题和困惑				

（4）课堂总结

这节课围绕关联分析算法展开，先通过生活案例引入关联算法，让学生理解支持度、频繁项集合可信度的概念及计算方法。再以电商用户购买行为等实际数据集为素材，组织学生分组计算、分析，将理论知识应用于实践。接着安排学生使用 Python，基于 Apriori 算法深入实践关联规则挖掘，教师在现场悉心指导，协助解决编程过程中遇到的难题。学生完成基础实践后，被鼓励进一步优化算法、精心调试代码，并积极思考提升效率的创新方法，同时解决可能出现的运行异常。最终，各小组展示其运行成果，内容涵盖代码、详尽的结果分析及应用设想，通过小组间的互动提问、相互评价以及教师的总结点评，有效促进了学生之间的交流与合作，实现了共同进步。

这节课让学生从理论学习到实践操作，全面掌握关联分析算法知识与应用技能。从日常购物时的商品组合推荐，到线上购物平台的精准推送，再到医院分析病症与疾病之间的潜在联系，都是关联算法在现实生活中的广泛应用。学生通过分析实际案例和项目实践，培养计算思维和知识迁移能力，为学生未来在相关领域的学习和工作打下坚实的基础。

第 4 课　解读超市数据——数据可视化

1. 学习目标

（1）能够分析数据中所承载的信息，在合作解决问题的过程中，愿意与团队成员共享信息，实现信息的更大价值。

（2）在信息活动中，能够熟练运用计算机技术界定问题、抽象关键特征、梳理数据，构建可视化图表，并合理分析阐述数据，综合概述各类数据分析结果，形成可视化分析报告，为决策提供依据。

（3）熟练掌握数字化学习系统、学习资源及工具的操作技巧，以此促进自主学习、团队协作、知识共享与创新实践，从而全面提升学生的终身学习力与创新能力。

（4）具有一定的信息安全意识与能力，能够遵守信息法律法规，信守信息社会的道德与伦理准则。

2. 教学重难点

教学重点：使用数字化工具，协作完成项目分析报告。

教学难点：对于不同的数据，运用合理的算法分析，进行可视化表达。

3. 教学过程

（1）项目实施，开展探究活动

①情境导入，引发思考。继续贯彻单元主题情境，充分激发学生的探索欲望，引导他们思考如何在情境主题中更好地呈现采集的数据，使其更直观。通过亲身体验数据可视化的独特魅力，有效激发学生的信息处理兴趣与可视化表达欲望，进而推动课堂成果的创意性展示与高效沟通。

教师："同学们好，在本单元初，我们收集了很多关于超市的数据，如图 4.60 所示，短暂展示后，你们从数据中获取了哪些关键信息？是否觉得这些数据繁多，难以迅速把握重点？那现在，我将利用数据分析工具为大家展示另一种数据呈现方式，如图 4.61 所示。请大家对比分析，看看哪一种形式能更快地揭示数据的核心要点？"

图 4.60　采集的超市数据　　　　　　　图 4.61　词云图

学生：图 4.60 出现了 3 秒，表格中的数据非常多，我没有看清数据内容，也不清楚数据呈现的重点。图 4.61 词云图，很直观地看到距离、选址等最大字号汉字，也是超市经营需考虑的高频词汇，第二种更能快速看出数据的重点。

②复习旧知，梳理过程。对上节课的知识回顾总结。回顾一下数据分析的完整流程：从需求分析开始，经过数据采集、清洗、探索性分析，再到建立模型、验证模型、解释结果，并最终报告成果。

教师："请回顾前几节课的内容，我们针对超市经营的挑战，精心搜集了同学们提供的数据。通过运用 Python 的强大数据处理和可视化功能，我们不仅深入分析了这些数据，还利用精心设计的程序，将分析结果以散点图的形式生动展现，从而清晰地描绘出超市选址的整个过程。最终，通过细致地分析比较，我们找出了销售量遥遥领先的商品大类，为超市的进货策划提供了有力的数据支持。这一环节中老师已经带领大家不知不觉中比较深入地走进了数据分析，让我们共同来梳理一下数据分析的主要步骤吧。"

学生：系统梳理数据分析的整个流程。第一步，需要对现有的问题进行需求分析和提出假设，然后才能够有针对性地设计调查问卷。第二步，数据采集。数据采集途径多样，包括在线表单、问卷星等多种在线问卷工具可供选择。第三步，数据分析，数据存储完成后，我们就可以使用数据分析工具对数据进行分析处理。第四步，数据的可视化呈现，对挖掘的数据进行有用信息的分析和可视化呈现。

③自主探究，对比分析。结合生活及学习经验，描述图表类型及表示内容，总结数据可视化的概念，并概括数据可视化的特点。

教师："请思考一下，你在日常学习和生活中见过哪些图表？它们通常用来传达哪些信息？"

学生 1："地理书上有我国五种地形面积比例构成图，图表类型是饼状图，直观地看出了山地占比最大，为 33％。"

学生 2："今天出行前我查看了 7 天内的气温，通过折线图显示，我看到了明天气温下降幅度较大，注意增加保暖衣物。"

学生 3："我周末和朋友去图书馆，导航地图显示了空间位置，也是图表的一种形式。"

学生 4："在阅读名著时，我惊喜地发现，一些博主竟能将书籍内容匠心独运地转化为词云图，并巧妙结合词条，这让我能迅速捕捉到高频词汇，短时间内便把握住了关键词的精髓。"

教师：总结同学们碰到的各类图表，展示按照数据类型不同，选择不同的可视化形式，用来呈现数据当中规律和关系，如呈现比例关系的饼状图，表示数据当中趋势变化的折线图与柱形图，常用来表示空间关系的地图，分析数据当中逻辑关系的词云图、散点图、雷达图等。这种以图形、图像和动画等方式更加直观生动地呈现数据及数据分析结果，揭示数据之间的关系、趋势和规律等的表达方式称为数据可视化表达。数据可视化有什么特点？结合图 4.62 数据可视化词云图，请同学们讨论并进行分享汇报。

图 4.62　数据可视化词云图

学生 1："数据可视化通过将复杂数据转化为直观的图表和图形，如柱状图、折线图、饼图及词云图等，有效地呈现信息。特别是在学生成绩分析中，柱状图能够直观地展示各科成绩的高低，例如，通过柱状图可以清晰地看到不同学生的成绩分布，相较于传统的分数表，它不仅更加直观，而且便于快速识别关键信息，从而帮助教师和学生更好地理解成绩情况。"

学生 2："数据可视化通过颜色、大小、长短等视觉元素，巧妙凸显重要数据，实现呈现重点突出。正如地理课堂所展示的，利用色彩斑斓的地图区块来描绘各城市的人口密度，颜色越深，意味着密度越大，让人一眼便能捕捉到人口密集的区域，迅速聚焦于关键数据，从而瞬间领悟其中的要点。"

学生3："数据可视化表达可以提高工作效率，在处理大量数据的时候，数据可视化可帮大忙了。举例来说，若要统计全校同学的兴趣爱好，逐一查阅文字记录，无疑是一项烦琐至极的任务。然而，一旦这些数据被转化为饼图，不同兴趣爱好的比例便一目了然，极大地缩减了我们的数据分析时间，进而提升了学习和研究的效率。"

教师：数据可视化技术能够将庞大且枯燥的数据转化为生动直观的视觉效果，揭示数据背后的本质问题，从而显著提高数据分析的效率。具有直观、生动、准确的特点，能够帮助人们高效分析，便于找准重点内容。

④协作促学，分享汇报。结合前期明星超市经营问卷数据，使用 Python 中的 matplotlib 库，呈现图表，并结合图表，解读数据，为经营者决策提供依据。对于学生而言，这是他们初次接触程序。教师亲自进行操作示范，并邀请同学们共同参与，一同分析"超市经营与哪些因素有关"的数据表，同时结合词云图进行深入解读。各小组使用协作文档，共同完成本组数据分析报告。

教师："请同学们参考表4.43，分配小组角色任务。利用 IDLE Python3.8 环境执行超市数据分析的四个程序，协同绘制数据图表，撰写详细的分析总结与建议，再通过协作文档整合小组报告，并最终进行分享汇报。对数据解读可从商家和消费者两个角度描述数据，提出建议。"

表4.43　项目成员分工表

姓名	角色	项目任务
	汇报人	汇报交流主题作品，展示小组成果。
	程序员	检查程序代码，调试运行程序，将生成的图表保存到协作文档中。
	数据解读员	结合数据和生活经验，解读分析图表数据。
	优化大师	沟通交流，查漏补缺，继续丰富本组的项目分析报告。

学生：小组合作，完成项目分析报告，报告中插入图如图4.63所示。

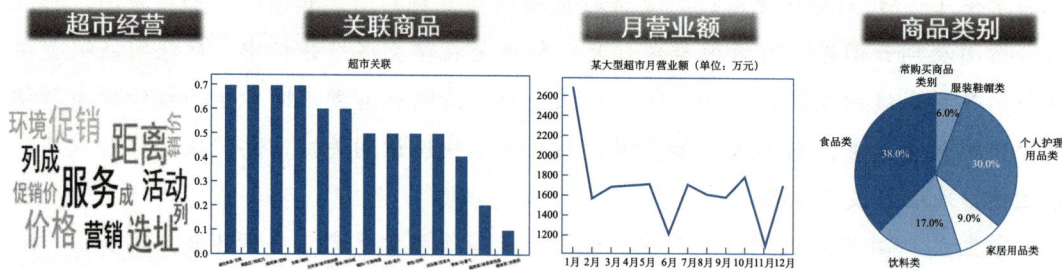

图4.63　超市数据图表示例

教师："请各组汇报人分享本组的项目报告。在分析数据时，除了直观解读数据，还需紧密联系社会热点，进行深入剖析，以便针对商品、活动等经营问题提出切实有效的策略，助力明星超市实现盈利目标。"

学生 1："作为消费者，我认为超市经营因素问题呈现的结果很全面，我会考虑超市的距离、服务以及促销活动选择合适的超市，其中，距离是首要因素。"

学生 2："根据最新的超市商品关联分析报告，我注意到在膨化食品货架中间悬挂着小文具盒、卡通贴画等，这暗示了膨化食品与文具类商品之间存在一定的消费群体关联。这启示我，作为商家，应当关注这种关联性，并根据目标顾客群体的特征，如年轻人的消费习惯和偏好，及时调整进货策略，以更好地满足他们的需求。同时，该报告指出客户在食品与饮料方面的关联购买量较大，建议据此进行针对性的商品采购。"

学生 3："作为消费者，我注意到 1 月的营业额很高，这往往意味着此时会有许多物美价廉的商品上市。同时，考虑到我们需要准备年货，因此我会选择在这个时机去超市购买所需商品。"

学生 4："作为商家，这份报告提醒我，在日常购买商品方面，食品类与个人护理用品类受到较大重视，其次是饮料类，最后是服装鞋类与家居用品类，建议在超市中多备食品与个人护理用品，可以适当减少对服装鞋类与家居用品类的进货。"

⑤总结奖励，评价促学。引导学生从多种角度思考解决问题，对各小组汇报成果给予肯定，评选出数据解读最全面的小组，并进行奖励。通过撰写一份详尽的数据分析报告，使学生亲身体验数据可视化的直观与便捷，从而增强他们的数据解读能力。同时，利用协作工具进行小组讨论并完成报告，进一步提升学生的数字化学习与创新能力。

教师："通过数据可视化技巧，如选择合适的图表类型和保持图表简洁直观，一份数据的处理将更加直观。同时，使用清晰的标签和标注以及合理的色彩搭配，可以有效提升数据的传达效率。此外，数据分析应从多种角度解读，结合对比分析法、分组分析法等方法，撰写一份完整的数据分析报告。这次的小组合作我们分工明确，在课堂上使用了石墨共享文档完成了本单元的项目分析报告，哪个小组的报告最为完善，数据解读最为全面，且分工明确？让我们授予这样的小组'数据可视化大师'的荣誉称号。"

设计意图：整个教学过程围绕"如何将本章节数据进行可视化"的问题展开，教师引导学生全面呈现数据的起因、过程、结果及建议，通过分析多种数据分析及可视化表达的案例，归纳总结可视化的特点，旨在培养学生的信息意识和计算思维，使其能够从情境现象中抽象出概念的本质。在分析问题的过程中，培养学生的计算思维。结合 Python 中图表库将要呈现的数据进行可视化表达，组织学生进行编程执行程序，解读算法，实现效果。课时任务循序渐进地设计，旨在引导学生多角度地剖析数据，帮助学生迅速把握数据中的模式、趋势及关联，从而深化他们对数据解读的理解。

（2）课时拓展延伸

超市的数据分析报告还会涉及哪些数据？销售数据包括每日、每周、每月的商品销售记录，涵盖商品名称、销售数量、销售金额、销售时间、销售地点以及收银员等信息。这些数据能够直观地揭示各类商品的销售状况，构成分析超市经营状态的基础。库存数据详尽记录了商品库存量、存放位置、进货日期、成本及安全库存阈值等关键信息。库存数据对于保障商品供应、控制成本和避免缺货或积压至关重要。顾客数据涵盖基本信息（姓名、年龄、性别、联系方式、会员等级）及购买行为数据（购买频率、偏好、客单价）。通过分析顾客数据，超市可以实现精准营销，提高顾客忠诚度。供应商数据涉及供应商的名称、联系方式、供应商产品种类、供应价格、交货周期、产品质量等。有效的供应商管理能够降低采购成本，确保商品质量。财务数据：除了销售金额，还包括运营成本（如房租、员工工资、水电费等）、税收、利润等。财务数据是评估超市盈利能力和财务健康状况的关键。这些多样的数据为超市的经营提供科学决策依据，请使用数据分析具体分析某一类数据，形成报告。

设计意图：通过作业任务，综合本章节所学内容，梳理数据处理一般过程，涉及数据的采集、加工、分析、可视化，迁移应用本章节内容，解决生活中的实际问题，提升学生素养。切实感受大数据时代，数据分析处理的价值。

（3）课时评价

①课前呈现评价方案。课前展示课时评价量表4.44，明确本节课要解决的课堂核心任务，以及每个任务在评价量表中的对应分值和评价标准。让学生了解学习目标和方向，清楚自己在课堂学习过程中需要努力的方向。

②课中及时评价反馈。在教学中，教师应密切监控学生的课堂表现，特别是在操作实践环节，当学生在代码编写时出现错误，教师应迅速提供指导；在小组讨论环节，教师应穿梭于各小组，观察并即时反馈学生的参与度和协作情况，以增强学习动机和提高学习效率。对于讨论热烈、分工明确且能不断提出创新思路的小组，教师及时给予肯定和表扬。而对于讨论陷入僵局、成员参与度不高的小组，教师则耐心引导，帮助他们重新梳理思路。针对学生在回答问题时的表现，教师也会做出即时评价。课中及时评价反馈，学生能够实时了解自己的学习状态，及时调整学习策略，为后续教学内容的顺利推进和学生对知识的深入掌握提供有力保障。

③课后收集记录评价。通过课堂学生协作完成的项目报告，呈现本章节学习内容，从数据的采集、分析、处理到可视化，和学生一起完成数据可视化分析报告，鼓励学生小组使用协作工具完成作业，并补充本小组的数据解读内容。充分鼓励学生反思总结，以增强自我认知，推动持续的进步。

设计意图：教师借助多元化评价体系，广泛搜集信息，深入洞察教学方法的实效性及教学内容的契合度。如课堂提问、小组讨论表现反馈教学节奏与互动效果，作业批改、项目成果揭示学生知识掌握薄弱点。教师依此调整教学策略，改进教学方法，使教学更贴合学生实际，提升教学质量。

表 4.44　课时评价

评价项目	评价指标			自评
	优秀（5分）	良好（3分）	仍需努力（2分）	
1. 是否能够概括数据分析的一般过程	可以	有些困难	特别困难	
2. 是否掌握数据可视化的概念	可以	有些困难	特别困难	
3. 是否能够根据数据类型，选择不同的可视化呈现类型	可以	一般	不可以	
4. 是否能够根据给定的代码完成数据可视化呈现	可以	一般	不可以	
5. 是否有信心利用数据分析的过程及工具处理生活中你需要的其他数据	可以	一般	不可以	
6. 是否能够结合可视化图表梳理自己的分析报告	可以	一般	不可以	
评价本节课你的表现				
总结本节课你的收获				
提出你的问题和困惑				

（4）课堂总结

经过本节课的学习，同学们已熟练掌握数据分析的基本流程，能够依据数据的独特性质灵活选择分析工具，并在实际操作中深刻领悟数据可视化表达的独特魅力。但在我们实际生活中，仅仅单一类别的数据分析完成还远远达不到应用的层面，我们还需要制作详细的、标准的数据分析报告才能为决策者提供科学严谨的决策依据，大家课后可以再思考一下超市的数据分析报告应包含的内容，把数据分析落到实处。